抚鹰听涛

——一位律师的执业思考

魏　涛　著

群众出版社
·北　京·

图书在版编目（CIP）数据

抚鹰听涛：一位律师的执业思考/魏涛著. --北京：群众出版社，2021. 10
ISBN 978-7-5014-6058-8
Ⅰ. ①抚… Ⅱ. ①魏… Ⅲ. ①律师—工作—中国—文集 Ⅳ. ①D926. 5-53
中国版本图书馆 CIP 数据核字（2021）第 120643 号

抚鹰听涛

——一位律师的执业思考

魏 涛 著

出版发行：群众出版社
地　　址：北京市丰台区方庄芳星园三区 15 号楼
邮政编码：100078
印　　刷：涿州市新华印刷有限公司

版　　次：2021 年 10 月第 1 版
印　　次：2021 年 10 月第 1 次
印　　张：19. 5
开　　本：787 毫米×1092 毫米　1/16
字　　数：319 千字

书　　号：ISBN 978-7-5014-6058-8
定　　价：59. 00 元

网　　址：www. qzcbs. com
电子邮箱：qzcbs@ sohu. com

营销中心电话：010-83903991
读者服务部电话（门市）：010-83903257
警官读者俱乐部电话（网购、邮购）：010-83901775
综合分社电话：010-83901870

自　序

前行者不时回头看看，于生活、工作，于文字著述都十分必要。

编入这本小册子的，是笔者从事代理、辩护、非诉讼等律师实务工作的一些思考，是关于律师执业活动的观察、经验、感悟及法治文化宣传的数十篇长短文论，曾发表于《人民法院报》《天津律师》等报纸杂志，主旨在学习贯彻习近平法治思想，宣传法理、法律、社会主义司法制度，介绍执业经验。

历史是最好的老师，于人于己一样。这些文论编辑成册后，可见笔者执业活动的背景、足迹，有思想的波澜、时代的色斑，能唤起美好而挥抹不去的记忆、联想，不乏问题意识、专业的特质及其收获果实。应当说，不断地叙写学习、实践经验对我们的视野、工作技能、生活质量及形成更多的作品都是十分有益的，或许能催促我们的步伐，走向更远的未来……

廌（zhi）是传统文化中法的象征，笔者学法、教法、执业几十年，抚廌而行，观潮听涛，亦自乐乎。

是为序。

魏　涛

2021 年 1 月

目录 Contents

第一部分

第二部分

第三部分

第一部分

新时代公民基本权利与司法保护*

公民基本权利的创制和保有离不开司法的保障与呵护，公民基本权利的丰富与发达离不开司法实践的充实与伸张，公民基本权利的总结与发展离不开司法实践的研究与探索。在公民最关心其更现实、更直接的基本权利的时代，公正、高效、权威的司法，将是忠实、勤勉的守望者、护卫者。

近现代各国文明进步史证明，宪法是与一国经济社会政治文明发展水平相适应的公民基本权利的大清单。曾就读喀山大学法律系、后来领导俄国十月革命、创制第一个社会主义国家宪法的列宁在回答什么是宪法时说：“宪法就是一张写着人民权利的纸。”法学家也说：“公民自由和权利的目录是现代宪法的一个典型的组成部分。”新中国宪法的诞生、发展史与中国共产党团结、领导各族人民革命、建设、改革的历史分不开，与我国人民站起来、富起来、强起来的政治、经济、社会地位分不开，当然也与围绕和为了宪法确认的公民基本权利而追求社会公正的司法活动分不开。宪法确认的公民基本权利是以权利为本位的法律、法治体系的核心，司法活动无疑以这些权利为逻辑起点和胚胎、根苗并根深叶茂地茁壮起来。我国现行宪法在确认人民推动历史发展，取得革命、建设、改革、发展历史的序言、总纲之后即设公民基本权利和义务一章共二十三条，其中公民基本权利十八条，包括公民平等权、政治权利和自由，宗教信仰自由、人身自由，批评、建议、申

* 刊发于《人民法院报》第二版，2018年4月22日。

诉、控告、检举权和取得赔偿权，社会经济权利，文化教育权利，保护妇女权利和权益，保护婚姻、家庭、老人、母亲和儿童的权利，保护华侨、归侨、侨眷的正当权益。宪法中公民的这些基本权利位列国家机构之前、之上，是人民主权宪法原则及以人民为中心制宪理念、执政为民思想的自然呈现与延伸，明喻国家机构及其工作人员围绕人民主权、人民中心地位而存在、活动和服务的价值。的确，“宪法原则在政府行为之前，不是因为前者在时间上先于后者，而是因为前者在性质上和约束力上高于后者”。当代中国宪法确认公民的基本权利就是人民主权、主体地位的法律表达，就是把人民放在心中最高位置的法律表达，这也是我国现行宪法是一部好宪法的不二注脚。

公民基本权利的创制和保有离不开司法的保障与呵护。法律史专家说：“人类越文明，对法的需求就越大，人类创造的法也就越多。法只是社会需要的产物。”基本权利是以权利规范为核心的法律权利家族之母，基本权利是人民最高权力机关最根本立法所创设的权利，是新时代包括公民政治、经济、文化、社会、生态诸权利及国家权力之根源。“求木之长者，必固其根本；欲流之远者，必浚其泉源。”有权利必有救济，宪法确认的公民基本权利也不例外，固其根在司法，浚其源也在司法。司法是公民基本权利落地生根后所有经济、文化、政治、社会等实在、具体的权利及其细节的现实保障。受宪法指导的我国民法、刑法对公民人身权、财产权有着明确的保障性规定，党的十八大以来的五年，司法机关严惩严重危害人民生命财产安全犯罪，审结相关案件131.5万件，判处罪犯153.8万人。试想，没有为民司法的人员，离开公正的司法活动，不依法审结这些盗窃、敲诈勒索、抢夺、抢劫、黑恶势力犯罪案件，公民基本权利就会落空，就会因没有保障或保障不力而不能落实，那么，创设权利而无权利保障，创设就失去了意义，真所谓“一套‘权利’体系之所以存在，最基本的就是要有一套特定的，无论如何都能有效运行的机制来保证其实现”。

公民基本权利的丰富与发达离不开司法实践的充实与伸张。习近平总书记在十三届全国人大一次会议上指出：“我们要以更大的力度、更实的措施发展社会主义民主，坚持党的领导、人民当家作主、依法治国有机统一，建设社会主义法治国家，推进国家治理体系和治理能力现代化，巩固和发展最广泛的爱国统一战线，确保公民享有更加广泛、更加充分、更加真实的民主权利，让社会主义民主的优越性更加充分地展示出来。”实现“四个更加”，丰富基本权利内涵、拓展基本权利外延、深化维权司法实践是党的十八届四中全会、党的十九大关于全面推进依法治国，深化法治实践、厉行法治论断的应有之义。公民基本权利的丰富源于社会主义初级阶段经济社会的不断发展，源于改革开放四十年来解放思想、实事求是的学习、借鉴东西方法治文明成果，源于新时代对经济社会中不平衡、不充分矛盾的不断化解与克服，也源于司法实践对基本权利繁衍、派生、繁荣、绵延的诸多权利，用可以云计算统计的维权案例给予现实、鲜活的充实与伸张，非仅权利名词、概念的罗列与堆砌。法史学者有云：“我们所需要的一切权利，或者关系到人身，或者关系到财物，或者关系到诉讼。”权利的丰富源于社会进步，保障则在于司法。为维护社会主义市场经济良好的秩序与活力，近五年各级法院审结一审民事案件 3139.7 万件，商事案件 1643.8 万件，知识产权案件 68.3 万件；为维护劳动者的权利，打击经济犯罪，五年来司法机关审结劳动争议等相关案件 232.5 万件，为农民工追回“血汗钱”294.4 亿元，办理 28.2 万件经济犯罪案件。这些数据背后是强大的公民经济社会诸基本权利及以基本权利为“基因”而生长、壮大的社会主义法律体系，这些数据昭示着党的领导、人民当家作主和依法治国取得的成绩，塑造着公民的宪法观念，当然这些数据所示的每一个案件都让它的当事人、它的裁决者感受到了基本权利在社会生活的细枝末节处依然光亮可鉴、温暖舒适、耐人寻味，继而体现宪法的伟大，确如托克维尔所言：“没有一个伟大的民族不尊重权利。”

公民基本权利的总结与发展离不开司法实践的研究与探索。经改革开放、与时俱进、快速发展而进入新时代的经济社会将使公民基本权利不断被创设、完善、丰富和发展。1954 年《宪法》中的公民权利与义务一章共十四条，现行《宪法》则有二十三条确认国家尊重和保障人权。初级阶段经济社会发展的不平衡、不充分状况必然在宪法关于公民经济社会基本权利的规范上有所体现，也必然在保障公民基本权利的民法、行政法、经济社会法及关于公民、法人具体权利的司法活动中有或多或少的体现，这就给我们的司法活动带来许多值得研究的课题。解决司法实践中的具体问题，生动个案，可以使延续、发展宪法精神的具体法律制度在社会生活中得以落实并在积累很多经验后推动其进入修改完善的议事日程。党的十八大之后的五年，各级法院依法审结一审行政案件 91.3 万件，审结“徐玉玉被诈骗”等严惩电信网络诈骗犯、侵犯公民个人信息案件1.1万件，审结“腾格里沙漠环境污染”等公益环境诉讼民事案件48.7万件，审理生态环境损害赔偿案件1.1万件。可以想见，人的尊严、社会信息权、生存环境权等在未来必然经司法实践探索而被总结和提炼为公民的基本权利……

进入决胜夺取全面建成小康社会和实现中华民族伟大复兴的新时代后，我国公民政治、经济、社会基本权利的丰富、发达无疑更具有现实的可能性、必然性。习近平总书记在十三届全国人大一次会议上号召：“我们要以更大的力度、更实的措施保障和改善民生，加强和创新社会治理，坚决打赢脱贫攻坚战，促进社会公平正义，在幼有所育、学有所教、劳有所得、病有所医、老有所养、住有所居、弱有所扶上不断取得新进展，让实现全体人民共同富裕在广大人民现实生活中更加充分地展示出来。”社会存在决定社会意识，“宪法永远是公众感受的一个反映，是与公众感受紧紧联系在一起的”。新时代是保障公民基本权利的时代，是走向权利的时代，在法治社会，人民群众的获得感、幸福感、安全感主要通过宪法、法律确定的基本权利及途径而得以实现。我们有理由相信，在公民最关心其更现实、更直接的基本权利的时代，公正、高效、权威的司法将是忠实、勤勉的守望者、护卫者。

相伴而行的社会主义核心价值观与司法*

社会主义核心价值观在时时检校着我们的司法能力与价值，并促成、维护、发展着司法活动及其价值，而司法者正是在办好并通过每一个司法案件，持之以恒、久久为功来传播、弘扬社会主义核心价值观。

党的十九大报告指出：“社会主义核心价值观是当代中国精神的集中体现，凝结着全体人民共同的价值追求。”2018年3月修改后的《宪法》第二十四条规定“国家倡导社会主义核心价值观”。近日，中共中央印发《社会主义核心价值观融入法治建设立法修法规划》，部署安排力争经过5~10年时间，推动社会主义核心价值观全面融入中国特色社会主义法律体系，筑牢全国各族人民团结奋斗的共同思想道德基础，为决胜全面建成小康社会、夺取新时代中国特色社会主义伟大胜利、实现中华民族伟大复兴的中国梦，提供坚实的制度保障。

亚里士多德曾说：“凡是可欲的皆是值得追求的，凡是值得追求的皆是有价值的。”《现代汉语词典》解释说人们“对经济、政治、道德、金钱等所持有的总的看法”是价值观。人民群众最关心的最实际、最直接的问题中充满了价值的区别与选择。价值观以经济社会生产力发展水平及其文化为基础和背景，具有层级性、相对性、超越性和普遍性。以儒家思想、汉唐律典和近代民主革命为背景的中华法治文明与以圣经、罗马法及近代宪法为背景的英美法德等国法文明都有其独特而又交融的价值观。古

* 刊发于《人民法院报》第二版，2018年8月7日。

代社会明德慎罚、明刑弼教、教廷裁判及近现代社会司法所包含、宣示、护佑之价值观都反映了司法活动与价值观的休戚与共。从我国新民主主义革命，共同纲领实施，五四宪法诞生，特别是四十年前决定加强社会主义民主、健全社会主义法制的十一届三中全会以来，党带领人民追求、倡导的富强、民主、文明、和谐，自由、平等、公正、法治，爱国、敬业、诚信、友善的价值观已为新时代我国社会、公民所崇尚、认同和践行，并推动着中华民族的伟大复兴。党的十八届四中全会指出“必须坚持一手抓法治、一手抓德治，大力弘扬社会主义核心价值观”。2016 年，中共中央《关于进一步把社会主义核心价值观融入法治建设的指导意见》强调“社会主义核心价值观是社会主义法治建设的灵魂”“要全面深化司法体制改革，加快建立健全公正高效权威的社会主义司法制度……努力让人民群众在每一个司法案件中都感受到公平正义，推动社会主义核心价值观落地生根”。这是基于司法实践丰富经验的判断。

司法选择宣示着社会核心价值观：1928 年春，毛泽东领导工农红军在井冈山根据地实行了“三大纪律八项注意”，其中买卖公平、借东西要还、损坏东西要赔偿、不拿群众一针一线、一切缴获要归公等内容，学过法律的人都会辨识其与现代民事、行政、刑事、军事法治精神的相通之处。抗战时期，马锡五调判的“封棒儿婚姻案”体现了陕甘宁边区民主政府倡导的人身自由、婚姻自主的核心价值观；1987 年，最高人民法院认定“工伤概不负责的行为既不符合宪法和有关法律规定，也严重违反了社会主义公德，应属无效民事行为”，劳动创造财富，工伤应予赔偿，敬业、诚信、友善的核心价值观再次被彰显；司法护佑、校正社会核心价值观：近五年，人民法院审结贪污贿赂等案件 19.5 万件、26.3 万人，其中，被告人原为省部级以上干部 101 人，厅局级干部 810 人。这彰显了党惩治腐败的坚强决心和阳光之下、宪法之下一律平等的价值追求；呼格吉勒图、钱仁凤、聂树斌等或被平反昭雪，或重获人身自由，获得国家赔偿的案件则无疑是对自由、公正、法治等核心价值观的宣示与重申。美国篮球明星乔丹拿到的判决书和应对世贸争端的案例足证我们的价值观可用法律规范的语言与世界交流。确如国际法律哲学和社会哲学学会主席佩雷尔曼所言：“法律基本上是关于各种价值的讨论，所有其他都是技术问题。”也正是司法技术在研判、追求社会生活事实、证据之真的价值和社会生活伦理、秩序之善的价值。我们自信同多数国家参与并遵行的由《联合国宪章》《世界人权宣言》《发展权利宣言》所申明的“以更大的自由促进社会进步和生活水准的改善。并为此目的，力行宽容，彼此如和睦善邻和平相处”“人人于其宪法或法律所赋予之基本权利被侵害时，有权享受国家管辖法庭之有效救济”“人是发展的主体，因此，人应成为发展权利的积极参与者和受益者”的价值观亦是融会贯通、与时俱进的。

主持起草《法国民法典》并以为法典胜过其一生战绩的拿破仑曾说：“世界上有两个杠杆可以驱使人们行动——利益和恐惧。”现代社会的基本特征证明法律承载、蕴含着每一社会的核心价值观，是法律规范、引导和调节着人们的行动。价值关乎民心公论和私利公益，具有感情性、社会性、实践性的价值观离不开芸芸众生的物质欲望、精神需求和行动。我国社会主义初级阶段初步形成的法律体系体现了继承中国法制文化优秀传统和借鉴人类法制文明成果的文化要求，对借鉴吸收、包容、丰富和保障核心价值观起到积极作用。司法者在依法评判人们受一定的价值观指导而追求利益的行为时，表现出其与每一社会核心价值观关系密切。定分止争的司法活动始于价值观的差异、对立与冲突，止于差异、对立、冲突的弥合、消解与恢复，司法活动实乃一种价值活动，司法活动的价值应与社会核心价值观相契合。

多少案，印证了核心价值观历久弥新的价值；多少案，诠释了核心价值观与时俱进的丰富内涵。只有站在人民立场，维护人民利益及其在价值观上的“最大公约数”，法治方可获得应有的公信和权威。司法活动是事实认识的活动，也是价值评价的活动，司法是事实的天平，也是价值的天平。如古希腊神话“普鲁克拉斯提斯之床”所喻示：人的话语与行为是从价值坐标出发的，对司法活动的评价既来于自知之明，也在于公听并观、集思广益、兼听则明。所以，司法者应善于学习，长于研究，熟于运用法律规范包含的核心价值观，如是才可理力丰沛，游刃有余于依法析理、息事宁人，因为“没有价值判断，一个人不可能从形式正义前进到具体正义或实质正义”。司法者参与的倾听诉辩意见，摆证据讲法理的每一次诉讼活动，一定是一次价值观的冲撞、激荡、整合，而终应以核心价值观取胜的活动；胜诉应当是行为、事实、证据反映的法律规范的胜诉，也应是法律规范承载、蕴含、护佑的核心价值观的胜诉；而抵触、忤逆核心价值观的行为、证据、事实将预示着败诉并招致法律规范对背离、玷污、损毁核心价值观的行为的谴责与制裁；司法者合议、拟就的每一份利国益民的裁决，一定是一份孕育、栽培、护佑着核心价值观的裁决。不可想象不受核心价值观指导、调适的司法活动，不可理解存在不受司法保障的核心价值观。所以，清醒的司法者都会认识到正是社会主义核心价值观在时时检校着我们的司法能力与价值，并促成、维护、发展着司法活动及其价值，而司法者正是在办好并通过每一个司法案件，持之以恒、久久为功来传播、弘扬社会主义核心价值观。

努力保障人民群众诉讼权利的获得感*

公正是法治的生命线，是人民群众诉讼活动获得感的精神本质。包括法官、检察官、警察、执业律师等在内的每一个法律人都应慎思之、谨为之，努力让人民群众在每一个诉讼活动中均有公平正义的获得感。

为实现建党一百年时全面建成小康社会奋斗目标，党的十八届五中全会审议通过了《中共中央关于制定国民经济和社会发展第十三个五年规划的建议》，提出要在这关键的五年里“作出更有效的制度安排，使全体人民在共建共享发展中有更多获得感，增强发展动力，增进人民团结，朝着共同富裕方向稳步前进”。

获得感是社会生活中每一个体的主观感受，它获自环境，获自社会生活，是法律主体自我意识的权利，不仅发生、形成、获得于逐渐建成的不断满足人民日益增长的物质、精神需求的小康社会，也必然、应然地生成、获得于全面推进的人民主权、权利本位的法治国家、法治政府、法治社会的建设进程中……“人们为之奋斗的一切，都同他们的利益有关”，“诉讼只不过是法律的生命形式”——确如马克思所言，获得感无往不获证于人类文明史中人们为其人身、财产等基本人权而争取和捍卫的史实，获得感总离不开人民群众最关心、最直接、最现实的利益问题，并随初级阶段经济社会进步而在广度、深度上得以强化、细化，新鲜而生动，这种获得感已表现和将继

* 刊发于《人民法院报》第二版，2015年12月9日。

续具体、集中表现为他们依法维权的诉讼活动。有权利就有救济。所以，如何努力保障群众在诉讼活动中的获得感是每个司法者都应深思熟虑、审慎回答的问题。

在民事诉讼中，获得感关乎人民群众衣食住行、婚姻、教育、就业、医疗、养老、保险等民事活动的权益纠纷。一桩讼争，能及时、简洁、顺利立案，人民群众就会有纠纷矛盾有人管、委屈诉求有人听的获得感；如能在庭审中从容而不仓促地摆事实讲道理，有证举在庭上，有理辩在庭上，赢得明白、输得清楚，他们就会有公开、公正、公平及学法用法有益处的获得感，即使败诉，也自会有风险规避、诉讼规则、法律常识方面的获得感。有法学家曾说："强制力与法律这两个概念在逻辑上是不可分的。"裁决得到及时、果断、全面的执行，人民群众无疑会获得法律应被遵守、义务必须履行之感。反之，在合法权益受损而不能得到司法充分、高效保障时，他们就会沮丧，产生丧失感，进而影响他们辛勤劳作的平凡生活及对公序良俗、契约精神、规则意识的体会和追求。

在行政诉讼中，人民群众的获得感在于公仆有法监督，行政自应担责，民告官权利平等。法谚云："任何权力都不得位于法律之上。"如果人民法院能及时受理行政行为相对之公民、法人关于抽象、具体行政行为的争议、诉讼；如果行政机关能如期举证，如实答辩，行政机关首长能谦和地出庭、出声与原告百姓论证辩驳、平和交流；如果行政审判能依审查、监督被告行政行为的事实、法律依据和程序正当与否，克服立案、审理、执行三难，那么，人民群众认识法治政府的获得感就是充实而饱满的，"把权力关进制度的笼子里"的信念也就是笃定的，法大还是权大、人治还是法治的判别自然也会是明确的。失去这些具体的获得感，行政诉讼制度的存在价值、功能发挥就很难让人民群众满意，依法行政会被大打折扣，全面推进依法治国的进程就可能迟滞和耽误。

不错，"有利益的地方就有犯人"，法律谚语力透时空。在刑事诉讼中，一个刑事案件，从侦破拘捕犯罪嫌疑人到起诉指控犯罪，再到给被告人定罪量刑入监教化，被害人因犯罪分子得到应有惩罚而获犯罪必被追究，正义必得伸张，心灵、伤痛可暂得抚慰之感；犯罪嫌疑人因及时见到亲友为其聘请的辩护人而对国家尊重和保护人权有了切身体会，对辩护制度的实质功能有了具体感知，因经充分、有效辩护，诉辩平等和宽严相济的公正审判而受到刑事法制的制裁、教育，文明秩序的教化，获得自己罪与罚的正确认识，其负罪、悔罪、羞耻之感，洗心革面新生之感触及灵魂。

我们国家在改革开放快速发展，人民群众在经济、政治、文化、社会、生态等方面的获得感将与时俱进。人民群众会因各种权益、各种纠纷和未来可能的各种获得感而以各种案由参与三大诉讼，也会在诉讼活动中得到不同的获得感，并鼓舞着我们的司法制度、机制发生快慢多少、早晚大小的欣喜变革，朝着更加开放、动态、透明、便民的阳光司法前进。党的十八届三中、四中全会的两个重要决定先后强调“让人民群众在每一个司法案件中都感受到公平正义”。习近平总书记指出：“如果不努力让人民群众在每一个司法案件中都感受到公平正义，人民群众就不会相信政法机关，从而也不会相信党和政府。”所以，包括法官、检察官、警察、执业律师等在内的每一个法律人都应用自己的专业技能分析和判别新旧多样、错综复杂的获得感，感慨系之。用自己的职业良知去感知、感想、认识丰富多彩的获得感，感同身受。用自己的法律实践活动或护佑、校正或贬斥、制裁良莠不齐的善念恶欲获得感，使自由、平等、公正、法治的核心价值观得以普及与巩固。这是“十三五”期间，在创新、协调、绿色、开放、共享等科学理念指导下，通过人人参与、人人尽力、人人享有，坚守底线、突出重点、完善制度、引导预期，注重机会公平，保障基本民生，实现全体人民共同迈入全面小康社会的不可须臾偏离废弃的法治保障。应看到，公正是法治的生命线，公正是人民群众诉讼活动获得感的精神本质，其存在与获取，积累与勃发应是当代中国特色社会主义的弘扬和法治力量的增强与发展。谁办案谁负责，参与其中而耻办关系案、人情案、金钱案的清正、廉明的法律工作者对此责任重大，责无旁贷。

发挥司法力量　助力脱贫攻坚*

司法脱贫工作中脱法律权利意识之贫乏，攻依法维权能力、途径之坚垒才是依法扶贫、司法普法，以案释法，以法律权利为本位，培养脱贫对象内生动力和树立正确脱贫观念，保障永久脱贫、持续致富的法治圭臬。

2020年是脱贫攻坚决胜建成小康社会的关键之年、收官之年。党和政府、社会各界一面众志成城战“疫”不懈，一面凝心聚力于脱贫攻坚的巨大社会工程，人民司法工作担当作为，保驾护航，功用其中。

“一粥一饭，当思来处不易；半丝半缕，恒念物力维艰”，先民诗歌对农民、农业表达了深情的叹惋。马克思曾说：“农业劳动是其他一切劳动得以独立存在的自然基础和前提。”在革命、建设与发展过程中，党的几代领导集体为中国农民脱贫进行了长期的奋斗与探索、实践与创新。党的十八大以来，习近平总书记考察各地脱贫工作时多次强调“小康不小康，关键看老乡”。“全面建成小康社会，实现第一个百年奋斗目标，农村贫困人口全部脱贫是一个标志性目标。”脱贫看似单指经济指标、经济行为，其实关涉社会生活多个方面。占我国人口百分之八十以上的老乡，因自然状况、农耕手工、风俗习惯、文化教育等长久生活传统的影响，与现代化经济社会生活的趣旨多有不同，与农村、农民、农业相关的法治及城镇、都市法治的发展程

* 刊发于《人民法院报》第二版，2020年4月12日。

度、水平层次也存有距离。而保障脱贫攻坚资金精准到位与成果丰硕，解决不愁吃、不愁穿、保障义务教育、保障基本医疗、保障住房安全即“两不愁三保障”问题，建立和维护脱贫攻坚的制度与机制，保障脱贫致富过程中复杂、频繁的正常民商事经济活动的正当秩序，依法解决涉农领域农地征收补偿、乡镇企业生产经营，粮油畜禽农产品交易等许多行政、民事、刑事矛盾纠纷也离不开司法，都需要司法在民生防线、红线、底线上的坚守与创新，普法以弘道，而司法状况本身也是建成小康社会的成功指标与久久为功的方向，因小康社会必然应是法治昌明的社会。

正如习近平总书记形象比喻小康社会可不是敲锣打鼓就能建成的。脱贫攻坚、小康社会中的法治建设当然也不是打几个或打一批官司就能成功的。脱贫工作涉及“三农”领域经济社会生活的方方面面、粮田牧场林地山水环境，如粮种农机农资交易平台、务工教育医疗养老保险，再如家庭、家族、宗族与基层组织，乡规民约、村民自治与基层政权、社会法治，田园村落的乡愁与城市化的高歌交响，涉及人地、城乡、农业人口流动和现代化……面对数量、内容很多不同，纠纷、矛盾及其解决方法也多有差异，法律、司法固有其调整对象、调整方法的区别，但我们会观察注意到司法脱贫工作中脱法律权利意识之贫乏，攻依法维权能力、途径之坚垒才是依法扶贫、司法普法，以案释法，以法律权利为本位，培养脱贫对象内生动力和树立正确脱贫观念，保障永久脱贫、持续致富的法治圭臬。

法律权利意识贫乏的表现就是对包括大量涉农法规在内的我国已形成的经济社会法律体系不知道、不熟悉，对关乎自身、自家和集体生产组织生产生活的土地所有、土地山林草地牧场承包经营，涉农财产流转的法律法规中的权利规范意义不理解、不善用，对进城打工常遇到的劳动合同法、加工承揽、搬运装卸、买卖租赁、工资、工伤保险等民商事法律中的法定权利知识不了解；依法维权能力、途径之坚垒就是发生纠纷时、自己受到不公和伤害后，对通过协商、调解、仲裁、诉讼等法律、司法途径解决纠纷的方法不清楚、不掌握和一些用人用工单位要滑逃避及一些部门的推诿不理。好些老乡往往是遇着纠纷才学法，碰上诉讼受启蒙。因我国地广域大，经济社会初级阶段发展不平衡、不充分的实际情况，主要集中于城市区县的司法机构在设立及功能延伸上还与脱贫需要存在差距。针对这些短板弱项，远离城市的乡镇派出法庭，“车载法庭”“马背法庭”，农村基层司法所，驻村法援律师都发挥了不可或缺的积极作用。仅在2019年，各级法院“依法审理涉农纠纷案件，服务‘三农’工作发展。内蒙古自治区、四川、贵州、云南、宁夏回族自治区等地法院精准对接贫困地区群众司法需求，积极服务脱贫攻坚。”“推广河南、湖南等地法院经验，依法制裁恶意欠薪行为，帮助农民工追回劳动报酬95.3亿元。”“严惩污染环境犯罪，审结相关案件2204件。制定服务新时代生态环境保护意见，审结环境资源案件25.1万件。完善生态环境损害赔偿程序规则，探索适用补植复绿、增殖放流等环境修复司法举措。湖北、重庆、青海等地法院建立环境资源审判协作机制，促进长江流域生态环境保护修复，共同守护绿水青山。”“加大对革命老区、民族地区、边疆地区、贫困地区法院建设支持力度。”“加大援藏、援疆、援青力度，广西壮族自治区、云南、西藏自治区、甘肃、青海、新疆维吾尔自治区和新疆生产建设兵团等法院加强双语法官培养，更好满足民族地区群众司法需求。”

“坚决打赢脱贫攻坚战，巩固脱贫攻坚成果，建立解决脱贫的长效机制”离不开应使每一位脱贫者在每一个案件中都能感到公平正义的司法活动。司法是社会治理贫困的方式与能力，也是脱贫者平等感、获得感、安全感、幸福感的法治保障。如习近平总书记近期在决胜脱贫攻坚座谈会上所说：“脱贫摘帽不是终点，而是新生活、新奋斗的起点。”千里之行始足下，行百里者半九十，所以我们应在真脱贫、脱真贫，依法建立脱贫长效机制及脱贫之后奔小康的社会实践中，坚持和完善社会主义制度，推进社会治理体系、治理能力现代化，继续发挥人民司法在专业扶贫、行业扶贫、社会扶贫中不可或缺的作用，推动脱贫者法治意识的觉醒与普及。

司法是优化营商环境的有力保障*

“法治是最好的营商环境。”疫情虽给市场经济的营商环境添加了诸多不利因素，但在国家治理体系、能力现代化建设中，司法的热诚关切与精细调适依然是营商环境基石与边界的有力保障。

来势凶猛、诡异蔓延的新冠肺炎疫情并未改变生活需要生产、市场追随消费的社会大势。以高质量满足消费者衣食住行、医疗文娱等要求为中心、以消费者为中心是新时代经济社会生活中以人为本、以人民为主体的应有本真之义，以人民群众为主体的消费者对商品生产及其服务品质本能的、理性的欲求和与其直接、实际联系的利益永远是营商环境的基石；为消费者从事工商业生产、制造、包装、广告、销售及文化娱乐精神生活服务的营商主体的定位亦应随初级阶段市场成熟完善而日渐明确，其素质也应随竞争历练而日渐提高，并以其营商方式、高质量的产品，充分满足消费者，以商品品质换得消费者对营商行为及其环境的信心。试想 14 亿人口认可、支持的营商环境那将是怎样一个不言而喻的繁盛的营商环境呢？

消费者及其利益是营商环境的基石，基石安稳，营商环境自然稳妥。地摊儿、杂货店与连锁超市之间角色转化，盛衰开关的道理、法则足堪深思。例如，一些营商主体营销网络发达，收费方式便捷，但质量异议难被过问关注，售后服务、退换货渠道门槛重重，如若再有套路山寨，坑蒙拐骗，那就会严重挫伤消费者的热情、损害消费者的信心。消费信心指数不高，产值利

* 刊发于《人民法院报》第二版，2020 年 8 月 13 日。

润指数没有高的道理。不便减少交易，失信市场失灵，纠纷折射生活，“我们都是法律的用户”，市场需要法治，需要针对市场的公正、高效的司法。司法的触角是灵敏的，2017 年《最高人民法院关于为改善营商环境提供司法保障的若干意见》实施，2018 年各级法院努力保障人民群众生命健康权和“舌尖上的安全”，审结相关案件 4.2 万件。审结劳动争议、食品药品纠纷、消费者权益保护等相关案件 232.5 万件。近日，《最高人民法院国家发展和改革委员会关于为新时代加快完善社会主义市场经济体制提供司法服务和保障的意见》发布。可以说在法治社会里，依法保护消费者权益是营商环境的最基本的要求，依法解决消费讼争的司法活动是维护营商基石的最为重要的工作。

国务院颁布的《优化营商环境条例》指出，营商环境是企业等市场主体在市场经济活动中所涉及的体制机制性因素和条件。满足消费者需要的营商主体的行为及其关系是影响营商环境的关键因素和条件。营商主体及其活动应有、必有自己行为的边界，这是欲望的边界、利益的边界，也应是法律的边界。司法是边界的守护者，这已为市场经济发展史所证明而无疑。边界众多但举其大要者莫过于被誉为“市场经济宪法”的《反不正当竞争法》和《反垄断法》及针对不正当竞争与垄断行为的极其丰富而繁杂、稳健而灵敏、果断而有力的《民商事司法》。《反不正当竞争法》共 33 条，其中 32 次提及竞争；《反垄断法》共 57 条，其中 30 次写到竞争。2020 年 1 月施行的《优化营商环境条例》第二十一条强调：“政府有关部门应当加大反垄断和反不正当竞争执法力度，有效预防和制止市场经济活动中的垄断行为、不正当竞争行为以及滥用行政权力排除、限制竞争的行为，营造公平竞争的市场环境。”竞争利于消费者，竞争是市场经济的灵魂，是让市场主体创造财富并使财富如喷泉般涌流的根本。市场主体自由、平等、正当竞争有利于以创新、绿色、低碳、低耗的方式服务于消费者。市场经济中的营商环境必然应是竞争的营商环境，在全面深化改革全面推进依法治国的初级阶段的社会主义市场经济中尤其如是。垄断妨碍竞争，会窒息市场的活力与生命，包括垄断在内的不正当竞争的企图、观念及其龌龊手法等可以解释、探明我们痛心疾首的如权力寻租、旋转门、弹簧门、逆淘汰甚至黑恶等社会现象的原因。如果垄断及不正当竞争行为猖獗，我们经过长期观察思考、摸索比较、研究借鉴和实践后抉择的由市场起决定作用的市场经济改革导向就会受到干扰、污损。所以，依法保护消费者权益，反对不正当竞争，反对垄断，才会夯实、筑牢营商环境的基石和呵护、尊重营商环境的边界。如营商环境只是孕育腾达几个假寐于法律警钟之下的巨头大佬，而他们又任性越界，中小微营商主体及普通消费者利益缺失，得不到及时精准的司法救济，消费信心淡漠，营商环境的营造就会失去价值基础，就会受到难以愈合的伤害。

司法会给社会规则疗伤与抚慰。2019 年，各级法院审结一审商事案件 453.7 万件。制定服务高质量发展意见，出台《公司法》《破产法》司法解释，发布民商事审判工作会议纪要，统一法律适用和裁判尺度，增强司法透明度和可预期性……世界银行《2020 年营商环境报告》显示，我国营商环境世界排名大幅跃升，“执行合同”“办理破产”“保护中小投资者”等与司法密切相关的指标明显提高，其中“司法程序质量”领先，被评价为这一领域的“全球最佳实践者”。如果对这些数据、评价所指的讼争没有一个正当、恰当的处理，营商环境无疑是难以想象的。“法治是最好的营商环境。”疫情虽给市场经济的营商环境添加了诸多不利因素，但在国家治理体系、能力现代化建设中，司法的热诚关切与精细调适依然是营商环境基石与边界的有力保障。

提高法治素养　推动依法治国*

在推动依法治国，建设法治社会的过程中，自然人、法人组织平日里的法治修养即尊法、学法、信法、守法、依法办事的素养如何，意义十分重大。提高自己的法治素养，养成新时代的法治观念、法治思维，就会真正获得、拥有自觉、自主依法办事和解决纠纷的法律智慧与能力，那才无愧于做法治社会的一员。

平日里的修养是素养，人是经济社会的行动者，人们平日里的精神、行为修养对社会生活有着深刻的影响。党的十九大继十八届三中、四中全会提出全面推进依法治国，建设法治国家、法治社会后，强调要坚持依法治国，提高全民族法治素养。国之本在民，修养的内容与方式不同，历史上耕、读、修、齐、治、平曾是先民们终身孜孜以求的修养。法治是文明社会的根基。在最接近实现中华民族伟大复兴的新时代，在依法治国，建设法治社会的过程中，党政军民学，东西南北中，自然人、法人组织平日里的法治修养即尊法、学法、信法、守法、依法办事的素养如何，意义十分重大。

法治社会一定是全民守法的社会，是自然人、法人都能依法办事的社会，提高全民族法治素养是建成法治社会的根本和保障。法治素养的养成离不开文化学习，法律是由文字表达的行为规则，认识法律文字、认同法律文字的内容精神的前提，是识字和掌握与运用文化知识；法律素养的养成离不开法律知识的普及，法律虽是习俗常见的经济社会生活规则，虽是社会文明

* 刊发于《人民法院报》第二版，2018年2月6日。

的一脉，但也是有专门知识和技能的一脉，所以我们进行了世界法制史上少有的五年一次的卓有成效的七次全民普及法律常识、知识的活动；法治素养的提升离不开民事、刑事、行政等诉讼活动，即俗称“打官司”的历练，因为什么样的修养都需在实践中学习和经实践拣选，“知是行之始，行是知之成”。事实上，很多自然人、法人、其他组织的法律知识、法治能力常常是经调解、复议、仲裁、民事、行政甚至刑事等而被激活的，其法治素养也是经诉讼活动而体现的，此时的法治素养也就不再是刻板的教条和凝固的概念，而是能依法办事、依法解决纠纷矛盾的路径、方法和能力。

如同我们有些农民工朋友还不会在法律文书上写出自己的名字，不会回答法律专业人士的询问，有些高学历的干部、高管懂得请法律顾问却不会草拟、审查合同，不明白合同中权利义务的公平分配意味着什么一样，在包括社会公正、司法正义在内的各项事业发展尚不够平衡、不够充分的社会主义初级阶段，因为利益获得尚不平衡，正义分配尚不够充分，纠纷、矛盾在所难免，所以法治素养的养成及其作用对在初级阶段建成法治社会至关重要。奉法者强则国强，“打铁还须自身硬”，党政机关领导干部提升了法治素养，就会在加强政治意识、大局意识、核心意识、看齐意识的同时自觉加强法治意识，学会法治思维，树立法律至上、法律面前人人平等的法治理念，就会自觉依照宪法法律规范和法的精神指向搞好顶层设计，厉行法治，深化法治实践，增强依法执政、行政本领，妥善化解行政争议，不忘初心、牢记使命，心存忧患、居安思危，知敬畏、存戒惧，谨守不敢、不能、不想触碰渎职、滥权的红线、底线、边界线，习惯在监督和约束的环境中工作生活，学习熟知、理解铭记法谚所云“法律最宠爱的孩子是普通人”，而不是以言代法、以权压法，逐利违法、徇私枉法，在法律面前要特权，否则公仆就会沦为社会公害、人民公敌、阶下囚……律师、法官、检察官等司法人员如果因专业活计和耳濡目染、潜移默化的工作环境而拥有了精良的法治素养，则会听音察理，依法析理，释纷利俗，定分止争，司法普法，纠缪绳违，努力让司法播撒阳光与正义，努力让人民群众在每一个司法案件中感受到公平正义，进而引导所有诉讼参与人一起推动整个社会的法治进程。

如法学家所说“我们都是法律的用户”，亦如法谚所云“守法的成本最低”，人民群众、企事业法人组织提升了法治修养，就会依法办事，强化责任意识、规则意识，就会减少人生和企事业组织营商等社会活动的成本，减少相互交往、交易的风险、代价，就会保有、获得更多的和谐感、获得感、幸福感，“虚线、实线、斑马线，都是生命安全线”；就会积极培育自尊自信、理性平和、积极向上的社会心态，学会少打官司多讲理，且主要讲事情、事实的因果关系之理，诚信守约、守法之理，核心价值观之理，而非拿着不是当理说，更非好打官司不讲理。通过理性、平和的说事讲理活动，会少争议、少争讼而更加及时、切实地保障自己和他人的人身、财产等权益，尽早化解纠纷。这样，可以节省专门来往法庭、仲裁庭讲理的在途费用、时间，等候裁决者安排开庭讲理的时间，开庭举证、辩论说理的时间，等待判决谁有理的判决书生效甚至二审开庭接着说理的时间；就可节省更多油料、纸张、精力而去办更多积极有益的事，减免那些不低碳、不绿色、己所不欲却欲施于人的无益的讼争活动；更不用为自己曾经的错、别人已往的误去付出更多的精力，花费更多的时间和金钱，浪费更多的社会资源。可以避免把人们普遍认为是社会公正的最后一道防线的司法诉讼活动不恰当、不理性地当作首当其冲的第一道防线，从而产生一有纠纷动辄打官司的不当现象。法律意识可不只是打官司意识，有一天我们会如法学家观察和预言的那样：“我们大多数人的生活都清醒地服从着法律的规则，而无须诉诸法院来确定我们的权利义务。”事实上，一些法治发达国家正在探索纠纷解决的非第三方机制，即更多地强调当事人直接交流沟通以解决他们自己心知肚明的纠纷。

科学家爱默生说：“自信是成功的第一个秘诀。”中国共产党曾卓绝地自信“星星之火可以燎原”，曾豪迈地自信“中国人民站起来了”。新时代为决胜全面建成小康社会，夺取新时代中国特色社会主义伟大胜利，实现“两个一百年”奋斗目标，在建设人民当家作主制度体系，发展社会主义民主政治的工作中，党的领导、依法治国、人民当家作主的自信是包含中国特色社会主义法治道路自信的道路自信，是含有中国特色社会主义法治理论自信的理论自信，是包括中国特色社会主义法律制度自信的制度自信，是蕴含中国特色社会主义法律文化自信的文化自信。郑人买履、削足适履都是主观而不自信的行为。作家莫尔兹说：“自信是所有德行的基石。”自信的人们结合工作实际认真学习党的十九大精神，学习法律、法规，提高自己的法治素养，养成新时代的法治观念、法治思维，就会真正获得、拥有自觉、自主依法办事和解决纠纷的法律智慧与能力，那才无愧于做法治社会的一员。

认真对待律师的执业权利*

在步入权利时代的未来中国法治社会里，认真地对待律师执业权利与保障公民经济、社会、政治、文化、权利密切相关，律师的独到作用必然会被人们广泛普遍地认识。

在全国律师工作会议之后，最高人民法院、最高人民检察院、公安部、国家安全部、司法部制定印发了《关于依法保障律师执业权利的规定》（简称《规定》），其中206次论及律师，17处说到权利，12处强调执业权利……这是中国司法制度史上的第一次，律师工作发展史上的第一次，或可誉为执业律师的《权利法案》，的确让为主张、为维护百姓群众合法权利而奔波、奋斗的执业律师倍感关怀与尊荣。激动、静思之余，笔者以为，我们都须认真地对待律师的执业权利。

律师执业权利来自漫长的中国革命、建设与改革的历史，来自社会主义民主法治不断的探索与实践。从1954年《宪法》到确立加强社会主义民主、健全社会主义法治的十一届三中全会，坎坷波折难忘；从1980年8月26日第五届全国人民代表大会常务委员会第十五次会议通过《律师暂行条例》，到1996年第八届全国人民代表大会常务委员会第十九次会议通过新中国第一部《律师法》，并经全国人民代表大会常务委员会2001年、2007年、2012年三次修订，律师执业权利随着改革开放、依法治国在不断发展。进入科学发展和社会主义法律体系初步形成的新时代，党中央全面推进依法治

* 刊发于《人民法院报》第二版，2015年10月12日。

国的决定为律师的执业权利发展创造了前所未有的条件。

律师执业权利内涵丰富、外延广远。据统计，在全国2.2万余家律师事务所执业的27万余名律师每年通过依法行使自己享有的如知情、申请、申诉及会见、阅卷、收集证据和发问、质证、辩论等执业权利，与公检法等机关合作办理诉讼案件280余万件，非诉讼法律事务近100万件，法律援助案件36万件。这些数字的背后是受人之托、忠人之事的执业律师及其身后的自然人、法人和他们依法享有的经济社会政治文化的众多权利，而这些权利关乎广大群众衣食住行、成家立业、生儿育女，也与国家机关、企事业单位的工作、科研、生产、经营密切相关，都是他们最关心、最实际、最直接的权利。其间，律师发挥他们熟悉法规的专业优势、相对客观的职业优势和立足社会的实践优势，或调查取证，或咨询代理参与民事、行政、刑事诉讼活动，执业权利丰富的内涵、广远的外延、频繁的行使，有"执业"一词所不能承受之沉重与期待，也有"权利"一词可以承受之厚望与关注。不尊重律师执业权利，不认真对待律师执业权利所代表、所涵摄、所带动、所影响的人民群众享有的权利及该权利所属的法律"家族"，就会影响司法、执法工作的公正与效率，动摇人们对法的信仰与追求。

律师执业权利功用深远。中国先哲认为"饮食必有讼"，在"我消费我存在"的经济生活中，法律权利既是群众利益的表达，也是群众诉求的保障。马克思曾说："权利永远不能超出社会的经济结构及由经济结构所制约的文化发展。"社会越进步权利越发达，文明越发展权利越丰富。在全面建成满足人民群众日益增长的物质文化需求的小康社会过程中，公民权利本位的法律将不断被发现、被创制、被完善，围绕这些权利的诉求与委托，救济与保障，律师执业权利会随之创新、丰富和发展。正是充分认识到切实保障律师执业权利，可以充分发挥律师维护当事人合法权益、维护法律正确实施、维护社会公平和正义的作用，促进司法公正，才有了《规定》的适时出台。这还需要包括执业律师在内的立法、司法者不断地关注实践，研究为权利而斗争的当代经验，认真地观察、研究和对待律师的执业权利，在改革、发展与稳定为大局的法治国家、法治社会的建设过程中，不断地推动它的发展，发挥它的作用。

我们都须认真地对待律师的执业权利。一方面，"自知者明，自胜者强"，执业权利是依法取得执业证书，接受当事人委托，为当事人提供法律服务的执业律师们“特有”的专业权利，律师执业时固应谨言慎行、细心呵护、认真对待。有位法学家曾说：“法律上的每个概念都是危险的。”来之不易、承载厚重的执业权利也不例外，因为和他孪生的还有执业义务和滥权的戒律，“没有无义务的权利，没有无权利的义务”。另一方面，亦如诗人泰戈尔所说：“脱离泥土的束缚并不是树的自由。”律师行使执业权利和保障、发挥其积极作用，也离不开公检法司等机关和法官、检察官、警官等的认真对待。试想，如果离开法官、警官、检察官对律师包括但不限于依法会见、申请取保候审、调查取证、起诉、立案、应诉、答辩、举证、质证、辩护、辩论、调解、和解等执业权利的保障，案件的顺利裁决就会面临更多的困难。确如享誉世界的社会学家韦伯所言：“民主社会追求的是与具体问题有关的群众利益，强调在具体案件中实现对具体个人的实体正义。”正是察觉、注意到这些方面，《规定》强调法院、检察院、公安机关、国家安全机关、司法行政机关应尊重律师，健全律师执业权利保障制度，依照《刑事诉讼法》《民事诉讼法》《行政诉讼法》及《律师法》的规定，在各自职责范围内依法保障律师执业权利，不得阻碍律师依法履行辩护、代理职责，不得侵害律师合法权利，要建立健全律师执业权利救济机制。要求法官在法庭审理过程中，注重诉讼权利平等和控辩平衡。《规定》还有25处提到“及时”告知、安排、传递，5处提到“便利”，从细节上保障律师行使执业权利。

天下事就怕“认真”二字。我们必须充分自觉地意识到保障和规范律师执业权利是长期的、艰巨的工作，须持之以恒地认真对待。我们有理由相信在步入权利时代的未来中国法治社会里，认真地对待律师执业权利与保障公民经济、社会、政治、文化、权利间密切相关，律师的独到作用必然会成为人们广泛普遍的认识。

回顾改革开放　接力保驾护航*

司法公正是社会公正的保障，不忘初心、牢记使命，为改革开放保驾，为人民幸福护航，为祖国复兴护航的公正、高效、权威的司法必将在社会主义法治事业中书写出壮丽的篇章。

历史自有其演进的逻辑，如同关于真理标准的讨论对当今中国的意义已为改革开放鲜活的成功经验所证明一样，十一届三中全会所确立的发展社会主义民主，健全社会主义法制的指导思想也为中国司法的功能及其实践所印证；如同观测、评价人类文明史需要一个视点如生产的工具与技能、生活的方式与规则一样，回顾影响当代中国乃至世界发展的改革开放及其司法活动的四十年，同样会有和需要很多令人兴奋、耐人寻味的角度与方法。在此，笔者选从司法功能的角度来观察为改革开放保驾护航四十年的司法。

“欲明大道，必先知史。”回顾改革开放四十年的轨迹，会看到司法功能的清晰印迹。

1988 年是改革开放的第十年，1983 年开展了严厉打击严重危害社会治安的犯罪活动的斗争，刑事发案率从 1981 年的万分之八点九降至 1987 年的万分之五点二。审结严重经济犯罪案件 288064 件，随着经济体制改革的深化，1983 年全国法院普遍建立经济审判庭，1983—1988 年，审结经济纠纷案件 994302 件，审结民事案件 4634822 件。随着社会主义民主和法制的快速发展，到 1987 年，我国已有 120 多个法律和法规规定了行政诉讼制度，

* 刊发于《人民法院》第二版，2018 年 10 月 12 日。

各级法院建立行政审判庭，加强审判工作，推动制定行政诉讼法。①

1998年是改革开放第二十年，1993—1998年，人民法院共审结严重危害国家安全和社会治安的犯罪案件1022326件，惩处破坏金融秩序和税收征管秩序方面的案件8680件，保护了国家和人民的利益，维护了市场经济秩序。判处贪污、贿赂、挪用公款案件的犯罪分子158806人。由于社会主义市场经济的发展，人民物质生活水平的提高，涉及财产关系的民事纠纷明显增多，领域、内容、类型多有变化，全国法院共审结一审民事案件13515156件，平均每年递增10.72%，对保护公民的合法权益，维护社会稳定，加强社会主义精神文明建设，起到了积极的作用。面对“多、新、难、大”的情况，一审经济纠纷案件6168398件，平均每年递增17.86%。人民法院审结一审涉及工商、税务、物价、土地、环境等行政案件281974件，平均每年递增26.70%，制止了一些侵犯企业经营自主权的违法行政行为。

2008年是改革开放第三十年，2003—2008年，人民法院坚持“公正司法、一心为民”和“公正与效率”，严惩各种危害国家、公共安全和人民群众生命财产安全的犯罪，审结爆炸、杀人、抢劫等犯罪案件120万件，生产、销售伪劣产品等犯罪案件8万余件，侵犯知识产权犯罪案件2962件，贪污、贿赂、渎职犯罪案件12万件。严格执行宽严相济的刑事政策，坚持惩罚犯罪和保障人权并重，保障被告人行使各项诉讼权利，为32万名符合法律援助条件的被告人指定了辩护人。2007年1月1日起统一行使死刑案件核准权。严格遵循证据裁判原则，确保无罪的人不受刑事追究，依法宣告1.4万名刑事被告人无罪。平等保护民事权利，促进经济发展与社会和谐，最高人民法院审理民事案件3196件；各级人民法院审结一审民事案件2214.5万件，劳动争议案件60万件。最高人民法院审理行政案件1242件，国家赔偿案件313件，地方各级人民法院审结一审行政案件47万余件，审结国家赔偿案件1.3万件，监督和支持行政机关依法行政，保护公民、法人和其他组织合法权益。

2018年是改革开放第四十年，人民法院围绕努力让人民群众在每一个司法案件中感受到公平正义的工作目标，坚持司法为民、公正司法，不断增强人民群众获得感、幸福感、安全感。2013—2017年，地方各级人民法院审

① 文中数据均引自最高人民法院院长在全国人民代表大会所作的报告。

结、执结8598.4万件。审结一审刑事案件548.9万件，审结贪污贿赂等案件19.5万件、26.3万人，其中原为厅局级干部810人，原为省部级以上干部101人，彰显了“打虎拍蝇”的决心和宪法、法律之下一律平等的价值追求。审理“快播”公司传播淫秽物品牟利，徐玉玉被诈骗等案件1.1万件，严惩电信网络犯罪。依法纠正呼格吉勒图案、聂树斌案等重大冤错案件39件、78人，再审改判刑事案件6747件，正义终未缺席。出台防范刑事冤假错案指导意见及相关规程，落实罪刑法定、证据裁判、疑罪从无等原则，对2943名公诉案件被告人和1931名自诉案件被告人依法宣告无罪。市场经济就是自由与规则，契约与法治的经济，法院为服务供给侧结构性改革，审结一审商事案件1643.8万件，买卖合同案件410.6万件，民间借贷案件705.9万件，促进公平交易，规范融资行为。审结“e租宝”非法集资案，徐翔等人操纵证券市场案等15.2万件，切实维护金融安全。民生与家庭是社会治理的基本，各级法院审结一审民事案件3139.7万件，婚姻家庭案件854.6万件，试设家事案件冷静期、心理测评等制度。发出人身安全保护令2154份，维护受害人人身安全和人格尊严。支持“放管服”改革，妥善化解行政争议，审理征地拆迁等一审行政案件91.3万件。推进行政机关负责人出庭应诉，支持、监督行政机关依法履职。全国86%的法院建立信息化诉讼服务大厅，为当事人提供便捷的“一站式”诉讼服务。开发“智慧法院导航系统”，让群众少跑腿。“车载法庭”“背包法庭”让司法更加贴近群众。

回顾几个时段的司法功能与建树、案件与数据，可见司法功能在波澜壮阔的改革发展事业中不可或缺，非同凡响。党史、国史、改革开放史中有我们的初心与理想，来路和去向。四十年法治道路，是每一个司法者一步一个脚印走出来的，是由大数据、云计算中的一个个生动鲜活的司法案件夯筑铺就的，其间的汗水与智慧、辛劳与经验、奉献与成就足资学研、思考和借鉴……如美国大法官本杰明·卡多佐在其名著《司法过程的性质》中所说：“历史在照亮昔日的同时照亮了今天，而在照亮了今天之际又照亮了未来。”亦如法学博士、作家卡夫卡所言：“道路是否正确，总是只有到目的地才能看清，不管怎样，我们现在在走。”历史不可假设但不排斥有关历史条件的丰富联想的论证，这是研究历史的价值。试想四十年里，若缺乏保驾护航的司法，不能对涉及经济社会生活的纠纷进行公正的审理，改革、发展、稳定就无疑会受到侵扰甚至破坏。

正如邓小平同志把解放思想放在十一届三中全会主题报告的篇首一样，回顾改革开放四十年，解放思想确是我们理解包括改革开放在内的如社会主义初级阶段理论、社会主义市场经济体制等一系列党的理论创新与实践发展的金钥匙。20世纪80年代，面对新形势，边工作边学习，是不断提高法院队伍素质的基本途径，1985年法院业余法律大学已招生三次，学员41196人，编写了《刑法》《民法》《经济法》等十多门教材。针对司法实际提出熟练地掌握和运用法律武器，提高办案质量和效率，及时地反映改革开放中的新情况、新问题，提出办法或建议，根据发展改革法院的工作，发挥司法在健全社会主义法制中的作用；20世纪90年代，全国法院围绕严肃执法、确保司法公正，坚持公开审判原则，强化庭审功能，实行公开调查、辩论、质证，强化合议庭的职责。制定审判工作规则，实行立审分立、审执分立等一系列改革。2008年，人民法院积极稳妥地深化各项司法改革，促进审判体系和审判能力现代化，解决影响司法公正的体制性、机制性、保障性障碍。党的十八大以来，为全面深化改革，提出深化法院组织体系、立案登记制改革、推进矛盾纠纷多元化解和案件繁简分流。推进人民陪审员制度改革。推进以审判为中心的刑事诉讼制度改革。推进智慧法院、开放动态透明便民的阳光司法机制建设。为实现“让审理者裁判，由裁判者负责”，全面推开65项基础性改革，司法在改革开放中做成了想了很多年、讲了很多年但没有做成的改革，取得了重要阶段性成效。回顾从“硬件”的重建与恢复到刑事、民事、行政诉讼程序“软件”的设计与完善，司法与时俱进、快速发展、深化改革，担当起了在社会主义初级阶段的新时代推进全面依法治国的重任，在全球化、现代化、信息化的现实与背景中去化解不平衡、不充分的诸多经济社会矛盾与纠纷。全面深化改革开放的司法实践也印证了解放思想的能量和魅力。

正如习近平总书记在全面依法治国委员会第一次会议上所说，法治具有固根本、稳预期、利长远的保障作用，司法公正是社会公正的保障，不忘初心、牢记使命，为改革开放保驾，为人民幸福护航，为祖国复兴护航的公正、高效、权威的司法必将在社会主义法治事业中书写出壮丽的篇章。

从当代“四史”中汲取司法力量和智慧*

学习党史、新中国史、改革开放史、社会主义发展史，对认识国情、把握社情民意、熟悉初级阶段我国法律史的沿革、汲取法治的智慧大有裨益。

“欲明大道，必先知史”“学史可使人明智”，从历史中汲取营养，历来为古今中外人们所崇尚。因为历史之中有理乱兴亡、有丰富的经验与教训，她像镜子、像路标、像老师。在中国特色社会主义进入新时代，在全面依法治国取得新成绩，在众志成城常态防疫、战胜洪灾时，党中央、习近平总书记号召全党要认真学习党史、新中国史、改革开放史、社会主义发展史。学习“四史”，旨关宏远，对我们的两个一百年奋斗目标和中华民族的伟大复兴有极其深远的历史意义。

马克思、恩格斯曾说：“我们仅仅知道一门唯一的科学，即历史科学。”素稔中国历史的毛泽东主张“从孔夫子到孙中山应该给以总结，我们应当继承这一份珍贵的遗产”。其曾把史学家郭沫若写的《甲申三百年祭》指定为我党在延安整风时的必读文件，而其与黄炎培先生关于如何跳出中国历史兴亡周期律的“窑洞对”至今熠熠生辉。改革开放的总设计师邓小平在会见外宾时说：“要懂得些中国历史，这是中国发展的一个精神动力。”2019 年 1 月 2 日中国社会科学院中国历史研究院成立，习近平总书记致信祝贺说：“重视历史、研究历史、借鉴历史是中华民族五千多年文明史的一个优良传

* 刊发于《人民法院报》第二版，2020 年 9 月 19 日。

统。”“历史研究是一切社会科学的基础。”几代党的领导人在中国革命、建设与发展过程中，在处理改革、发展与稳定的关系时，在治国理政的繁重工作中，都十分注意党史、新中国史、改革开放史、社会主义发展史的学习研究与总结借鉴。

学习“四史”益于司法。从宏观层面来看，法律制度、司法活动从来都是经济社会历史中不可或缺的一部分。学习党史，我们可以认识近代中国党派林立、政见纷纭，而代表劳苦大众的中国共产党冲破牢笼、脱颖而出则是鸦片战争到五四运动以来的历史必然，认识马克思主义法学理论在中国的传播及与中国革命、建设、发展相结合并不断步入中国化的新境界的时代呼唤、历史答案；没有共产党就没有新中国，学习新中国史和党的十一届三中全会以来的改革开放史，学习《关于建国以来党的若干历史问题的决议》，我们可以看到以党的领导为本质特征的中国特色社会主义法制从井冈山根据地到陕甘宁边区、解放区再到新中国成长、发展的苦难辉煌的历史轨迹，看到国家独立、民族解放和司法主权的新生，我们会进一步认识改革开放以来，社会主义民主与法制的创新建设，拨乱反正与改革发展，更深入地探究、总结法制兴则国家兴的历史经验与教训；近现代的历史就是世界史、全球史，学习社会主义发展史，观察研究世界范围内社会主义在一些国家、地区的实践历史，兴衰轨迹，分析起伏跌宕间的法制悲欢，司法荣枯，我们会感悟邓小平同志关于“还是法制靠得住些”的论断的深刻意蕴和理解习近平总书记关于法治“固根本、稳预期、利长远”的理念、思想与战略，从而坚定社会主义法治道路、理论、制度与文化的自信，提升司法在现代社会治理中实战、实用和实效的能力，为长治久安贡献力量。

学习“四史”益于司法，微观层面亦是如此。中国社会主义法治史及当代司法实践中党的领导、群众路线、民主司法是社会主义司法活动的特点、优势，学习“四史”，研究“四史”中的法律、法治经验，可以培养办案对历史负责的意识，马锡五审判方式的现代意义，“枫桥经验”的当代价值，公开公正、辩论辩护、陪审旁听的司法制度、诉讼规则的学习与传承、守正与创新等历史经验的学习与传承都是让人民群众在每一个司法案件中感受到公平正义的具体保障。比如，案例收集、类案研究就是历史学、法律史学的一种学研工作方法，如同从史实、史料中研究史论，产生史论一样，就是司法者从过去的争议、争讼、案件处理方法中找到例证，研究蕴含先例中的司法信息，获取法律认识，以资眼前当下审慎裁判的方法；实事求是、有错必纠，平反过往冤狱，昭雪尘封错案，从呼格吉勒图案到张玉环案，人们发现这类案件都有惊人的相似之处，并依法、科学地探究其形成的原因、规律和防控的制度与机制。因为对事实的评判要经得起社会实践和理性反思的打磨，这是我们办经得起历史检验的案件的有力的箴言，也是我们学习历史，学用历史智慧的实证教材。

学习“四史”的努力与意义，无疑将由致力中华民族伟大复兴，实现两个一百年奋斗目标的伟大实践所证明，也将为党在经济社会中经受四大考验，克服四大危险的能力、水平所证实。深入学习“四史”，司法、执法者对历史唯物主义关于经济社会与法治文明的理解和认同将得到充实和加强，对司法体制、机制的改革也会更加精细和切实，社会治理体系中的司法能力、水平则会得到进一步的提升与加强。当然，身在纷繁变化的经济社会，面对需用大数据、云计算统计的民事、刑事、行政纠纷讼争，亲临疑难复杂、唇枪舌剑的大量庭审活动，审阅、核实事关当事人权益和裁判质量的证据事实，撰写高质量裁判文书，学习民法典等专业知识，司法人员裁决者的时间和精力总是有限的。“生也有涯，知也无涯”，因为终身学习是经济社会文明进步的客观要求，少学、不学、“不充电”就会有本领的恐慌。

学习“四史”对认识国情、熟悉初级阶段我国法律史的沿革，汲取法治的智慧，把握社会主义初级阶段的社情民意、矛盾特点，做好司法工作大有裨益。所以，惜时如金地找时间、挤时间学习“四史”，更需要钻研的能力和对司法文明不懈追求的科学精神，如教育家所说：“历史好比一艘船，装载着现代人的记忆驶往未来……”

改革开放丰富了辩护制度的意义*

改革开放40年来，辩护制度得到了前所未有的推进与发展，也必将在国家尊重和保障人权的事业中，在完善中国特色社会主义人权司法的法治实践中发挥更大的作用。

当我们感触和意识到一些理念、规则、制度在社会生活中生动、而具体的，哪怕是微小的影响和作用时，我们会自信地说它们在经济社会生活中是实在、有用并有意义的。痛定思痛后的真理标准讨论与解放思想、改革开放相继而启、相伴而行，加强社会主义民主、健全社会主义法制的十一届三中全会及1982年《宪法》第一百二十五条的规定使我国的辩护制度在改革开放四十年中得到了健康发展。1979年创制的《刑事诉讼法》恢复了久违的辩护制度，《律师暂行条例》开始实施，到1996年、1997年《刑事诉讼法》《律师法》先后修改、制定，辩护制度得到充实、完善和进步，再到十八届三中、四中全会提出完善人权司法制度，强化诉讼过程中当事人和其他诉讼参与人的知情权、陈述权、辩护辩论权等制度保障，直到2018年10月27日全国人大修改《刑事诉讼法》，要求刑事案件律师辩护全覆盖。随着改革开放的步履，曾经涂抹在辩护人、辩护制度上的不应有的一些色彩逐渐被岁月和实践的力量冲去，替坏人说话的议论也因缺乏民主、科学、法治思想的支持而难再声张。科学家巴甫洛夫曾言“争论是思想的最好触媒”，与解放

* 刊发于《人民法院报》第二版，2018年11月20日。本文还被其他特刊使用过，作者笔名魏平。

思想结缘而由改革开放推动的辩护制度可以说得到了前所未有的推进与发展。

听音察理、讼听两造，“直不自直，白不自白，见人冤枉，替人分别”。自然人、法人以人身、财产权益纠纷为争点的民事诉讼中，少不了原告的诉请、被告的答辩及原被告间的辩论；公民、行政机关以行政行为合法性审查为焦点的行政诉讼中，当然以合法性的证成与证伪的辩论为民告官案件的亮点；而如收购玉米的王力军案、经营公司的张文中案等涉及人身自由、财产、幸福和企业经营活动的刑事诉讼中，侦控犯罪方与嫌疑人、被告人的自我辩解、辩白、辩护和其辩护人与控诉方的庭审诉辩对抗则是刑事司法历久弥新的特点。1983—1987 年全国法院共审结刑事案件 1692955 件，民事案件 4634822 件，包括涉外民事案件 3126 件；1993—1997 年，全国法院共审结一审刑事、民事、经济、行政、海事案件 22417744 件；2003—2007 年，地方各级人民法院和专门法院审结各类案件 3178.4 万件；2013—2017 年，受理、审结、执结 8598.4 万件；2006—2011 年，全国律师共为 2454222 件刑事案件提供了辩护，比 2001—2005 年增长了 54.16%。这些数字背后，这些案件的诉讼过程中，有多少次的诉请与答辩，有多少次的举证与质证，又有多少次的控诉与辩护，亲历者的言辞辩论、辩护为特质的庭审活动是诉讼顺利进行的正当程序，是得出公正判断的必经程序。共听并观，兼听则明，司法者的判断来自诉辩双方围绕争议焦点、根据事实证据进行的多轮辩论及对辩论的归纳。欣喜的是商量、讨论、争议、辩论的方法与模式早已随着经典的庭审传播开去、影响着尊崇法治的人们的思维及权利主张和纠纷解决的方式。当然“辩者，求服人心也，非屈人口也”，亦如拉丁法谚所云“法官有权制止诉讼双方的拌嘴抬杠”。

《现代汉语词典》上解释说，“辩”指“辩论，争论”。它是很生活化的词，既俗且雅，确有大用，先民有言“人之所以为人者，言也；人而不能言，何以为人”“人心动时，言语相感”，也如哲人所言“生活就是表态”“所有的生活共同体都是语言共同体，语言只存在于对谈之中”。应当认识到客观存在的不同，认识主体及其认识角度、方法、水平的不同决定了人们会发表自己不同于他人的意见，这是法治社会公民权利与自由的基本、集中的表现。思想史研究专家伯克发现近代以来，“历经多少世纪才使那些最开通的人们相信，发表个人意见和讨论各种问题的自由是一件好事而不是坏事”，而“花如解语应多事，石不能言最可人”“居家戒争讼，讼则终凶；处世戒多言，言多必失”的文化心态则不利于启蒙、发达和应对坚船利炮的挑战，的确“善不善不分，乱莫大焉”。既然我们是从讨论真理标准即爱智慧的哲学的历史唯物主义的高度出发，那么，如果我们把辩护制度在当代经济社会中的广深意义仅限定于诉讼中、法庭上，那我们就忽视了普遍联系、变化发展的辩证观点，就忽视了法律、司法社会学的研究报告，就看轻了辩护制度的功能与价值，就看小了辩护制度的作用与意蕴。回顾改革开放40年，从联产承包是什么尾巴，到市场经济姓资还是姓社，再到改革是否要进行下去都有过这样的辩论和那样的辩护；往远处来看，人类是否可移居火星，全球变暖是否因人类活动可辩论，安理会上大国崛起有辩论，加入世贸组织我们进行了13年谈判和辩论……我们有谁见到未经辩论而证明了的解放思想；岂独美国专家认为“谈话是最细致，也可能是最有效的交流思想的方式”。称自己是“实事求是派”的我国改革开放的总设计师邓小平同志就曾指出：“一个革命政党，就怕听不到人民的声音，最可怕的是鸦雀无声。”习近平总书记在党的十九大报告中强调：“有事好商量，众人的事情由众人商量，是人民民主的真谛。”的确，辩论、辩护是方法，通过辩论、辩护我们有了更加务实、理性的选择与判断，我们有了三个“有利于”的标准，有了进入新时代的全面深化改革开放的目标。应当看到辩护制度在改革开放、与时俱进、快速发展的社会主义初级阶段的经济社会中，在新时代的政治、经济、文化、社会、生态建设中，在创新、协调、绿色、开放、共享的发展理念的实践中，在解决不充分、不平衡的基本矛盾时，大到改革开放这样宏大的社会文明进步工程中的规划、设计、决策可行性论证探讨、风险预测控制，中到地区、行业、企事业单位法人治理机构、经营模式的改革举措，小到百姓的衣食住行、入学就医、加班补贴、房屋装修、租赁买卖等操心、烦心、揪心的纠纷的解决，都离不开可由辩护制度宣示、解释的立论、驳论和辩论，都少不了评点与指控，也自然会有解释说明、辩解与辩护……1988年是改革开放的第十个年头，是年3月的最高人民法院报告就谈到了“对改革、开放中出现的新情况、新问题，我们强调要慎重对待，对具体情况进行具体分析。凡是触犯刑律，构成犯罪的，不管打着什么旗号，只要证据确凿，就坚决依法制裁；对在改革、开放中因为缺乏经验和其他原因犯了这样那样的错误，但不构成犯罪的，就作无罪判决”。社会在进步，“问题是时代的声音”，经济社会发达国家的研究者、社会学家以人们不同的正义观为参照，预言未来经济社会生活中还会存在以集体意志和平等为基础的公民的辩护，以效率和能力为基础的工业的辩护，以通过整体关系链条把集体成员联系起来的以个人化信任关系为基础的家庭辩护，以他人的承认为基础的根据舆论的辩护，以市场为基础的商业的辩护，以它在个人和整体之间建立一种直接联系的启示的辩护等。所以，发现新情况、解决新问题是包括司法者在内的所有为社会文明进步而劳作者的使命。

习近平总书记在博鳌论坛上说：“中国40年改革开放给人们提供了许多弥足珍贵的启示，其中最重要的一条就是一个国家、一个民族要振兴，就必须在历史前进的逻辑中前进、在时代发展的潮流中发展。”回首检视由真理标准讨论、解放思想和改革开放推进的辩护制度的完善与发展的实践历程，确如教育家布鲁纳在《教育的过程》中所说：“高明的理论不仅是现在用以理解现象的工具，而且是明天用以回忆那个现象的工具。”辩护及其制度的创制背景与发展历史，动机目的与原理机制，期待效果与进步现状恰如其语，它必将在国家尊重和保障人权的事业中，在完善中国特色社会主义人权司法的法治实践中发挥其独特而又丰富的作用。

完善辩护制度　维护公平正义*

刑事辩护制度乃我国法治体系及治理能力现代化不可或缺的方面，在改革、发展与稳定的大局中，在努力让人民群众在每一个司法案件中感受到公平正义的时候，在扫黑除恶专项斗争中，发挥着不可替代的作用。

制度来自社会实践，刑事辩护制度是刑事司法制度文明的重大特色、扛鼎一员。《改革开放40年中国人权事业的发展进步》白皮书指出，40年来我国全面加强人权法治建设，“充分保障犯罪嫌疑人和被告人的辩护权，犯罪嫌疑人自被侦查机关第一次讯问或者被采取强制措施之日起，有权委托辩护人，被告人有权随时委托辩护人”。浓缩民主科学、实事求是、依法治国思想于其中的刑事辩护制度乃我国法治体系及治理能力现代化不可或缺的方面，在改革、发展与稳定的大局中，在努力让人民群众在每一个司法案件中感受到公平正义的时候，在扫黑除恶专项斗争中，发挥着不可替代的作用。

坚持完善辩护制度是扫黑除恶实践和理论的必要。经济社会中的黑恶行为往往表现为对社会主义核心价值观的扭曲、玷污、摧残和践踏，而以刑事司法视角观察，黑恶则表现为恶积祸盈的犯罪行为及依法应予追究、审判的一宗宗刑事案件。全国法院坚决贯彻依法严惩方针，黑恶案件得以审判，少不了已全覆盖于刑事诉讼的辩护律师的身影和他们的努力工作。黑恶案件的辩护律师的法定任务就是根据事实和法律依法提出涉嫌黑恶罪案被告人无

* 刊发于《人民法院报》第二版，2020年11月3日。

罪、罪轻证据和意见，帮助法庭依法审慎区别罪之有无与轻重，进行有效辩护，维护被告人合法权益。

朴素而唯物、历史、辩证的观点认为对立统一的矛盾无事不有、无处不在。认真、审慎地识别、辨别、区分和判定，就会发现黑恶团伙集团中，黑有浓淡差异，不是漆黑一团，黑老大也是少数；恶有大小不同，也非都恶贯满盈，首恶者为数不多。罪行之有无，罪名之彼此，主从之区别，自首坦白与否，刑罚轻重需要条分缕析地区分、辨析和辩护；定罪量刑需要精益求精的雕琢、打磨、锻造的工艺之一就是辩护。“故辩之为言别也，为其善分别事类而明处之也”，黑恶犯罪有聚众、团伙、集团特征，其中一人一事区别、区分不慎、不当、不公正就可能牵动影响全案质量。所以，为犯罪嫌疑人、被告人辩护的律师及辩护制度就有了特别需要关注的任务，特别需要宣传与研究的意义和价值。“夫辩者，将以明是非之分，审治乱之纪，明同异之处，察名实之理，处利害，决嫌疑。”应当看到辩护制度、辩护人是法律正确实施、维护当事人合法权益的保障，依法辩护是“扫”得精确、“除”得准确，一个不放过，一个不凑数的、不可或缺的保障，这也是中外刑事司法特别是改革开放以来，我国刑事司法正反面经验、认识的要求。

在扫黑除恶实践中坚持、完善辩护的理论与制度。扫黑除恶专项斗争实践正是淬砺辩护思想、能力和坚持与完善辩护工作制度的重大机遇。2018年以来，“两高两部”等发布了《关于办理黑恶势力犯罪案件若干问题的指导意见》等4份若干问题意见，区别指出“确保在案件事实清楚，证据确实、充分的基础上，准确认定恶势力和恶势力犯罪集团，坚决防止人为拔高或者降低认定标准。要坚持贯彻落实宽严相济刑事政策，根据犯罪嫌疑人、被告人的主观恶性、人身危险性、在恶势力、恶势力犯罪集团中的地位、作用以及在具体犯罪中的罪责，切实做到宽严有据，罚当其罪，实现政治效果、法律效果和社会效果的统一”。2019年，《关于适用认罪认罚从宽制度的指导意见》进一步强调，“在刑罚评价上，主动认罪优于被动认罪，早认罪优于晚认罪，彻底认罪优于不彻底认罪，稳定认罪优于不稳定认罪。对犯罪嫌疑人、被告人具有自首、坦白情节，同时认罪认罚的，应当在法定刑幅度内给予相对更大的从宽幅度。对罪行较轻、人身危险性较小的，特别是初犯、偶犯，从宽幅度可以大一些”。以问题为导向而制定的这些意见、制度，总结扫黑除恶经验，与时俱进，对坚持和完善辩护制度，有很强的指导意义。制度是用来办事的。辩护律师根据这些制度发现的证据，提出的意见应被重视和择善而用。所以，相关司法政策、解释还指出，“办案机关应当依法保障律师各项诉讼权利代理职责提供便利，防止因妨碍辩护律师依法履行职责，对案件办理带来影响”，“被告人及其辩护人对恶势力定性提出辩解和辩护意见，人民法院可以在裁判文书中予以评析回应”。如法学家所言辩护的“长期效应就是把一种变化的动力注入法律，并形成对法律灵活回应各种新的问题和需要的期待”。和国家治理体系中的其他制度一样，辩护制度也需要在实践中完善、在实践中坚持。

实践的历程可释疑解惑，推进刑事司法能力建设。第二次世界大战之后，就如何处置法西斯战犯，有人主张就地枪决甚至活埋，但按正当的控、辩、裁程序，公正地审判这些罪魁的主张获得了普遍的认同，历史证明经控诉与辩护而依法审判是明智的抉择。辩是为了护，为嫌疑人、被告人辩护，护的又是什么而又当如何评价呢？由近及远，应看到包括为黑恶案件嫌疑人、被告人辩护在内的刑事辩护活动，护的是包括罪当死刑的犯罪分子在内的每个人的合法权益，护的是司法改革确立的控、辩、裁的正当刑诉程序及证据裁判原则，护的是以事实为依据、以法律为准绳的社会主义司法原则，护的是党的十一届三中全会以来加强社会主义民主、健全社会主义法制的成功经验，护的是“被告人有权获得辩护”的宪法原则。在每一起扫黑除恶案件中，辩护律师都应从实战、实用、实效的角度检视、训练、反思、提升自己有效辩护的能力。被誉为中华思想库的诸子百家争鸣时代实已开辩论之先河，渊源悠久、博大精深。文化自信可衍生出理论思维、道路选择、制度设计及其充分坚实的自信；改革开放，学研中外，律师制度恢复40多年来，汇集近现代以来辩护制度优点的当代我国刑事辩护理念原理、理论制度、程序机制，为辩护的发展带来了制度保障。制度的智慧与效能在于学习和遵守，理解与遵行。

邓小平同志指出“解决刑事犯罪问题是长期的斗争，需要从各方面做工作”，辩护工作自在其中。党的十八届四中全会要求“强化诉讼过程中当事人和其他诉讼参与人的知情权、陈述权、辩护辩论权、申请权、申诉权的制度保障”。习近平总书记在说明十八届四中全会的决议时指出：“我曾经引用过英国哲学家培根的一段话，他说：‘一次不公正的审判，其恶果甚至超过十次犯罪。因为犯罪虽是无视法律——好比污染了水流，而不公正的审判则毁坏法律——好比污染了水源。’这其中的道理是深刻的。”他还指出：“执法司法中万分之一的失误，对当事人就是百分之百的伤害。”这些指导对我们正确看待辩护活动与辩护意见，彰显制度自信，着力推动长效常治，有着历久弥新的重要意义。

司法体制机制改革中的名实关系*

改革完善体制机制做到实至名归，名实相符，需要我们以钉钉子的精神做大量认真细致的调查研究工作，需要我们坚持长期全面的调查，不断不懈研究及更符合历史、更接近本质的总结。

肇始于20世纪90年代，以审判方式改革为先导的司法体制机制改革由陆续出台实施的最高人民法院四个改革纲要不断推向系统和精深。党的十八届三中、四中全会的精神与要求更是我国司法体制机制改革与完善的强劲动力与远大目标。十几年来，生动而影响深远的案例，鲜活而具有复制意义的经验，及时而明确的体制机制创新，绘就了近代以来，新中国诞生之后，改革开放至今最为多彩而切实的法治画卷。党的十八届三中全会指出，到2020年我们要“使各方面制度更加成熟、更加定型”。成熟和定型的一个重要标志是经改革、完善的司法体制、机制名实相副，就是名实关系的成熟和定型。

名之多在于自然造化、社会生活的大小方面，名之繁在于经济、文化、政治等的不同领域，但名称、名词之繁多于法律为最，集中权利义务关系描述与概括，界定与明确的法律就是很多名词的集合。自由、财产、幸福的拥有，一个案件在司法体制、机制中的立案、审理、裁决过程都需要用很多文字、名称、名词把他们叙述、定义、概括出来，如公民、法人，如权利义务，如立案登记制，如诉讼服务中心、案件管理中心，如诉讼法与两审终审制等。司法体

* 刊发于《人民法院报》第二版，2016年9月8日。

制、机制生成与运作，改革与完善过程中层出不穷的新名称、名词意义重大，涵盖、联系着包括司法人员在内的自然人、法人、企事业机关单位的权力（利）义务及其实现的方式和过程、结果，这是法律这一社会现象的特殊性。民事诉讼案件名称即民事案由涉及的民事法律关系的性质，是法院对诉讼争议包含的法律关系的概括，2001年1月，最高人民法院规定民事案件案由，后又经2007年、2011年两次修订；为统一认定罪名，正确理解、执行第八届全国人民代表大会第五次会议修订通过的《中华人民共和国刑法》，1997年12月，最高人民法院依法通过《关于执行〈中华人民共和国刑法〉确定罪名的规定》，之后根据刑法修正案，先后经过了五次补充修改。的确，“欲审曲直，莫如引绳；欲审是非，莫如引名，名之审于是非也，犹绳之审于曲直也”。比如，是义务的不是权利，是职责的不是职权，权利与职权，义务与职责都不能混同，否则，不仅会影响对法律的学习、对诉讼的认识，而且会影响通过司法体制机制而将法律适用于实际讼争和案情裁决，会浪费、损失体制机制改革的投入。制名以指实，名之用，用之大不言而喻。朱泙漫向支离益学“屠龙术”“殚千金之家，三年技成，而无所用其巧”，寓意不虚。

名实相副与否是思想活动的结果，是思想认识水平的反映。用实事求是、求真务实的思想认识方法，掌握“奥卡姆剃刀原理”，把与本质无关的删去改掉，才可实现思维经济，删繁名、除滥名，摒弃繁文缛节，抓住体制、机制改革以追求本质。否则，就不能做到名不虚立，名下无虚，就会外失其名，内迷其理，可能“重述旧章，了不殊于既往；或苟兴新说，竟无益于将来；徒使繁者弥繁，阙者仍阙”。而为名而名，徒有虚名，就不会正确认识司法体制、机制改革中活泼新鲜的实际情况并命以正确恰当的名称，并保证名不虚行，经得起推敲。比如，邓小平同志关于“计划和市场都是经济手段”就是十分本质的认识。又如法制与法治，固有“刀”与“水”之别，但规范、管理与引导的含义则是其原初本质的含义。再如不是为了监督与纠错，二审存在的本质还有什么呢？

体制机制必然表现为诸多的名词、名称及其合成的体系，司法体制机制改革完善中的名实关系复杂但却意义重大，其中的立、改、废牵扯很多的规章制度、机构部门的名实之辨识、辩证，可谓古今中外，由来已久。王安石就曾说“盖儒者所争，尤在于名实，名实已明，而天下之理得矣”。所以，克服名实不副，追求实至名归是社会生活主流。当然，以实事求是为思想指导的中国共产党在改革、发展与稳定的大局中关于贫穷不是社会主义，发展太慢也不是社会主义的思考更是循名责实、求真务实的鲜活实例。习近平总书记指出：“要努力让人民群众在每一个司法案件中都感受到公平正义，所有司法机关都要紧紧围绕这个目标来改进工作，重点解决影响司法公正和制约司法能力的深层次问题。”存在决定意识，司法活动就是循名责实的活动。违约乃一名，责实就是要看双方的文约及履约、违约的事实；犯罪亦一名耳，责实就是要探寻什么人的什么行为造成了怎样的应受刑罚制裁的危害社会的严重后果……司法改革同样要循名责实、出实招、谋实用，检视速裁程序与简易程序中的快速与简易的异同，方便群众、方便诉讼与跨区管辖是否为对应受司法审查之行政机关行为的避让与绕行，比如案多而调判能手较少与员额制间的远水近渴，又如裁判文书繁简、长短之优劣，再如侦查预审、起诉审查及审判中心的共同使命与不同的权责担当。如处理不好体制、机制顶层设计与基层司法实践等方面的名实关系，人民群众打起官司就会循名责实而感名实难副，就会影响包括司法者在内的人们对司法体制机制改革的诚恳评价与热忱推动。无独有偶，诺贝尔经济学奖得主布坎南在《财产与自由》中曾建议“必须尝试修改各项制度（法律的、政治的、社会的、经济的），修改的目的在于使这些制度与关于人类道德上的限度的经验现实更贴切相称”。用什么样“贴切相称”的名称来反映司法体制机制在法治国家、法治社会中的实际微观运行、具体价值功能等，值得立法者、法官、检察官、警察、律师等法律工作者认真思考，“因为观念不会从无中生出来，它其实是社会生产过程的产物。所以一个观念越是能够精确地反映这个过程，它就越有力量”。所以，总结、提炼司法体制机制改革经验成果，取名要慎重、要精到、要耐用，不然会影响到司法体制机制的成熟与定型。

我们常说以事实为依据，以法律为准绳，案情事实决定着法律适用，法律适用则是对案情事实的评判处分，这是典型的也是比较成熟的名实关系。改革完善体制机制做到实至名归，名实相副，需要我们以钉钉子的精神做大量认真细致的调查研究工作，不是调查一时一地，也不仅是研究几个案子、两三个程序，在人多、地广、风俗、经济、文化、城乡东西南北有别的初级阶段，需我们坚持长期全面的调查，不断不懈地研究及更符合历史、更接近本质的总结。恩格斯在致弗·梅林的信中曾坦承：“我们大家首先是把重点放在从基本经济事实中引出政治的、法的和其他意识形态以及以这些观念为中介的行动，而且必须这样做。但是我们这样做的时候为了内容方面而忽略形式方面，即这些观念等是由什么方式和方法产生的……如上所说，我也这样做过，而且我总是在事后才发现错误。”大师谦逊，名实辩证思想却熠熠生辉。的确，在历史的筛子中留存下来的，一定是名闻而实喻、经久而耐用、成熟而定型的体制、机制，一定是些智慧的金子。

充分发挥律师防控冤狱的积极作用*

律师辩护权振兴于近代科学昌明之后，其根本原因是思维科学的进步，是认识论的进步。律师防控冤狱的作用不容低估，这种作用的发挥涉及律师执业活动中密切相关的方方面面。

律师是社会法律工作者，“文化大革命”后的律师条例和确立依法治国方略之后的律师法，都规定了在刑事诉讼中，辩护人根据事实和法律提出证明犯罪嫌疑人、被告人无罪、罪轻或者减轻、免除其刑事责任的材料和意见，维护犯罪嫌疑人、被告人的合法权益的职责。这多少区别于公、检、法办案人员的职责。

律师职责的界定源于东西方基本相同的法律原理，因为原告、被告各有主张，各执一词，我国传统法律文化讲求“讼听两造”，西方传统法律文化要求法官“既听取隆著者，也听取卑微者”。律师职责的界定也源于近现代认识论的科学性要求。“‘科学’一词隐含着冷静和超然、坚实和客观的意味。”17世纪初，英国法官黑尔·马修爵士认为法官不能忘记的重要事情是“兼听则明，偏信则暗，应听两造陈述、了解所有情况，不可预设判断、先入为主”。罪之有无、轻重的矛盾并存于整个刑事诉讼过程之中，这就要求我们既要听到犯罪嫌疑人有罪、罪重的一面，也要听到犯罪嫌疑人可能无罪或者罪轻的一面。

律师辩护权不能发达于中国封建社会及欧洲的宗教法庭却振兴于近代科

---

* 刊发于《人民法院报》第二版，2013年10月22日。

学昌明之后，其根本原因是思维科学的进步，是认识论的进步。我国有悠久的君本位、官本位传统，长官意志论甚嚣尘上。所以，谈及不同思想、不同认识间平等而不歧视、和平而不强迫地通过倾听而达到比较、交流、决策之目的的努力和行动会引起不安甚至非难。但别忘了陈云同志在《怎样使我们的认识更正确些》里的教诲："相同的意见谁都敢讲，容易听得到；不同的意见，常常由于领导人不虚心，人家不敢讲，不容易听到。所以，我们一定要虚心，多听不同意见。还应该看到，事物是很复杂的，要想得到比较全面的正确的了解，那就必须听取各种不同的意见，经过周密的分析，把它集中起来。"人们观点不同就会有不同的认识，而认识真相，既不能听凭谁的主观武断，也不可依赖法定的特殊主体。所以，律师防控冤狱的作用不容低估，而这种作用的发挥涉及律师执业活动中密切相关的方方面面。

在侦查阶段，保障律师及时、顺畅的会见十分重要。及时就是具备法律规定的条件后，即嫌疑人被拘留后就应有律师会见，顺畅就是前去会见嫌疑人的律师不被无法律依据的理由所阻挡。因为犯罪嫌疑人一旦被采取拘留措施后，其与侦查办案人员的关系就成为后者对前者涉嫌犯罪行为的侦查和发现，就是穷追不舍，此时，侦查工作的主导方向，收集查获证据的具体方法是围绕应抓未抓错抓展开的，而嫌疑人马上见到自己委托的律师则依法从质疑嫌疑或确定没有嫌疑的角度考虑问题、审查证据。所以，此时律师及时、顺畅地介入，可能对抓与被抓者都有助益其镇静、冷静和理性的作用，这是法治经验的训诫。

在起诉审判阶段，律师防控冤狱的作用进一步凸显，检察官看过了侦查机关的案卷，审查、准备案卷材料，嫌疑人疑在哪，证据是否确凿，是否能证明嫌疑人的疑点，检察官会从中得出结论。此时，律师介入，可根据在侦查阶段已掌握情况的基础上，提出区别于公安机关和检察机关的有利于嫌疑人的意见，让即将把嫌疑人送上被告人席的检察官考虑再三，三思而诉。法官在审阅侦查、起诉机关整理移送的基本材料后，将会同检察机关和律师对嫌疑人涉嫌的罪名和事实进行审理，审理的前提和过程是公诉人的起诉和辩护人的辩护。法官审理的结论应当是兼听控诉辩护之后的明智的理性的裁决。可以看出，律师作为辩护人，在各个阶段都有防控冤狱形成的法定权责、作用。

与一度认为律师替坏人说话不同，现在有人认为自己亲耳听到了嫌疑人的交代，亲自给嫌疑人做了笔录，自己看过很多材料，审查整理了全案证据，综合了起诉、辩护双方意见，而辩护人仅听嫌疑人一面之词，仅看嫌疑人、被告人一面之证，提出那么几点意见，谁比谁全面，谁比谁轻松？所以对辩护人另眼相看，对辩护人的意见马马虎虎，不推敲，不求确凿；还有人以不平衡的心态认为办同样的案件，却不能像律师那样和犯罪嫌疑人见见面、说说话就能挣比自己工资还多的钱，自己不接受“配合律师”工作的要求，凡此种种是不对的。律师养于民间，不吃“皇粮”，生计保险由自己负责，一般按国家核定标准收费；律师活动过程是民主司法的具体体现。律师为被告人合法权益而进行的辩护对合议庭全面客观认识案件有独特的作用，助益于司法公正。

随着我国社会主义民主法治建设的进步，律师的作用已为人们所知悉，但与人民群众的要求、与法治建设的要求还有差距。虽然“未经人民法院依法判决，对任何人都不得确定有罪”的规定早在1996年就规定在《刑事诉讼法》中了，虽然体现国家保障人权精神的新《刑事诉讼法》也出台实施了，然“徒法不足以自行”，只有坚持科学司法、统筹兼顾公、检、法、律师在防控冤狱中的积极作用，才可浓墨重彩地绘画出社会主义民主法治发展的新篇章。

正义如何才能不迟到*

“正义会迟到，但不会缺席”，是2014年法治建设进程中值得回味和难忘的一句话。这句话在佘祥林、赵作海案之后，特别是在张氏叔侄案、念斌案、呼格吉勒图案等多起冤假错案之后，愈证其远见卓识和明快、丰富、沉重的经典韵味。那么，正义如何才能不迟到？

正义不会缺席，但席散人去后，人们特别是法律职业人士不禁拊膺叹曰：正义虽未缺席，但却因迟到而一度缺席并带来了不少的缺憾。人们难免要问正义如何才能不迟到？正义缘何迟到，总有可经反思探讨而能发现的原因。找到原因，庶几找到消解原因和提速正义的方法。检视个案，不乏思想认识、司法技术、刑事程序、职业道德等的瑕疵纰漏。

各案各样，事实情节不同，证据证明不同，当事人目的、行为及结果不同，控辩审及社会舆论等各方观点不同，法律、法治、司法正义如何与纷繁而复杂的世情、人情、案情相向而行，这同司法者的思想认识及司法技术水平的因果关系十分密切。思想认识水平在于实事求是，具体问题具体分析的能力水平。司法思想水平在于具体的案件事实，证据材料的分析与判断，在于迅速而缜密的证据分析、证明归纳、证据判断，在于便捷、熟悉的常识论证、常人经验、大众理解等的思辨能力。

技术是思想的延伸。司法技术是司法者思想乃至耳、目、手的延伸，司法科技如远程聆讯、征信联网、便携式指纹采集识别仪与指纹自动识别系

* 刊发于《人民法院报》第二版，2015年4月12日。

统，显微照相、激光拍照、比较显微镜、带荧光屏的立体显微镜，声纹分析，气味鉴别，XT11-01 人体藏毒检查仪、万能对比仪，DNA 技术，测谎器测试，分光光度仪、计算机证据、高速行驶汽车号牌自动识别系统、遥控技术等的普遍娴熟的运用是验证思想和办案质量的重要保障。科技不只是生产力，科技也是法治的力量、司法的力量。反观冤假错案成因，无不夹杂着科学认识及科学技术落后的因素。

冤假错案中的一些程序原因也不容忽视。法社会学家马克斯·韦伯观察经济与社会中的法律后指出，“我们可以说，在人们承认有些规则为查找事实的规则时，刑法和刑事诉讼法才算开始系统地形成”。一些冤假错案不是没有走程序，而是偏离了查找事实的本质，而冤假错案正出在事实和证据上。《刑事诉讼法》第五十条规定：“可以用于证明案件事实的材料，都是证据。证据包括：（一）物证；（二）书证；（三）证人证言；（四）被害人陈述；（五）犯罪嫌疑人、被告人供述和辩解；（六）鉴定意见；（七）勘验、检查、辨认、侦查实验等笔录；（八）视听资料、电子数据。证据必须经过查证属实，才能作为定案的根据。”可见，八类证据不能查证属实，不能查证排除疑惑就不能定案。出生于律师家庭，先后就读于波恩大学、柏林大学法律系的马克思曾说：“研究必须充分地占有材料，分析它的各种发展形势，探寻这些形式的内在联系。只有这项工作完成以后，现实的运动才能适当地叙述出来。”所以，我们应深刻认识查证事实乃程序之本质，既要提升思想水平，纠正不科学、不到位的认识，又要修正完善一些不便利于查证、研究事实，不分主次、轻重甚至背本趋末的程序、手续。程序包装着司法正义，但包装不能过度，不可繁文缛节、拖泥带水。真博必约，通道必简，程序要简单、简明、简洁、简便易行于查找、查证事实和纠正错误。

“夫聪察强毅之谓才，正直中和之谓德。才者，德之资也；德者，才之帅也。”“德乃才之帅。”为人民服务之德，权为民所用之德，司法为民之德，让人民群众在每个司法案件中都感受到公平正义的职业道德良知、水平，永远是统领和实现司法目的、方法的根本保障。疏离这些应被修为内化、内在的必备品德素质，司法思想、技术乃至限制任性恣意的程序规则就会失去动力或方向，失去目的或价值，就回答不了为谁司法、为什么司法的大问题，就会使司法脱离社会主义法律制度的文明内涵和社会主义法治的精神品格，冤假错案就难免出现。冤假错案不止一次训诫启发我们：司法职业良知、责任心既是法律的依托，也是质证、认证、证据裁判和人权司法的保障。

党的十八届四中全会决定指出，加强法治工作队伍建设，必须大力提高法治工作队伍思想政治素质、业务工作能力、职业道德水准。最高人民法院“紧紧围绕让人民群众在每一个司法案件中感受到公平正义的目标，始终坚持司法为民、公正司法工作主线”，在《人民法院第四个五年改革纲要（2014—2018）》中确定了65项改革举措。学习十八届四中全会决定，研究、实施纲要，每位法律工作者都应尽心尽力、尽职尽责，在每个刑事司法案件中助推正义，莫使其因迟到而汗颜，才可让公民大众沐浴到法治的阳光，感触到司法正义的速度。

程序发力还需良知随行*

《关于减刑、假释案件审理程序的规定》的发布与实施，使得程序的力量、价值再次被关注和重申。但同时必须指出：裁判活动的主体是法官，而不是程序，无论如何科学、精密的程序也取代不了法官，唯有法官的人格，才是法律正义的保障。

张海“越狱”是2014年春季对刑事司法公信与权威的一次蔑视和挑战，最高人民法院以问题为导向，针砭减刑、假释之暗箱积弊而制定的《关于减刑、假释案件审理程序的规定》则又把公正引向刑事立法、刑事审判之后的刑罚执行阶段。从来都是问题启发思路，解答推动发展。

服刑罪犯、个别监管人员、法官、律师等非法合谋的“减刑”“刑满释放”，是对参与举报、侦查、逮捕、起诉、辩护、定罪、量刑、监管的公民和法律工作者及其活动价值的嘲弄与亵渎，是对司法功能的扭曲，对既判力的毁损。

社会公正、长治久安，与不断完善的社会主义法律体系的公正实施休戚相关。公正分娩，程序产子，在于判决书被公正地执行。所以，如何将刑事司法的公正进行到底是一个关涉立法、司法和法律监督的重要问题。社会学家说“理性化和程式化是理解现代社会的关键”。法学家坦言“程序是国家与公民个人之间的纽带”。权力的确应被关进制度的笼子，否则，不透明、无边界、嗜专断的权力必将侵吞稀缺而谦和的公正。

---

* 刊发于《人民法院报》第二版，2014年5月7日。

减刑、假释等司法权必须受制于司法程序，剖析近几年各地减刑、假释错案之征候，2014 年 4 月，最高人民法院继量刑指导意见和量刑程序意见之后，再从程序角度规范减刑、假释案件的审理活动。程序的力量、价值再次被关注和重申，《刑事诉讼法》一句“非经法定程序不得减刑”的规定进而得以解释和阐明，这不难使人们对程序可令减刑、假释权力出具清单并运作透明、行使有界抱有新的希望。

值得注意的是，什么人有资格提出减刑、假释，什么证据能充分确实证明罪犯应获减刑或假释，以及减刑或假释由无利害关系的中、高院法庭法官和哪些参与者，要不要对减刑和假释经证伪与证成的辩论程序，最后作出既延续原审公正，又继承原判严肃的减刑、假释裁定，这应是该程序的核心。一视同仁是公正的基本品格，公众参与是公开的实质，是透明的体现，公平的保障。法治程序中民主司法的含义、价值远不止于公正审判，还在于公正的行刑，如减刑、假释、监外执行等。所以，保障专业、集约，相对封闭之减刑、假释程序能始终公正，关键在于如检察官、人民陪审员、辩护人、社区矫正人员，甚至同监服刑罪犯有序的意见参与……“组成执行机构的人越多，践踏法律的危险就越小，因为在互相监督的成员之中，是很难营私舞弊的。每个人所享有的权威越小，他们对于提高自己的权威就越不感兴趣”。贝卡利亚在论证犯罪与刑罚时的睿语至今锐气不减。

其实，早在 1986 年通过并经 2009 年、2012 年修订的《监狱法》就规定了“人民检察院认为人民法院减刑、假释的裁定不当，应当在收到裁定书副本后二十日以内，向人民法院提出书面纠正意见”。2012 年 7 月施行的《最高人民法院关于办理减刑、假释案件具体应用法律若干问题的规定》也明文规定“人民法院审理减刑、假释案件，应当一律予以公示。公示地点为罪犯服刑场所的公共区域。有条件的地方，应面向社会公示，接受社会监督”。所以，人们有理由观望《关于减刑、假释案件审理程序的规定》的实效。

虽然，在风云际会的春秋战国，先哲就已点出“无君子，则法虽具，失先后之施，不能应事之变，足以乱矣”“法之所加，智者弗能辞，勇者弗敢争”，虽然，近代变法图强者也呼喊“国家以法制为先，法制以遵行为要，能遵行而后有法制，有法制而后有国家”。但“徒法不足以自行，徒善不足以为政”却屡试不爽。文化比较催生和滋补着文明！法律蕴含什么样的理念、品性固然重要，但更重要的无疑是将具有良好理念的法律适用于每一案件的执法者！列宁曾说："法令之所以重要，不在于是不是写在纸上，而在于由谁去执行。"美国法律家也肯定"无论法律本身多么明智或公平，腐败、自私、放纵或愚蠢均为人类的弱点，能够导致对法律的错误应用"。事实上，即使是西方的法治体系也极为强调必须建立机制，辨识适当的人选来领导政治及法律系统的每个部分，即立法、行政和司法部门。

当然，"悟以往之不谏，知来者之可追"。全面推进司法改革时，我们应如直面分工与制约、实体与程序之辩证关系一样正确面对人与法、德与法的关系。"质言之，裁判活动的'主体'是'法官'，而不是'程序'，无论如何科学、精密的程序也取代不了'法官'……司法改革也好，庭审改革也罢，法官人格塑造才是关键，正如自由法学和社会法学的倡导者爱尔里希所言'唯有法官的人格，才是法律正义的保障。'"此话虽由民法学家梁慧星先生述说，但于刑事司法活动亦入情理实际，通妥无碍。

虽然行百里者半九十，功亏一篑也常见，但因教育普及、经济向好、民意畅达、核心价值观发功和党的执政能力、水平的不断进步并娴熟，我们有理由相信，为实现两个一百年目标，实现中华民族伟大复兴的中国梦，更多拥有职业良知的法律工作者，会纠缪绳违，拾遗补漏，切磨箴规，以案为鉴，反躬自省，自警、自忧、自律、自重，以抓铁有痕、踏石有印的工作态度和春雨润物、厚德载物的情怀，把公正注入、夯实于司法活动的全程、全域，使有史以来，改革开放之后创制的庞大的中国特色社会主义法律体系和宏伟的中国特色社会主义法治工程欣欣向荣、蒸蒸日上！

辩证把握刑事诉讼之以审判为中心*

我们应笃初慎终，临深履薄，既须尊重、支持人民法院作为审判中心的严正而权威的诉讼中心地位，也要认识和把握各个动态的程序，从而正确理解、把握侦查、起诉阶段的中心问题。

党的十八届四中全会之后以审判为中心的诉讼制度改革，一时成为实务探索和理论研讨的热点。的确，包括典型如民事、行政诉讼，甚至劳动争议调解仲裁、商事仲裁等在内的广义的裁判类社会活动都证明了以审判为中心的作用和地位。在这些诉讼活动中，原、被告人身、财产等权利在不妨碍诉讼活动依法进行时，是不受原、被告彼此特别是公安、检察、法院干预抑或制裁的。

刑事诉讼则不然，刑诉始于公安机关、检察院、国安部门对罪案的侦破，对犯罪嫌疑人的抓捕，其间嫌疑人罪之有无，是抓是放，费时费力费思量。继而审查起诉再究罪之有无，是否退回补充侦查，决定起诉与否，也非眉头一皱须臾之间；之后至定罪量刑的审判阶段，辩护人罪轻、无罪的辩护意见，罪证确凿与否的核实，量刑轻重长短的考量等也须经诉辩攻防和审判者深思慎取及经年累月一审或并二审而得出结论。在这样一个分工负责，相互配合，相互制约的诉讼程序里，如果立案侦查抓捕犯罪嫌疑人的罪证确凿，措施得力，那么延至审判，对犯罪分子人身权利、财产权利持续的限控与剥夺就没有问题。但若被立案侦查、破案抓捕、移送起诉的是一个清白无

* 刊发于《人民法院报》第二版，2015 年 3 月 28 日。

辜者，那么，作为最后防线的法院就难能迅疾实现及时的正义。故而，所有参与侦、控、审环节的工作人员均需正确理解以下问题：其一，是否充分尊重保障了人权。惩罚犯罪、保护人权是刑事诉讼制度并重的价值，不是非此即彼，此消彼长，一阶段应保护，一阶段可忽视。如不在立案之时、抓捕之初，起诉的关口审慎对待，而把罪之有无、刑之轻重一味传递交由开庭审判评价认定，不该逮捕羁押的已然抓了关了那么久，就会重现宽进严出，抓人容易放人难的痼弊，公民人身权利可能受到侵害。其二，分工与负责能否落实。第一枚纽扣很重要，而哪个阶段是整个刑事诉讼活动的第一个纽扣呢？刑事诉讼活动的终点、重心、中心固在审判，但关乎自由、财产与幸福等的侦、诉、审三大阶段却应然必须各有中心与重心，与让审理者裁判，让裁判者负责一样，也应让侦查者抓捕，让抓捕者负责，让起诉者审查，让审查起诉者负责，责无旁贷。这是社会公正的要求，刑事法律的前提，刑诉活动的逻辑常识，因为一盏灯不能照亮所有的屋子，没有可解决一切问题的工具。只有侦、诉、审对各自负责的诉讼阶段真正负起责来，才能对全程和终点负责，对公民法人合法权益负责，使每个当事人在每个刑事案件的侦、诉、审各诉讼阶段都及时、切身感受到公平正义的眷顾。其三，对冤假错案须各守其责、全程防控。佘祥林、赵作海、张氏叔侄等案的形成似在于最终宣判，但包括念斌、呼格吉勒图案，甚至最近在美国沸沸扬扬的弗格森枪击案、警察锁喉致死案都在启示、警示我们冤错之因实肇于侦查、抓捕阶段的疏忽与主观乃至刑讯逼供等非法侦讯方法，接着因审查起诉阶段对侦查结论的惰性依赖和粗心偏信而使错觉、失误、误判得以发酵并传递。但凡侦查阶段扎实取证，认证分析、容许律师及时会见并虚心听取律师意见；但凡审查起诉阶段认真核实证据，充分论证分析，重视辩护人观点；但凡能在审判阶段聆音察理、公听并观，认真吸纳控辩双方有益见解，就不会贻误纠错时机，一些冤假错案就会被筛查出来，而不致谬误浸淫传染审判阶段，落笔于白纸黑字的判决，促成错案，铸就冤狱。

罪之有无、人之捉放的问题存在于刑事诉讼各阶段，全程看、看终局，回答这个问题在于审判。但一个人是被抓捕还是听其自由，在负责立案、侦破、抓捕者心目中是一个亟须审慎对待、仔细预判的中心问题；在起诉追究刑事责任者心目中，这同样是一个必须认真对待、细心研判的中心问题。

不管是侦查阶段的工作内容还是审查起诉阶段的工作内容，他们与作为审判这一中心的人民法院要审清判明的内容虽有时序先后、轻重缓急和内容多少的差异，但并没有实质区别，执法、司法者们从事诉讼工作的思想精神实质是趋同的。所以，我们应笃初慎终，临深履薄，既须尊重、支持人民法院作为审判中心的严正而权威的诉讼中心地位，也要认识和把握各个动态的程序，从而正确理解、把握侦查、起诉阶段的中心问题。俗语云“谁的孩子谁抱”，其理自足。在公民权利保护的诉讼理念指导下，“确保侦查、审查、起诉的案件事实证据经得起法律的检验”，解决好三个阶段的中心任务，担当起三个阶段的法律责任，进而保证公正司法，提高司法公信力，才能使阳光司法成为常态。

深化法治实践　厉行审判规程*

程序引领诉讼，规程规范操作，程序越明细，规程越翔实，它们对诉讼路径的刻画、描述越贴近现实经济社会生活，特别是诉讼实际，就越能方便操作，引领包括当事人、律师、法官、检察官等在内的诉讼参与人的诉讼活动，公正、高效、权威地引导刑事司法实践。

党的十九大提出深化法治实践、厉行法治的要求后，最高人民法院发布关于刑事案件庭前会议、法庭调查、排除非法证据三个试行规程，将近年来以审判为中心的刑事诉讼制度改革继续引向深入。程序引领诉讼，规程规范操作，程序越明细，规程越翔实，它们对诉讼路径的刻画、描述越贴近现实经济社会生活，特别是诉讼实际，就越能方便操作，引领包括当事人、律师、法官、检察官等在内的诉讼参与人的诉讼活动，公正、高效、权威地引导刑事司法实践。

庭前会议的核心是为将要进行的庭审做准备。准备是再充分也不过分的工作。20世纪初，美国诉辩界的“尼察之道”即言“准备就是一切”。21世纪，法学教授、辩护大师肖微茨在给青年律师的十封信中重申为了庭审，再充分的准备也不过分。当然这不只适用于律师，法谚有云：“仓促审判乃灾难之母。”审判活动也应十分注意庭前准备：从当事人左思右想问律师到律师准备证据、诉讼文书去立案应诉，准备是重要的功课，现行《民事诉讼法》明确规定了开庭前的准备一节。而关系当事人人身自由甚至生命的刑事

* 刊发于《人民法院报》第二版，2018年3月4日。

诉讼就断无未经准备和准备不足而可开庭审案的理由。所以，为发现和解决可能影响法庭集中持续审理的问题，避免庭审出现不必要的延迟和中断，规程第一条规定“人民法院在开庭审理前可以召开庭前会议，就可能影响庭审集中持续进行的相关问题了解情况，听取意见，并开展必要的庭审准备工作”。人民法院可以依法处理可能导致庭审中断的如是否对案件管辖有异议、是否申请有关人员回避、是否申请不公开审理、是否申请排除非法证据、是否申请提供新的证据材料等至少十项程序性事项，组织控辩双方展示证据，归纳控辩双方争议焦点，开展附带民事调解。有备无患，解决好这些可能影响庭审核心、焦点问题的问题，不开未经充分准备之庭，充分的庭前准备无疑会确保庭审扎实而顺利地进行。

查明案件事实是庭审中的重心，查明事实是适用法律的前提。拉丁法谚有云“法律产生于事实”。英国谚语说事实是顽固的。的确，围绕案件事实、探明案件事实、评价案件事实的活动是诉讼活动的任务与目的。如果不是为了查明嫌疑人涉嫌的事实，认定被告人犯罪事实，整个刑事诉讼程序存在的意义会是什么呢？刑事诉讼程序的功能、价值又在哪里呢？所以为规范法庭调查程序、提高庭审质量和效率，确保诉讼证据出示在法庭，案件事实查明在法庭、诉辩意见发表在法庭、裁判结果形成在法庭，调查规程对开庭讯问发问，出庭作证，物证、书证的举证质证及认证规则作了明晰的规定，强调“法庭应当坚持证据裁判原则。认定案件事实，必须以证据为根据。法庭调查应当以证据调查为中心，法庭认定并依法排除的非法证据，不得宣读、质证。证据未经当庭出示、宣读、辨认、质证等法庭调查程序查证属实，不得作为定案的根据”。就人们喜闻乐见的法庭上的交叉询问等也规定“公诉人宣读起诉书后，审判长应当询问被告人对起诉指控的犯罪事实是否有异议，并听取其供述和辩解。经审判长准许，公诉人可以就起诉书指控的犯罪事实讯问被告人，也可以先出示有关证据，再就有关犯罪事实讯问被告人。经审判长准许，被害人及其法定代理人、诉讼代理人可以就公诉人讯问的犯罪事实补充发问；附带民事诉讼原告人及其法定代理人、诉讼代理人可以就附带民事部分的事实向被告人发问；被告人及其法定代理人、诉讼代理人可以在控诉一方就某一问题讯问完毕后向被告人发问，有多名被告人的案件，辩护人对被告人的发问，应当在审判长主持下，先由被告人本人的辩护人进行，再由其他被告人的辩护人进行”。举证、质证是为了认证并据证裁判，所以规程强调对于“经过控辩双方质证的证据，法庭应当结合控辩双方质证意见，从证据与待证事实的关联程度、证据之间的印证关系、证据自身的真实性程度等方面，综合判断证据能否作为定案的根据。证据与待证事实没有关联，或者证据自身存在无法解释的疑问，或者证据与待证事实以及其他证据存在无法排除的矛盾的，不得作为定案的根据。”“压住舌头的是事实”“丑陋的事实胜过黄金般的语言”，恩格斯曾说：“根据事实得出的结论常常不免是尖锐的，甚至是无情的。”当然根据查证核实的事实得出的裁决应当是经得起历史检验的。

为什么要排除非法证据呢？社会文明反对、法律明文禁止，人权保障要求等正面的回答能引导人们作全面理解正确遵行。为规范非法证据排除程序，准确惩罚犯罪，切实保障人权，有效防范冤错案件，根据法律和司法实际制定的规程规定采用殴打、违法使用戒具等暴力方法或者变相肉刑的恶劣手段，使被告人遭受难以忍受的痛苦而违背意愿作出的供述；采用以暴力或者严重损害本人及其近亲属合法权益等进行威胁的方法，使被告人遭受难以忍受的痛苦而违背意愿作出的供述；采用非法拘禁等非法限制人身自由的方法收集的供述应当予以排除。采用暴力、威胁以及非法限制人身自由等非法方法收集的证人证言、被害人陈述，应当予以排除。规定收集物证、书证不符合法定程序，可能严重影响司法公正的，又不能补正或者作出合理解释的，对有关证据应当予以排除。非法证据乃毒树之果，是隐藏在正义道场上的“炸弹”。排除非法证据规程的主旨导向是应当排除非法证据，而非不排除和不严格排除。执法示教，执法本质上是宣传教育人区分法与非法和守法，如若一边刑讯一边说刑讯违法，就会像《笑府》中那位发着脾气问谁说我脾气大的人一样是荒唐的。

习近平总书记在《加快建设社会主义法治国家》一文中强调：“我们必须认认真真讲法治，老老实实抓法治……如果在法治建设上喊口号、练虚功、摆花架，只是叶公好龙，并不真抓实干，短时间内可能看不出什么大的危害，一旦问题到了积重难返的地步，后果就是灾难性的。”因此，新规程的落实发力、检验完善也引人注目和思考。

丰富依法行政的精神内涵*

在行政诉讼中，行政机关负责人出庭、出声接受监督，才能使其真实地感知规则，体验被监督的感受，进而在实践中提升依法解决官民纠纷的法律意识、法治观念和法治思维能力，从而丰富依法行政的精神内涵，在依法治国的行政实践中长水平、出成绩。

继1999年、2004年、2010年国务院发布全面推进依法行政的决定、全面推进依法行政实施纲要、关于加强法治政府建设的意见之后，2015年12月，中共中央、国务院联合印发了《法治政府建设实施纲要（2015—2020年）》。这对落实全面推进依法治国、依法行政，建设法治政府的各项具体工作都有十分重要的作用，这是接力法治建设的具体措施，更是实施有力监督的依据。

法治建设作为庞大的社会工程是一个长期的历史进程，不可能克其功于一案，毕其事于一法，需要久久为功，一步一个脚印，接力向前迈进。1999年的决定就已明确“行政权力的运用，充分体现着国家政权的性质，密切联系着社会公共利益和公民的个人利益，事关中国特色社会主义事业的兴衰成败”。2004年的纲要则坦承“与完善社会主义市场经济体制、建设社会主义政治文明以及依法治国的客观要求相比，依法行政还存在不少差距……解决这些问题，适应全面建设小康社会的新形势和依法治国的进程，必须全面推进依法行政，建设法治政府”，并承诺经过十年左右坚持不懈的努力，基本实现建设法治政府的目标。2010年的意见则进一步强调“贯彻依法治国

* 刊发于《人民法院报》第二版，2016年5月17日。

基本方略，推进依法行政，建设法治政府，是我们党治国理政从理念到方式的革命性变化，具有划时代的重要意义……各级行政机关及其领导干部一定要正确看待我国经济社会环境的新变化，准确把握改革发展稳定的新形势，及时回应人民群众的新期待，切实增强建设法治政府的使命感、紧迫感和责任感”。2015—2020年纲要则秉承《中共中央关于全面推进依法治国若干重大问题的决定》的精神，承诺“经过坚持不懈的努力，到2020年基本建成职能科学、权责法定、执法严明、公开公正、廉洁高效、守法诚信的法治政府”。显然，这些一脉相承的认识与承诺是党的十一届三中全会以来我国社会主义民主与法制建设显著成绩的接力，是党的十五大确立依法治国、建设社会主义法治国家的基本方略，九届全国人大二次会议将该方略载入宪法，以及社会主义法制体系初步形成之后一系列工作的接力。

接力法治征程，须臾莫离监督。俗称“民告官”的行政诉讼可趣解为诉讼行政，就是鼓励、支持我国公民、法人、其他组织起诉状告侵犯公民、法人、其他组织的违法行政行为，依法监督政府行政。政治、经济、文化、社会、生态建设中的问题、纠纷、行政争议能够被人民群众以诉讼请求的方式整理归纳，并向人民法院郑重以行政诉讼方式提出，足以说明这个问题、诉争与群众利益的直接、实际、关联性，必求正解的急迫与期待及监督的必要性。20世纪90年代，行政诉讼法初颁始行，就有专家坦言：“行政诉讼是保障依法行政原则最有力的工具。”的确，行政诉讼有力而有益：有益于国法的实施适用，因为通过诉讼案件，人们会从正反对错两方面生动形象地学习相关法律；有益于监督行政官员依法行政，守法而治，因为通过诉辩攻防实践，官民认知、学习、理解相关法条法意时会感同身受；有益于百姓依法表达诉愿，依法定程序解决纠纷，信任法律，崇尚法治，因为对簿公堂后百姓对权大还是法大、官大还是法大就有切身体会；有益于总结法律实施、行政执法的经验、教训，因为诉讼围绕法律、事实与自由裁量展开，便于发现和讨论问题，辨明是非，可以告知什么是真正的依法办事和原告期待的依法行政；长远看，更有益于我们跳出治乱兴衰的周期律，因为诉讼能让人们在理性、平和的程序中一“诉”为快而释缓紧张、对立情绪，一“判”为快而切除、消弭官民间的梗阻与裂缝。应当注意到，在社会主义法治国家建设过程中，政府依法行政无疑执全局之牛耳，领各行之向路，重要性不言而喻。当然，“徒善不足以为政，徒法不足以自行”，比如虽然修改前后的行政诉讼法都规定了行政机关应当应诉的条款，而且规定了应诉行政机关负责人应当出庭或委托代理人出庭。但统计显示，在人民法院受理、审理的行政诉讼中，行政机关负责人出庭比例不高，而且出庭不出声的现象比较突出。显然，行政机关负责人不出庭就可能仅听汇报而略知争议之大概，就可能不知道那些在法庭上集中表达而亟须研究、必须解决的问题，甚至可能还被蒙在鼓里……行政机关负责人出庭不出声，不能在行政相对人、当事人究诘、法庭询问、相互辩论中，就行政行为所依据的事实、所适用的法律法规进行说明、解释，为自己所领导机关的行为进行辩白，或可说明其不熟悉和不善表达自己为法定代表人的机关的行为及行为的事实与理据，或可说明在调研、决策及实施行政行为时未经相关可行性、风险性的专家咨询、民主讨论、集体决策程序，自己对问题的出现没有预案，预案不够准确和充分，错在看材料、听汇报、拍胸脯、拍脑门……

出庭、出声与否可见一个行政机关负责人在接受监督时的反应能力、品质以及民主法治意识。当代社会的规则意识主要是遵从法律、依法行权、依法担责的意识。研究意识则是遇到纠纷能发现问题，主动以钻研探究的态度，用科学的调查研究的方法对待问题，实事求是地依法解决问题，而行政诉讼活动正是在法庭里，在法官主持下，按照请求与答辩、举证与质证的规则研究和解决行政争议问题的活动。专家认为民主国家的成员“主要是通过说、听、读、写、辩论一切与社会有关的事务”参与管理，民主法治意识则集中体现为一个行政行为是否符合人大及其授权机关的立法可经官民诉辩程序而予以裁判。

近世学者梁启超研究总结历史认为“中国未尝无法以限官吏，亦未尝不设人以监官吏之守法，而卒无效者何也？则所以监之者非其道也……是故监督官吏之事，其势不得不责成于人民”。列宁曾在创制《新工厂法》时强调“一般是用什么来保证法律的实行呢？第一，对法律的执行加以监督。第二，对不执行法律的加以惩办”。2014 年 1 月，习近平总书记指出“权力无论大小，只要不受制约和监督，都可能被滥用”。所以，在行政诉讼中，行政机关负责人出庭、出声接受监督，才能使其真实地感知规则、民主法治意识，体验被监督的感受，进而在实践中提升依法解决官民纠纷的法律意识、法治观念和法治思维能力，从而丰富依法行政的精神内涵，在依法治国的行政实践中长水平、出成绩。

为疫情防控提供有力司法保障*

> 我们要在党中央集中统一领导下，始终把人民群众生命安全和身体健康放在第一位，从立法、执法、司法、守法各环节发力，全面提高依法防控、依法治理能力，为疫情防控工作提供有力法治保障。

春天的脚步不可阻挡，肆虐的病魔必被降灭。

患者治愈、疫情治理是传染病医学诊疗科技问题，是传染病防治法律问题，是公共卫生应对法律问题，也是社会突发事件应对法律问题，更是一个国家安全法律问题。解决这些法律问题的过程，是一个彰显、提升社会治理能力的过程。任一社会行为、社会事件都可分为始、中、终三个阶段，司法在疫情治理的这三个阶段都有其用在当下、意在深远的价值。

疫情之始，个体病患的发现与对其可传染的监测、预警、预案是一个医学科学问题，也是一个突发公共卫生事件的行政管理问题，更是一个应对突发事件有法必依、执法必严的问题。

为了预防、控制和消除传染病的发生与流行，保障人体健康和公共卫生，我国《传染病防治法》规定传染病防治实行预防为主的方针，防治结合、分类管理、依靠科学、依靠群众的原则，规定乙类传染病有传染性非典型肺炎、人感染高致病性禽流感等，各级疾病预防控制机构承担传染病监测、预测、流行病学调查、疫情报告以及其他预防、控制工作。各级疾病预防控制机构在传染病预防控制中实施传染病预防控制规划、计划和方案，收

* 刊发于《人民法院报》第二版，2020年2月14日。

集、分析和报告传染病监测信息，预测传染病的发生、流行趋势。

《突发公共卫生事件应急条例》规定应急工作应遵循预防为主、常备不懈的方针。县级以上地方人民政府应当建立和完善突发事件监测与预警系统。对早期发现的潜在隐患以及可能发生的突发事件，应当依照报告程序和时限及时报告。任何单位和个人有权向人民政府及其有关部门报告突发事件隐患，有权向上级人民政府及其有关部门举报地方人民政府及其有关部门不履行突发事件应急处理职责或不按照规定履行职责的情况。

2003年春，非典型肺炎疫情突如其来，最高人民法院、最高人民检察院制定《关于办理妨害预防、控制突发传染病疫情等灾害的刑事案件具体应用法律若干问题的解释》，界定突发传染病疫情等灾害并就惩治妨害预防、控制突发传染病疫情等灾害的犯罪活动作出明确具体且有前瞻性的规定。个体病情的诊断是否应予高度关注乃至纳入疫情预防、防控范围，这既是一个医学科学水平问题，也是一个医疗行政、公共卫生监控行政问题，其中有无有病不报、有疫未防、有法不依的问题。科研可有科幻，司法裁判则应基于确实而充分的证据。前述法律关于预防、预警、预案的规定及相关证据便是司法研判的依据。“安者非一日而安也，危者非一日而危也。皆以积渐然，不可不察也。”显然，司法的察觉应生成警诫人们积极预防的标志性判决。

疫情治理之中，一方有难八方支援，党和政府领导各地医疗卫生机构、卫生监管部门广大医务人员，人民群众依据诊治规范，全力以赴抗击疫情，这时的医患关系、医护关系、患际关系、医际关系、医政关系大量、快速、频繁地互动及诊疗，防控社会秩序都得依法予以强力保障。社会有分工，医科多专门。

《传染病防治法》规定了疫情控制、医疗救治、监督管理、保障措施及相关法律责任，规定疾病预防控制机构是从事疾病预防控制活动的疾病预防控制中心，以及与上述机构业务活动相同的单位。防控机构应对传染病疫情进行流行病学调查，根据调查情况提出划定疫点、疫区的建议，对被污染的场所进行卫生处理，对密切接触者，在指定场所进行医学观察和采取其他必要的预防措施，并向卫生行政部门提出疫情控制方案；对疫点、疫区进行卫生处理，向卫生行政部门提出疫情控制方案，并按照卫生行政部门的要求采取措施。

《突发事件应对法》规定公共卫生事件发生后，履行统一领导职责的人民政府可采取组织营救和救治受害人员，疏散、撤离并妥善安置受到威胁的人员以及采取其他救助措施；迅速控制危险源，标明危险区域，封锁危险场所，划定警戒区，实行交通管制以及其他控制措施；向受到危害的人员提供避难场所和生活必需品，实施医疗救护和卫生防疫以及其他保障措施；保障食品、饮用水、燃料等基本生活必需品的供应；采取防止发生次生、衍生事件的必要措施。第五十条规定当发生严重危害社会治安秩序的事件时，公安机关应当立即依法出动警力，根据现场情况依法采取相应的强制性措施，尽快使社会秩序恢复正常。

2020 年 2 月 7 日，国家卫生健康委、最高人民法院等四部委联合通知要求严惩殴打、辱骂医务人员，故意扰乱医疗秩序，严重侵害医务人员的合法权益，造成恶劣社会影响的行为。疫情就是命令，时间就是生命，正义应当及时，防疫司法两不误就须远程办案，网络司法，智能发力。

疫情治理之后，因疫情肆虐而带给经济社会的诸多纠纷必然会在社会生活恢复中渐渐表现出来，并可能走向法庭。比如因疫情之情势变迁甚至不可抗力而导致的劳动关系纠纷、买卖、租赁、运输、人财物保险等民商事合同纠纷及传染病防治失职，滥用职权、玩忽职守，哄抬物价、囤积居奇等不一而足都将受到人民司法的严正评判。在中国特色社会主义法律体系已经形成的当代，在坚持和完善中国特色社会主义制度，推进国家治理体系、治理能力现代化的今天，依法组织抗击病毒、治理疫情，依法评判疫情发生与蔓延、阻击与控制疫情过程中的不法人员及其行为，这是我们共同推进依法治国、依法执政、依法行政，一体建设法治国家、法治政府、法治社会的应有之义。近日，习近平总书记指出，当前疫情防控正处于关键时期，依法科学有序防控至关重要。要在党中央集中统一领导下，始终把人民群众生命安全和身体健康放在第一位，从立法、执法、司法、守法各环节发力，全面提高依法防控、依法治理能力，为疫情防控工作提供有力法治保障。

见微知著，防微杜渐。飞机涡轮机发明者帕布斯·海恩曾言每一起严重事故必然有 29 次轻微事故和 300 起未遂先兆及 1000 起事故隐患在给人们提醒、警告、打招呼，是谓海恩法则；《突发事件应对法》对突发事件的预防与应急准备、监测与预警、应急处置与救援、事后恢复与重建等应对活动都作了详细规定。“备豫不虞，为国常道。”2019 年春，习近平总书记就强调“防范化解重大风险是各级党委、政府和领导干部的政治职责，大家要坚持守土有责、守土尽责，把防范化解重大风险工作做实做细做好。要强化风险意识，常观大势、常思大局，科学预见形势发展走势和隐藏其中的风险挑战，做到未雨绸缪”。其实法律也把深深的忧患意识包裹在其严密而整洁的文字之中，而非只关注经济社会生活中人们行为及其结果的表象。

法律不溯既往但关注未来、久远，司法评判则可惩前毖后，由新型冠状病毒肺炎传染病引发的司法判决，无疑会成为未来社会我们治理突发公共卫生事件的镜鉴。

疫情期间庭审更注重法治文明*

依法正确善待每一个自然人、公民包括进入司法诉讼程序的犯罪嫌疑人、被告人，保证诉讼程序的公正与顺畅，经得起“环评”与“史论”，这既是司法参与战“疫”、保障战“疫”的力量的表现，也是司法在社会治理“大考”中的水平体现。

2020年3月11日，当全国人民战“疫”进入新阶段时，在海南省高级人民法院，十几名涉嫌特大黑社会性质组织犯罪的被告人身着正规防护服，戴口罩、防护镜，经体温测试后，坐于人民法庭接受审判。面对这样一张新闻图片，笔者感慨良多：这是公平正义在特殊时期的诉讼案件中的具体体现，这是中国特色社会主义法治文明的一个生动缩影。正如《改革开放40年中国人权事业的发展进步》白皮书所言，40年来，我国全面加强人权法治建设，“刑法确立罪刑法定原则、适用刑法人人平等原则、罪责刑相适应原则，刑事诉讼法将‘尊重和保障人权’写入总则……既依法打击侵犯公民生命、健康、自由、财产等权利的犯罪行为，又重视保护犯罪嫌疑人、被告人和犯罪分子依法享有的人权”。

国家尊重和保障人权，公民在法律面前一律平等。这里的法律既指保护人民、打击犯罪的刑事法律，也指《突发事件应对法》《传染病防治法》《突发公共卫生事件应急条例》这样具体的社会治理法律、法规；能否在战“疫”抗病期间统筹适用关联法律法规，依法正确善待每一个自然人、公民

---

* 刊发于《人民法院报》第二版，2020年3月28日。

包括进入司法诉讼程序的犯罪嫌疑人、被告人，保证诉讼程序的公正与顺畅，经得起“环评”与“史论”，这既是司法参与战“疫”、保障战“疫”的力量表现，也是司法在社会治理“大考”中的水平体现。

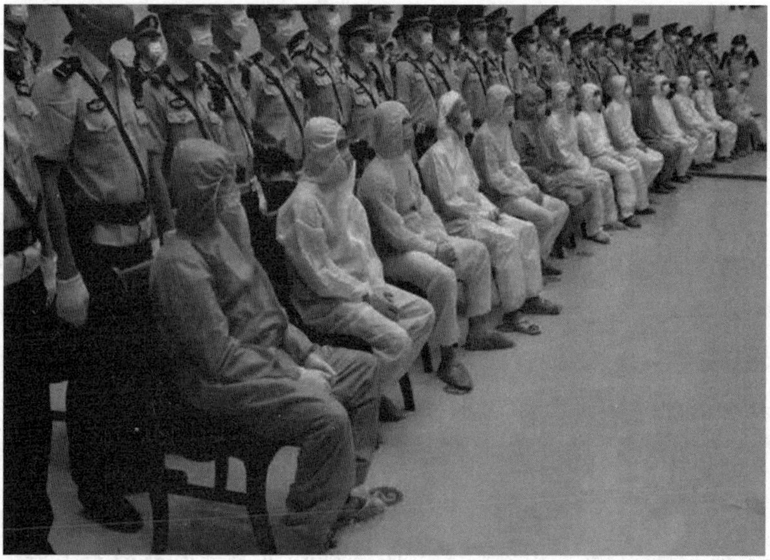

被告人不能被感染。涉嫌犯罪而在法庭接受审判的被告人是应享有生命健康权益的公民，在诉讼过程中，他们的人身健康权受充分保护，这不只是被告人身体状况是否适审问题，还是保障人权的具体要求和鲜活体现问题。对犯罪嫌疑人的周到保护直接反映出社会法治文化与文明。诗人惠特曼曾说：“平等就是给别人一如自己的机会与权利。”试想除犯罪嫌疑人、被告人外的其他诉讼参与人都身着防护服，戴口罩、防护镜，那受审的犯罪嫌疑人、被告人会怎么想，心灵深处又会有何感受，旁听人员、犯罪嫌疑人、被告人的家属会怎么看？文图载道，明理化俗，这张照片反映的真实场景无疑正确且完美地回答了这些问题。

疫当其防，罚当其罪。疫情当前，依法保证嫌疑人、被告人得到战“疫”防护，庭审经公诉人指控、辩护人辩护、举证、质证、交叉发问，合议庭法官会依据查证属实的能证明被告人行为触犯刑律、构成犯罪、依法应受处罚的确实充分的证据对被告人定罪量刑。定罪量刑，轻重有别，但都要确保有罪而不能有病，如同战“疫”中奋不顾身的医护人员对轻症、重症一并重视、认真诊疗医护一样。所以，疫当其防与罚当其罪既各有因果，又互相影响，既须区别，又应统筹，这是对司法体制、机制“软硬件”智慧、艺术水平的检验，也是辩证把握正常司法程序活动与突发社会事件关系的水平体现。

作家巴尔扎克曾问：“不幸难道不是品格的试金石吗?”的确，疫情对全球化、信息化、现代化经济社会生活的主体——地球村的人们来说确实不幸。应对、战胜不幸不但能看出作为行为规范的法律的品格质量，同样可看到司法者的品格素养。谚云“病来如山倒、病去如抽丝”，善于对案例抽丝剥茧进行实证研究的灾害社会学，主张实地调查灾害发生后的种种社会现象，以及由其引起的社会心理与社会行为，在掌握大量事实、数据的基础上，提出预警、应对、评估、治理以及灾害与我们、灾害与社会、灾害与发展的社会灾害对策；在法律社会学视域中，事关改革发展稳定，严重影响经济社会生活的疫情期间的司法活动，对犯罪嫌疑人、被告人健康权的平等保护如被告人身着防护服、戴口罩、防护镜参与庭审的诸多真实诉讼场景、生活画面，无疑将会从新的角度启发我们持续而细致地观察和认真而审慎地思考，并努力推动新时代我国司法理念、理论研究的精深细化和司法实践的长足进步。

司法人才培养成长要广开路径*

司法人才培养、成长路径有以下特点：三大诉讼锤炼真才实学，磨炼出定分止争的才干；三种角色有序转换培养司法人才法治思维的通识与技能；司法机关上下异地交流轮岗培养司法人才。

为官清正的海瑞曾说："天下之事，图之固贵于有其法，而尤在于得其人……得其人而不得其法，则事必不能行；得其法而不得其人，则法必不能济。人法兼资，而天下治成。"司法人才的培养与成长从来都是法治工作的根本，司法人才培养、成长体制机制一直以来都是司法改革的主要议题。检视制度设计，环顾司法实践，司法人才培养、成长路径有以下特点。

三大诉讼锤炼真才实学，磨炼出定分止争的才干：法律的生命在于实施，在于经验，诉讼是其生命、经验的重要形式。拥有法学教育背景，考取法律职业资格，有志于司法的青年才俊，经过诉讼实践的长期锻炼，就会理解书本上的法理、书本外的社会，把握法典中的法条与案件中的情、理、法，体验现代当下的法治。关于百姓、企事业组织人身权益、财产利益的人的、物的民事诉讼可让司法者认知社会、熟悉市场，关注到民生、民意、民情、民俗；因侦获犯罪，起诉犯罪嫌疑人，给被告人定罪量刑的刑事诉讼活动则让司法者警醒于社会的病瘼；参与因行政机关行权违反法律、法规，侵犯百姓利益而招致"民告官"的行政诉讼则使司法者感触规则与平等，珍视方法与目的，把握顶层设计与基层实践的结合，思考社会如何来治理，提

* 刊发于《人民法院报》第二版，2016 年 6 月 17 日。

升处理复杂纠纷的能力。三大诉讼活动是社会主义法律体系的生动注脚与诠释，是建设社会主义法治国家、政府、社会的重要内容，也是司法活动的基本内容，体现了法的实施、执行与适用。三大诉讼吸纳的纠纷，涉及的法律、法规、规章囊括经济、政治、文化、社会及生态的方方面面。所以，在当代社会，熟悉三大诉讼知识和拥有娴熟的三大诉讼技能应是一名司法人才成才的重要标志。组织部门要有在三大诉讼中培养锻炼每一名司法人才的意识，每一名司法者也要有主动通过三大诉讼历练自己司法能力的愿望与诉求。经过三大诉讼的历练，司法者就可以更好地认知社会并通过诉讼而依法调控社会，获得对法律与社会的生动认识和丰富的司法经验，并为担当法治大任而储备技能。

三种角色有序转换培养司法人才法治思维的通识与技能：分工是最基本的社会现象，也是社会进步与文明的标志。法官、检察官、律师都有法律意识，但因职能上的专业分工、司法角度和经常适用的部门法不同，所以他们各自都会有因审判、检察、律师执业经历不同而形成的多少有些差异的法律意识、司法意识，可能还有隔阂、抵触甚至对立的意识、情绪，这与形成统一的法治社会还存在距离。“夫人才不同，能各有异。”“才能即殊，任政亦异。”所以，换位思考和轮岗工作很有必要，也很有益。“要想公道，打个颠倒。”应认识执业职位不同，角色分工各异，更应认识到中国特色社会主义法律体系、法治文化大背景下的法理、法意相同，司法意识相通，而欲追求一致的目标，必须分享到共同的体验与贡献。共同法学教育背景很必要，而共同的法律经验乃至文化背景则更为重要。所以要加速构建律师、法官、检察官角色互换，岗位流转机制，这样才能帮助司法人才形成关于中国特色社会主义法律体系下的司法通识和技能。

司法机关上下异地交流轮岗培养司法人才：法院、检察院有上下级，律师事务所有大中小，律师职称也分一二三，司法人才的司法职业能力固然离不开其所在单位和部门，但培养他们的能力既要有专业庭室和诉讼业务的相对稳定性，也应注意引导司法人才通过法院、检察院系统进行内部流动培养，上中下间能上能下地双向选拔。在各级司法场合，在侦、控、审、司等司法一线，无论是分类管理，还是员额、遴选与晋升管理，都应更多关注和围绕司法人才办案能力培养、提升司法人才工作能力这一中心话题。

实现中国梦，实现两个一百年的宏伟奋斗目标离不开司法人才，或在艰苦偏远地区，或在发达富裕城镇，卓越司法人才的培养可能要经过三大诉讼的砥砺，可能要经律师、检察官、法官三种角色的历练，也可能要经各级司法机关的上下磨砺。一方面成才需要时间，时不我待，要抓紧时间，而人才又会推动效率；另一方面，德才兼备又是贯穿其中的一条红线、主线、生命线。“志士仁人莫怨嗟”“万马齐喑究可哀”的时代已为史迹。解放和发展生产力的社会主义本质，保障改革、发展与稳定的任务和奋斗目标的实现都要求我们破除束缚人才发展的思想观念和体制机制障碍，解放和增强人才活力，形成具有国际竞争力的人才制度优势，聚天下英才而用之……自然，一树桃李，酸甜各异。十八届四中全会强调加强法治工作队伍建设，大力提高法治工作队伍思想政治素质、业务工作能力、职业道德水准，为加快建设社会主义法治国家提供强有力的组织和人才保障。所以，培养、遴选、选用兼具知识技能和职业良知的卓越司法人才既是当务之急，也是长远根本，更须不断研究，积极推进。

“三实”导向是推进改革提升能力的着力点*

习近平总书记在2019年的政法工作会上强调政法系统专业化建设要突出实战、实用、实效导向，“三实”导向是促进司法改革、提升司法能力的着力点，对今后推进改革、提升能力有重要的指导意义。

在纪念恢复实事求是、一切从实际出发，理论联系实际的思想路线，树立以事实为依据，以法律为准绳的司法原则的十一届三中全会40周年之后，我们迎来新中国成立70周年。在中央印发《中国共产党政法工作条例》前几天，习近平总书记在岁末年初的政法工作会上强调，政法系统专业化建设要突出实战、实用、实效导向，“三实”导向是促进司法改革、提升司法能力的着力点，对今后推进改革、提升能力有重要的指导意义。

恩格斯在《自然辩证法》中说：“不论自然科学或历史科学的领域中，都必须从既有的事实出发。”实战、实用、实效的导向紧紧围绕实，牢牢抓住实，这是习近平总书记关于谋事要实、创业要实、做人要实思想在政法工作中的体现和落实。先民诗经云：“实发实秀，实坚实好。”唐代学者颜师古主张：“务得事实，每求真实。”宋代学者李觏在《富国策》中说：“治国之实，必本于财用。”改革家王安石曾说：“盖儒者所争，尤在于名实，名实已明，而天下之理得矣。”清初教育家颜渊在《存学编》中提倡：“实文、实习、实行、实用、实体。”人们耳熟能详的求真务实、实干兴邦的理念在我国优秀文化中有其久远而繁复的实学渊源，影响深远。

* 刊发于《人民法院报》第二版，2019年1月29日。

政法工作是须在实际、实情、实证中去研究、思考和谋划的工作。“谋于实故能权与立”，司法工作是对纠纷争讼中证实的事实进行权衡、比较、评判，并于其中确立公正的范围和界限的工作，也是循名责实、实至名归的活动。亦如哲人所言“现代文明的传人害怕偏离事实，一如他们害怕偏离社会”，而“实战、实用、实效”的思想导向、思维特点在人与社会、司法者与司法案件等主客观方面都有充分而浓郁的体现。虚实相对，画饼不能充饥，“饮食必有讼”，听讼犹如观战，裁判亦是参与。经济社会生活里民商事纠纷中的当事人在双方协商不畅，第三方居中调解无效后往法庭来打官司，法庭于是似战场，当事人的证据、法律意识是否利于法庭实战？面对证据能够证明的事实，司法者的法学、法律等知识水平，依法司法的专业技术实战能力能否实用于一个个实在、具体而不同的案件？当事人诉辩质证，唇枪舌剑后的实效怎样？司法者指挥若定，审查核实证据、认定事实居中裁判后，可否收获案结事了的实效和让揪心于自己最关心、最实际、最直接利益的人民群众获得实在的公平正义感、幸福感？捍卫国家利益，保护人民群众生命、财产安全的扫黑除恶，惩治犯罪分子的刑事司法中的实战、实用、实效的法律、政策要求与社会价值，政法工作目标与社会治理效果的关系明确而紧密，不言而喻。古希腊法律格言有云：“法律产生于事实。”我国民间也有“耳听为虚，眼见为实”“千年文约会说话”“有文便不斗口”“话怕三头对面，事怕挖根掘蔓”“以实服人者口服，以理服人者心服”的俗谚。的确，即便确认和制裁不能实打实的虚假诉讼也得有充分确实的证据。所以，政法司法工作是和实打交道的工作，一点都虚不得，虚了就会有冤假错案。

实之用至巨，社会经济生活中有无因谋事实而带来的公司僵局、半拉子工程、拆迁难安、耕地撂荒、环境污染的纠纷案件？有无因创业实而引发的买卖、借贷合同难以履行，劳动考勤、计件乃至欠薪纠纷？有无因做人实而发生的制贩假冒伪劣和赖账、跑路的案件？回观这些具有启示意义的争议乃至案件，不难看出纠纷各异然原因却趋同于虚而不实、华而不实而给他人、社会和生态环境带来麻烦、损失和伤害。作家马克·吐温曾不失幽默地说：“实话是我们最宝贵的东西，我们节省着使用它吧……”

社会存在决定社会意识。健全社会治理体系，提升社会治理能力，离不开经济社会发展的实际。司法体制、机制的改革如同其创制，也离不开初级阶段、市场经济的国情实际。社会生产力、生产关系的新情况，不充分、不平衡的新矛盾，民事纠纷、行政争议、刑事案件不同时期的新特点，都要求全面深化司法体制机制改革要注重出实招、谋实用、图实效，名不虚行、循名责实，蹄疾步稳而谨防踩空踏虚。马克思曾言“为了实现思想，就要有使用实践能力的人”，列宁也认为“实践高于理论认识，因为它不但有普遍性的品格，而且有直接实践性的品格”，实话、实情、实证、实务，司法者是和实打交道的人，所以应注意在实战、实用、实践中学习、提升运用法律政策的能力、防控风险的能力、服务群众工作的能力、应用科技的能力和引导舆论的能力。“人类是由于实践需要所驱使而构建科学的”，因纠纷源于实际利益的盘算、争斗而非虚幻价值的自白与诉求。所以，从庭审中当事人举证、质证、证实相关事实到证明、坚持其实际请求，到司法者核实证据、查清事实，依法保护对当事人合法的实际利益。事实在先，求是在后，“压住舌头的事实”，无视、忽视事实，岂可求得真是？切记“根据事实得出的结论常常不免是尖锐的，甚至是无情的”。所以，偏离案情实证的主张、意见则只能给自己带来被动、难看、难堪的结论。当然，有“三实”追求和能力的司法者则会抓住案件事实的脉络，捕捉到争讼的实质焦点，思索出符合实情的办案思路，进而调判结合，把纠纷、争讼引向自尊自信、理性平和、自由、平等、公正、法治的方向。正是具有真实性、关联性、合法性的证据证明的案情事实、法律事实，才使有真才实学的实在做人、实证办案的司法者得以维护当事人合法权益和保障社会正义的实现，并由此取得实用的经验，获得实在的尊崇，司法也就获得了正当而稳健的权威。

律师与法官交往的“紧箍咒”“指南针”*

执业律师应加强以忠诚、为民、法治、正义、诚信、敬业为主要内容的职业道德修养，因为这既是律师与法官等司法人员交往的“紧箍咒”，也是我们去往法治彼岸的“指南针”。

法治亦如三十而立、四十不惑的人生历程。在改革开放30多年之后，在律师制度恢复35周年之后，在律师法实施近20年之后，在2010年“两办”关于加强和改进律师工作的30号文件发布多年之后，在党的十八届四中全会提出全面推进依法治国之后，因为改革开放、与时俱进、快速发展的时代背景，新近召开的旨在充分发挥律师队伍在全面依法治国中的积极作用的全国律师工作会议，在依法保障律师执业权利、切实规范律师执业行为方面总结了新经验，发现了新问题，拿出了新办法。会议提出“要积极构建司法人员和律师的新型关系，共同促进社会主义法治文明建设”。

关系源于交往，什么样的交往形成什么样的关系。交往是互相来往，社会生活因人的交往而生生不息，不同的交往表现出不同的特征、倾向、规则，因为交往对社会有方方面面的影响，交往即社会，所以交往正当性要求和表现也就不同。警察、法官、检察官、律师的交集在于法，在于依法行使权利。正如美国法学家伯纳德·施瓦茨所说“我们都是法律的用户”。一个民事案件经由律师咨询、代理起诉或应诉答辩，双方举证质证，法官居中倾听、细看、慢问、慎思后而裁判；一个刑事案件经警察侦缉、检察官控诉、辩护人辩护、法

* 刊发于《人民法院报》第二版，2015年9月9日。

官审理后定罪量刑而成判决。其间充满了律师与法官等司法人员语言与文字、思想及行为的交往，交往正当性是这种交往的要求和保障，最高人民法院就曾禁止法官违反规定与律师不正当交往。我们知道，法官与律师都不应是自己事务的法官，而为了恢复、体现社会法律秩序及正义，律师与法官才频繁交往于摆证据、讲法理的法院、法庭。这种往来具有职业特点、规则特点、权益特点，其规则、目标、思想及实践有很多值得思考的东西。

首先，交往的时空正当性要求。一定时间、一定空间里的工作是工作正当性的一种物质要求与保障，小到工作的便捷、低碳，大到不引起、不招致别人的怀疑和不影响彼此的人身安全。法官与律师交往的正当时间，自应是诉讼期间、审理之时，而非八小时以外的业余活动时间；法官与律师交往的正当空间，当然是法院、法庭，而非易生猜疑、误会、嫌隙的其他场合。茶坊酒肆、歌台舞榭、灯红酒绿处的交往显然与庄重肃穆之法院、法庭交往不同。古代中国审判专家在《尚书·吕刑》说“哲人惟刑，无疆之辞”，视法官为释纷利俗、定分止争的哲人，西方法谚亦云“法官是会说话的法律”。现代社会包括法官在内的法律人在纠纷繁杂、矛盾辏集的社会生活中能担任调节者、裁决者这令人肃然起敬的角色，就在于他们学习与积累的法学、法律知识，拥有超脱争议各方和相对独立、中正的规矩、尺度、权衡意识，能理性观察与评判纷争，使争议方各得其所，诚信生活。否则即如史学家所说“谁不利用理性，谁就放弃了他最重要的自尊”。所以，法官等司法人员在什么样的时空与律师或其他诉讼代理人交往十分重要。

其次，关于案件事实与法理、证据及法律的思想观点交接采驳等的交往正当性更是交往的重点。因为这是法律真实与客观真实、法律公正与客观公正、法律效果与社会效果等实体、实质的交往。哲学家伽达默尔曾言“在理性占统治地位的地方，总是能取得一致的意见”“凡在理性以同样方式控制的地方，其结果必然相同”。法院、法庭就是法官、律师等理性思维人、理性工作者交流理性、认同理性、铸造法治、弘扬正义的地方。此时此地交往的正当性，集中表现为法官与律师的言谈话语紧紧围绕诉争焦点，举证、质证和充分辩说证据三性以及根据这些证据依法说理、辩驳、论证和审慎的判断。还具体表现为律师客观、明确而不主观、不含混的陈述和法官耐心、公证而不偏心、不心急地仔细听取，以及法官与律师就相关证据、文书，无误、守时地在法院、法庭中呈交与接收，送达与签收……纵观历史，法律人离合总关民生民情，职业者聚散皆缘法治正义，怀瑾握瑜回头看，安身立命却在清正淡泊。如有感佩，发乎情、合乎理、至于法而已……而非庭上不说庭下说，甚至庭上不见庭下见，勾肩搭背，利益输送，惶惶不安。

美国律师赞恩在《法律的故事》中所说“法律的历史表明，没有职业律师阶层就不可能存在法治”，已为法治发达史证明，但这丝毫不应成为律师骄傲的理由。比较研究美德两国律师执业伦理的社会学家指出“执业伦理的表现方式在内容、语言表达、约束力来源、合法性在法律职业中的接受上以及在最终可以使用的处罚手段上都大有不同”，但“为律师界划定边界”却是共同的，英国规定“大律师在执行业务中不得发广告或招揽业务”，日本规定“禁止同非律师合作”。律师在自己的执业活动中与司法人员的交往频繁，然因我国传统文化中民主法治元素零散，律师制度晚来后起，所以，虽有一些“不得私下会见”“不得请客送礼”等类规则，但律师与法官交往的红线、底线、边界线既不明确，也缺乏深厚积极的社会习俗土壤，故很脆弱。礼尚往来还须谨防贿随礼生、法由贿败。一些当事人请律师不问人品、学历、业绩、职称如何，只问关系路子怎样，以为“打官司就是打关系”“关系案、人情案、金钱案”等多所印证，一些鱼死网破的窝案、串案也反复证明了经济学家诺思所言“如果没有约束，我们便置身于霍布斯丛林而不可能有文明”。

“君子之交淡如水。”“来而不往非礼也。”先民的感悟虽真切而屡试不爽，但“君子”与“礼”的原初、嬗变的内涵却在于人的观察与认可、把握与揣摩。我们如何交往，交往的规则又有哪些？有很多可以研究、总结、学习的空间，保有和遵从交往规则的正当性，遵从规则约束之坚毅品行习惯也非朝夕玉成，烧瓷、琢玉、炼金、锻钢、贵品自来不易。这次工作会议提出要构建彼此尊重、平等相待，相互支持、相会监督，正当交往、良性互动的新型关系，这对那些在“勾兑”“寻租”“收买”颇有市场的初级阶段里或惧怕，或彷徨，或热衷于不正当交往的律师和司法人员都不乏针锋相对的规诫意义。“能够酝酿法律的人一定留心生活的道德力量。”法律共同体中的我们为规则而交往，因为规则承载着正义，我们依规则而交往，因为规则保证交往的安全。执业律师应加强以忠诚、为民、法治、正义、诚信、敬业为主要内容的职业道德修养，因为这既是律师与法官等司法人员交往的“紧箍咒”，也是我们去往法治彼岸的“指南针”。

智慧法院建设的联想*

智慧法院建设中的智慧司法是使人民群众在每一个司法案件中都能感受到公平正义的智力支持与保障。司法方法应当是智慧的表现，司法思想应炼就智慧的品质，司法智慧是人才的智慧。

纠纷可能产生于有法不知、目无法纪、自甘无知、不愿学习的愚昧，也可能缘于知法犯法、自以为是、不依法办事的“聪明”，不管是缘于前者还是后者，都亟须用智慧去评判和化解，恰如谚语所说“把所有的愚昧淘尽，会看到沉在最底下的智慧”。

孟子曾说“是非之心，智之端也”，智慧是辨析判断的能力，“智慧胜过精金，知识强如纯银”。不论是传说中的所罗门通过观察两位妇女中哪一位宁可放弃亲子也不愿撕扯争夺，从而判定真正的母亲，还是林肯通过月光与方位的分析为无罪的人辩护；不论是传说中昼断阳、夜断阴的包公，还是巧断十五贯疑案的况钟，智慧都是这些故事中熠熠生辉的精神，智慧问案、智慧听案、智慧断案，的确如法谚所云“法律的睿智不能以金钱评价”“期待比法律更为贤明睿智便是愚蠢”。智慧法院建设中的智慧司法是使人民群众在每一个司法案件中都能感受到公平正义的智力支持与保障。

司法方法应当是智慧的表现。“虚诞百出，即三刺、五听尤不得其情者，须智如炙辗，术同钩距，俾丝毫不能逃吾彀中，虽暧昧之狱，亦迎刃而解矣。”智慧表现在司法者专注倾听、仔细审视、耐心询问和对各方辩论观点

* 刊发于《人民法院报》第二版，2017年6月17日。

与证据的辨析与判别；表现在自由裁量的能力和水平，情理法三字的融会与贯通，智圆行方；“道寓于器以起用”，智慧还表现在影像技术、DNA 技术、痕迹技术等科技方法的越来越多的使用，科技取证、科技验证、科技采证，当然是司法智慧把控人工智能。有道是“智非察不神，察非智不精”，缺乏智慧的司法方法便无力去达到公正的目的。

司法思想应炼就智慧的品质。谚云“知识有顶峰，智慧无边际”。在日复一日，年复一年的民商事、行政、刑事裁判的司法实践中，在需要大数据、云计算统计分析的司法案件中蕴含着大量的法院智慧、办案智慧，这是司法智慧的源泉。法哲学、法律科学中的理论、应用科学，法律技术、司法方法都是富含哲理、法理、常理、事理的智慧，也是讲求智慧的学问。实践出真知，交流传智慧，智慧的司法思想可以传承，应当学习，学习要向经典司法著作学习，向包括冤案在内的典型司法案例学习，向杰出司法人才学习，学习他们司法思想、方法中的智慧。既要学习各地法院、法庭法官的智慧，注意学习基于事实证据的各方观点、意见在法庭上交流、交汇，抵摩激荡而生成和展现的更多智慧，还要注意学习市井社区、田间地头释纷利俗的智慧，当然也离不开学习包括现代信息技术在内的更多的科技方法。编撰《智囊》的冯梦龙就说：“智犹水，然藏于地中者，性；凿而出之者，学。井涧之用，与江河参。吾忧夫人性之锢于土石，而以纸上言为之畚锸，庶于应世有瘳尔。”智慧在于明确辨析和果断受理纠纷案件，在于对证据与待证事实间的关联性、真实性、合法性的识别与确认，在于能找到利益各方的争点、焦点、平衡点，依法析明法理、事理、情理、人伦大理，息事宁人，在于能咬文嚼字，善文辞喻心，撰写出简洁有力的裁判文书，在于智勇兼备地法办背约逃债违法犯罪者，让裁判事项落地生根的执行活动。

司法智慧是人才的智慧。司法是社会人文现象，司法自然需要人的智慧，所以培养、爱护人才是更大的智慧。智慧法院建设固然离不开自动化、电子化、网络化办公设施装备等“硬件”，但包括驾驭、使用这些机器智慧在内的主持开庭程序，主持法庭调查，主持质证认证，主持撰写承载智慧的裁判文书，都离不开司法人才的发现、培养、使用，离不开智慧的“软件”。而包括司法电子网络、信息科技在内的可上九天揽月，可下五洋捉鳖的机器智慧都是人才的智慧，是人才智慧的表现、智慧的拓展和延伸；“十年树木，百年树人”，智断巧判的智慧司法人才队伍的培育、壮大乃是智慧法院建设的重点。

人类文明史就是智慧及其衍生品的发达史。“有智之人，游行世间，如白日、满月、万炬火之下，见重泉，得其水骨，见砂石，达其本际……无智之人，如走落日、死月、息炬之下，摘埴索涂，或触其额，或蹶其踵，不戒而坠于深堑。”司法文明进步史，实为立法、司法方法、技术智慧进步史，是人类智慧的司法在诊治、匡正人类的愚昧和狂妄，如在纽伦堡、东京审判第二次世界大战罪魁，如贸易争端纠纷解决机制，是人类智慧的司法活动在纠正、弥合人们因为利益与偏见而生的纷争，确如法律格言所云，“法官应具有两种素质：有明智，始能免于愚昧；有良智，才不致邪恶。”亦如明代文学家、戏曲家李渔在给冯梦龙的《智囊》作序时所言：“智能善世而其利又不止于善世。智不可无，诈不可有。”司法智慧将和法现象一样成为法律人共享的历久弥新的永久话题。

社会治理体系中的司法能力浅析*

司法能力是全面依法治国，建设法治政府、法治社会的重要能力，必然包括学习研究的能力、分析判断的能力、语言文字的能力、合作协商的能力、守正自律的能力，这些能力须司法者积极培养和提升，以更好地服务社会治理。

能力是胜任某项工作或事务的综合素质，司法能力是司法者胜任、完成司法工作、事务的综合素质，它包含诸个方面，多种元素。既联系司法制度、社会制度又联系实际生活中的矛盾纠纷，具有桥梁、纽带、调节器的作用，与静态的法律体系、司法制度不同，也与习俗、道德、行规、伦理不同，司法能力具有极强的主体实践性即司法者的主体、主观意志性。司法能力既源于包括司法制度在内的一系列制度的要求，又以自己的能力关照、检视制度得以在社会生活中落实，它既能维护制度的价值取向和制度所塑造的秩序，又能通过依法处理纠纷争议案件而修补每一项与社会生活有密切联系的制度的欠缺和不足。司法能力十分重要，以至于它在评判化解社会矛盾纠纷的同时可解析、评价、影响经济、文化等多项制度在社会治理体系中的功能发挥，引导、规劝、诫勉其他多种社会治理能力的修正与臻善，如对限缩、侵蚀消费者权益行为的裁斥，如对民告官之诉中被告违法行为的论证与判明。

能力的现代化是经济社会物质、精神文明现代化的内因与关键，社会治

---

* 刊发于《人民法院报》第二版，2019 年 12 月 20 日。

理诸能力中的司法能力因其唯一与裁决终局性而显重要，是全面依法治国，建设法治政府、法治社会的重要能力，其应然和必须是这样一些能力。

学习研究的能力：社会在发展，发展中会有纷繁复杂的问题，问题呈现在治理者眼中，讼争来到司法者的面前，应对与解决的能力弥足珍贵。能力来自学习，良好的法律素养来自学习，学习是根本方法。庞大的法律体系，诸多的法律部门，与时俱进的法学理论与繁杂的讼争案由，事关经济、社会、文化、生态及创新、协调、绿色、开放、共享、发展的司法政策及相关的科技进步知识，非学无以熟知，非研究无以娴熟，非学习研究无以认清事实、适法析理、判明是非、正确适用法律。司法能力既是学习研究法律的能力，也是认识法治建设规律、司法活动规律的能力，更是定分止争、实现案结事了，让人民群众在每一个司法案件中感受到公平正义的保证。

分析判断的能力：世界上没有两片一样的叶子。分析是把事物分解为各个部分加以考察的方法。经济社会中客观存在的民商事活动、行政争议与违法犯罪的不同，原告与被告的差异，是司法者分辨、析明它们诉求与证据的前提，是刑事、民事、行政三大诉讼及其他纠纷解决机制吸纳、分流不同裁判路径的前提。千差万别的个案自然应有各得其所的裁判，同类性质案件才会有同样的结论。不齐才齐，条分缕析的分析是智慧、理性、思维能力的表现，是司法者认清事实、严密思维和个案公正裁决的保障；永远正确的是量体裁衣，而非郑人买履、邯郸学步。判断是肯定或否定事物的存在或指明它是否具有某种属性的思维过程，是对事物状况和性质有所判定的思维形式。法律规范的内容，原告的诉请与被告的答辩、举证与质证、论辩与评议和所有诉讼参与人的活动无疑都是为了围绕司法者的正确判断而演绎和展开的，诉讼的实质目的是诉求、求证之后的求判，求得公正的判断，就像患者祈求医者仁术的诊断。民事诉讼中的合同是否有效，违约是否存在，侵权是否构成，刑事诉讼中的捕不捕、诉不诉、有罪与无罪、轻罪与重罪都必须形成判断、获得判断。司法者对时空与因果，行为与结果，本诉与反诉，本证与反证，事理与法理，权利与义务，逻辑规律与经验常识判明的能力是最为核心的司法能力，是公正、高效司法的保障，最为讼争当事人所关注与渴望，最为社会需要和敬佩，它连着当事人最直接、最实际、最关心的利益。这个能力源于学习研究，更源于长期的诉讼实践和司法者社会生活经验的获取、积淀及观察与领悟、思考与总结。

语言文字的能力：就是语文表达的能力。司法工作表象的、样化的能力主要是语言，即言说、话语的能力和用字、词、句、文章表达的能力，是司法者把自己对事实、证据的法律认识，用百姓群众当事人能听得懂的语言说出来、讲明白的能力和用原被告、诉讼参与人看得懂的文字写出来的能力，就是口头和笔头、健谈与键盘的能力。这些能力在法庭调查询问释明时，在庭审依法析理时，在敲击键盘，把明确的判断制作成判决文书时都会有所体现，腹有学识气自华，这是需要长期阅读、论说、写作锻炼才能生成和掌握的能力。

合作协商的能力：就像法律、契约文本是合议的产物一样，司法过程中也充满了合作与协商。矛盾纠纷产生于经济社会中几方多元合作、协商的争议与不和，而化解争讼又须回归合作协商，不同的是，法庭法官主导下的合作协商有了法治的框架和正当程序的安排，这就要求法官应有高出争议各方的驾驭庭审的合作、协商能力，要有统筹法律价值和社会价值的能力。宪法、法官法、程序法赋予法官解决讼争的权力空间和地位，加之社会民众的敬重心理，都是法官在合作协商时的独特优势；当然，人同此心、心同此理，己所不欲勿施于人，如要公道、打个颠倒，感同身受换位思考，观貌辨色，聆音察理，利害比较沟通协调，综合统筹“弹钢琴”的司法能力，则在于长期的学习历练，感悟提炼，这种善于调解经济社会各类纠纷关系的能力对以司法方式参与社会治理，化解社会矛盾，定分止争有弥足珍贵的价值。

守正自律的能力：像围绕权力从来都布满了诱惑与陷阱，钓钩与弓箭一样，对司法者的裁决权力与能力的腐蚀和蚕食也会长期存在。所以，独立、中立的裁决者也须有守正自律的能力，有不办人情、关系、金钱案的能力。不忘法治初心，牢记公正使命的品质要求和素质养成须转化为具体的保洁抗腐的社会生活能力和廉洁应对的能力。

中国共产党在革命、建设与发展中历来重视能力建设，延安整风学习，提升了实事求是的思想能力；党的七大前后的学习提升了“进城赶考”的能力；新中国成立初期的学习提升了接管政权、管理经济社会的能力；解放思想、改革开放后的学习，提升了领导改革、发展和稳定的能力。在依法治国，建设小康社会的道路上，2005 年，最高人民法院发布《关于增强司法能力、提高司法水平的若干意见》，在决胜全面建设小康社会的新时代，党的十九届四中全会通过《中共中央关于坚持和完善中国特色社会主义制度、推进国家治理体系和治理能力现代化若干重大问题的决定》后，最高人民法院发布《2019—2023 年全国法院教育培训规划》，强调要明显提升法律政策运用能力、防控风险能力、群众工作能力、科技应用能力、舆论引导能力等司法能力。这些能力都是司法参与、服务社会治理不可或缺的能力，也是社会治理的中坚和保障，当然须每个司法者积极培养和实力发挥。行百里者半九十，“经国序民、正其制度”，制度的坚持与完善永远在路上，长治久安，应对风险与考验的司法能力的培养和提升也永远在路上。

释法说理话文风*

最高人民法院发布《关于加强和规范裁判文书释法说理的指导意见》，提出规范、准确、清楚、朴实、庄重、凝练等关涉文风的具体要求，其间既有继承，也蕴创新，对于提高裁判文书质量具有重要意义。

“地多种出米来，人多说出理来”，诉讼是纷繁复杂的现代社会里重要的说理方法，是芸芸众生围绕法理、事理、情理进行说理的方法，方法都是具体而有特点的。通过诉讼，经过法庭的释法说理最终必会以文字、文章表达为裁判文书。的确，当我们把文章理解为产生社会预期行为效果和意义的构建活动，旨在要求它促成和创造一定的生活样式和秩序时，我们就会意识到裁判文书的机制或目的即在于释法说理。在法治国家、法治社会建设过程中，在依法司法时，阐明事理、释明法理、讲明情理都离不开讲究文理的释法说理的裁判文书，人民群众、企事业法人打官司讨说法的结果常见于人民法院审判人员根据审理结果而撰写的释法说理的裁判文书，裁判文书是人民群众、企事业法人等其他组织在一场官司过后最想读到的文章，因为这篇文章有其最关心的、最实际的、最直接的利益问题，也是他们感受公平正义的最常见的方式与途径。

“文章本于教化，形于治乱，系于国风”，所以裁判文书的文风十分重要。不久前，为提高释法说理水平和裁判文书质量，结合审判工作实际，最高人民法院发布《关于加强和规范裁判文书释法说理的指导意见》，提出规

* 刊发于《人民法院报》第二版，2018年9月4日。

范、准确、清楚、朴实、庄重、凝练等关涉文风的具体要求，其间既有继承，也蕴创新。文风一般指使用语言文字的作风和社会流行的文章现象，好的文风有助于写好、实现好裁判文书的目的。笔者以为，指导意见的要求可以从以下两个层次来学研和把握。

规范、庄重、凝练：规是画圆的工具，泛指铸造器具的模子，规范指合乎约定俗成或明文规定的标准而非无序、没个章法样子。“辞尚体要”“言有序”即文章规范，就是讲裁判文书要遵循法院裁判文书制作规范、样式等规定的标准，但也可根据社会影响、审判程序、诉讼阶段等不同情况调整事实认定和说理部分的体例结构，进行繁简适度的说理。庄重就是端庄、稳重、不随便、不轻浮，法治是社会建设的重器，释法说理的裁判文书是关乎自然人、法人的权利义务的大文章，经法定严肃、规范的程序制作而关乎公平正义，庄重属其应有品性。凝练指紧凑简练，不是冗长、累赘。“言及者无繁词，理至者多短调。”近代睁眼看世界的第一人林则徐曾云：“本司所颁状式，只许据事直书……，于民既便，官又不烦，于澄清讼源之道，良有裨益。”《美国联邦民事诉讼规则》第十条关于诉答文书的一般规则规定“诉答应当简明、直接；前后一致”。这个层次的文风即规范是庄重和凝练的保障，无规矩不成方圆；庄重、凝练是规范的内在质感表现和精神升华。当然，为了庄重、凝练，就得简案略说、繁案精说，略说精说必须字斟句酌，善于推敲，避免使用主观臆断的表达方式、不恰当的修辞方法和学术化的写作风格，不使用贬损人格尊严、具有强烈感情色彩、明显有违常识常理常情的用语。学会使用“奥卡姆剃刀原理”——思维经济术，即“能以较少者完成的事物若以较多者去做即是徒劳”。未经分析论证的“没有事实及法律依据，本院不予支持”之类的论断，不是凝练而是不善用文字分析和论理的表现。

准确、清楚、朴实：准确指行动结果完全符合实际的预期，不是大致、约略和偏差，就是释法说理的裁判文书要以准确的事实为依据，以准确的法律为准绳，言之有物，而且所言之物与证据、事实相符；清楚则指对事物了解很透彻，释法说理涉及的事物容易让人了解、辨认，而非含混、模糊和隐约；朴的原意是未经加工的木材，“无刀斧之断者谓之朴”，朴实是朴素、质朴、诚实、不浮夸、雕琢的意思。经典作家向来注重文章的朴实，恩格斯曾在《英国工人阶级现状》一书的标题下还特地加了一句“根据亲身观察和可靠材料”。这个层次的文风点明了文章内容与表达形式的关系，“物相杂，故曰文”“言贵于有物，无物，非言也”。经过陈述与倾听，举证与质证，证据认定成为释法说理的“发生处、生长点”，裁判文书必须把事实证据的指向，纠纷原因的所在，法律责任的归属用准确而非似是而非，清楚而非字、词、句、段、层次混乱不清，朴实而非花里胡哨的字、词、句、段给予规范、庄重、凝练的叙明。为此，《指导意见》指出裁判文书应结合庭审举证、质证、法庭辩论及调查核实证据等情况，重点针对裁判认定的事实争点进行释法说理，其中对证据的认定，应据诉讼各方举证、质证及法庭调查核实证据等情况，依证据规则，运用逻辑推理和经验法则，必要时使用推定和司法认知等方法，围绕证据的关联性、合法性和真实性进行全面、客观、公正的审查判断，阐明证据采纳和采信的理由；依据间接证据认定事实时，应围绕间接证据之间是否存在印证关系、能否形成完整的证明体系等进行说理；而用推定方法认定事实时，应说明推定启动的原因、反驳的事实和理由，围绕证据审查判断、事实认定、法律适用进行层次分明的说理，从而反映、阐释推理过程和裁断的形成。可以说，服务于释法说理的规范、庄重、凝练是准确、清楚、朴实的载体与形式和理性善与美的表达与升华；准确、清楚、朴实是规范、庄重、凝练的内容与实质及内核与真值，也可以说考据准确、朴实是辞章规范、庄重和凝练的基础，也是裁判文书申明义理的前提，事实不清，就遑论求是了。

“理形于言，叙理成论”，裁判文书中摆事实是为了讲道理，讲道理是为了以理服人，定分止争，遵从法治。“法制正事，事之理也。礼教宜适，义之理也。人情枢机，情之理也。”英国学者认为“案件的理由应从该案事实，法院作出判决的依据和判决本身推断出来”；美国学者认为“判决理由是解决法律问题的核心建议，它是判决中不可忽视的核心”。无论是关于人的裁决还是关于物的裁决，裁决理由都弥足珍贵、不可或缺，主持庭审等裁决程序时能把道理讲出来，说进去，庭审结束后又能静下心来，善把道理写出来，是司法者在经倾听、审视、询问、辩论等程序后结案了事的主要工作。“文以载道”，意见强调裁判文书释法说理要针对诉讼主张和争点、结合庭审情况进行说理，通过阐明裁判结论的形成过程和正当性理由，提高裁判判决结果的可接受性，做到有的放矢，要立场正确、内容合法、程序正当，符合社会主义核心价值观的精神和要求，实现法律效果和社会效果的有机统一。为此，指导意见指出法官可以依据法律法规、司法解释的规定，最高人民法院发布的指导性案例，非司法解释类审判业务规范性文件，公理、情理、经验法则、交易惯例、民间规约、职业伦理、立法说明等立法材料和历史、体系、比较等法律解释材料，法理及通行学术观点，与法律、司法解释等规范性法律文件不相冲突的其他论据。进而“增强裁判行为公正度、透明度，规范审判权行使，提升司法公信力和司法权威，发挥裁判定分止争和价值引领的作用，弘扬社会主义核心价值观，努力让人民群众在每一个司法案件中感受到公平正义，切实维护诉讼当事人合法权益，促进社会和谐稳定”。

我国历来看重文章的社会治理功用，如今裁判文书网已有超过 150 亿的阅读量。文风与经济社会政治文化生活密切相关，与撰写裁判文书者的世界观及道德、学问“涵养蓄积之素”密切相关。古文论以为“文如其人”，马克思、恩格斯也在不同场合引用法国作家布封关于“风格即人”的论断。好的文风离不开好的语言文字，“修辞立其诚”“辞至于能达，则文章不可胜用矣”。李卜克内西回忆马克思“对于语言的简洁和正确是一丝不苟的”。威尔金在《法律职业的精神》中说“律师的培训始于对文字的掌握，随后再延伸至对生活基本原则的思考”，司法、执法等公务人员怕莫能外。主张文章和文件应具准确性、鲜明性、生动性的毛泽东曾说：“一个人七岁入小学，十几岁入中学，二十多岁在大学毕业，没有和人民群众接触过，语言不丰富，单纯得很，那是难怪的……因为语言这东西，不是随便可以学好的，非下苦功夫不可。”所以，为实现敢说理、善说理、说好理，提高释法说理的裁判文书的写作水平，实现司法活动旨关宏远的释法说理的目的，我们必须努力学习语言文字和辨识、学习良好的文风。

司法监督的品质是怎样炼成的*

司法监督炼成其公正、高效、权威的品质，坚如磐石，坚韧不拔、坚不可摧并非一蹴而就的易事，任重道远的司法者需不忘初心、砥砺奋斗。

人类社会文明的需要孕育了规则，规则能否被人奉行、遵守规则需要监督，监督存在于社会历史与现实的方方面面，监督有悠久的传统并蕴含其特有的品质。“监视四方，求民之莫。”“能督民过者，德也。”可见，监督的含义在我国很早以前的《诗经》《尚书》等典籍中就有提及、重视，先民们很早已注意到监督在社会生活中不可或缺的独特作用。虽然我们有“人有所犯，一断于法”的文化传统，我们有为民请命的司法先贤，如张释之、董宣、包拯、况钟……也有“弘既往之风规，导将来之器识，除繁去滥，规迹明心”的监督思想、文化史，但在近代中国还是出现了列强主导的会审公廨、治外法权等司法权被列强侵夺的屈辱历史。“王轨不端，司寇溺职；吏偷俗弊，竟作淫慝。我思老农，剪彼蟊贼……”在社会兴衰史中，监督制度、文化强弱明灭自有其令世人叹惋、信服的发展逻辑。

司法监督的现代化是在中国共产党领导中国人民完成人民解放、民族自由、国家独立过程中及现在进行的，特别是在确定加强社会主义法制，健全社会主义民主的十一届三中全会之后，邓小平同志指出：“我们这个国家有几千年封建社会的历史，缺乏民主和法制，现在我们要认真建立社会主义民

* 刊发于《人民法院报》第二版，2017年8月8日。

主和法制。只有这样，才能解决问题。”的确，现代文明社会的主要监督方式即司法监督在以实现社会主义现代化目标的中国社会得以迅速恢复、发展、壮大，党的十八届三中全会决定要求强化权力运行制约和监督体系，十八届四中全会决定强调未来要形成严密的法治监督体系，强化对行政权力的制约和监督，加强对司法活动的监督，正如习近平总书记所说：“我们说要把权力关进制度的笼子，就是要依法设定权力、规范权力、制约权力、监督权力。”监督，在我们最要接近两个一百年奋斗目标的时候有了特别重要的意义。

司法监督是司法机关依法对个体、组织的行为，个人及社会行为规范的监督。恰如法学家所言“法律之存在，从某种意义上说是为了保护我去对付我自身”，在我国当代社会主义法治国家、法治政府、法治社会的建设过程中，司法监督在党内监督、人大监督、政府内部监督、政协民主监督、公民监督和舆论监督中因其法定主体、专业方法及鲜明的公正、高效、权威的品质而不可替代。立法监督在为监督立规矩，是监督的前提，有静态的特点，法律监督则强调依法按程序凭证据进行监督，明确了其区别于道德、舆论监督的方法特征，而唯有司法监督是法律监督的具体化，是将认识与实践，规矩与行为联系起来的监督，是对自然人、法人是不是在依法办事的监督，是对政府是不是在依法行政的监督，是因具体个案而根据事实证据，依据法理法律分析、评判是非而进行的监督。一审是司法对社会生活纠纷、矛盾的基础、基本的监督，二审是对一审的监督，审判监督程序不言而喻是对监督的监督，都是鲜活、动态而有特点的监督，并因此而引人关注，发人深思。带来监督的晕轮效应，就像因牢牢揪住亲信干政和一波三折审查禁穆令一样，因实时跟进的司法监督，人们对韩、美经济、政治、社会生活中的法律而非纸面上的法律始有一些可感触的，真实、具体的了解一样。

当然，司法监督公正、高效、权威的品质离不开承载反映社会经济生活、意识形态、价值观念的文字、文本标准和它归属的由宪法统领的法律家族，它是有动机、目的及程序等方式文明和品质良好的监督。因人民意志和党的领导而公正，因法律科学和专业智慧而高效，因公正、高效而权威，无公正无权威，无高效无权威。当代中国司法监督是范围对象最广的监督，从公民大众到高官大员，是对社会主体行为过程的监督，是对作为原因的民、商、经、贸、行政、刑事等具体行为和这些行为对社会影响结果的监督，是对社会动态秩序的监督，又具有结论、终局的监督意义，恰似我们耳濡目染的在其他监督之后“交由法办”“移送司法”的不言而喻的意义。

我国社会主义司法监督的公正、高效、权威的品质必经历史的、现实的、文化的司法监督实践和理论的锻造与陶冶而炼成，必经党的领导、人民当家作主和依法治国的实践及其经验的积累、总结、改革而炼成。党的领导、监督使新中国社会主义司法监督的品质由赶走治外法权，推翻专制独裁到实现双百目标的革命、建设和发展的历史中炼成；经山区、边区时的谢步升贪污案、黄克功故意杀人案，到进城后的张子善、刘青山贪污案，直到当下的大要案侦、诉、审、判、执的程序进行而炼成；经从小到大，从弱到强，通过大量的具体个案的司法监督，特别是近几年来敢于碰硬、碰官、啃硬骨头、打大老虎的历练而炼成；司法监督公正、高效、权威的品质更需经能让人民群众感受和获得公平正义的每一个案件的司法程序而炼成，这种品质断不能讳莫如深、讳疾忌医，还必经得起洗冤昭雪的考验……可见，其中司法监督者的专业素养、职业良知和操守等品质的炼成与司法监督的品质密切相关，如习近平总书记所说“‘疾风知劲草’‘烈火见真金’。政法队伍是和平年代面对‘疾风’‘烈火’最多的一支队伍”“‘养兵千日，用兵一时’，对政法队伍来说则是‘养兵千日，用兵千日’”。当然，司法监督的品质不是抽象不变的，而是与时俱进不断创新发展、不断充实提高的，事实证明，加强党内监督是炼成司法监督优良品质的重要保障。

虽然我们有逐渐完善的教育预防和惩治腐败的纪律、法律体系，也在不断加强各方面的监督，在用力把权力关进监督的笼子，但权力却有不安分守己的秉性。所以，还是有干部、高级领导失职、渎职、滥权而接受司法监督的情况的发生，让人唏嘘……这说明监督是多么重要和必须，须臾不可无监督。“试玉要烧三日满，辨材须待七年期”，而司法监督炼成其公正、高效、权威的品质，坚如磐石，坚韧不拔、坚不可摧并非一蹴而就的易事，任重道远的司法者需不忘初心、砥砺奋斗。

从百年党史中寻找人民司法的初心使命*

跌宕起伏、迂回盘桓、砥砺激荡、波澜壮阔的百年党史浓缩了、映射着中华民族千百年来的文化与智慧、挫折与反思，因为这百年世界处于未有之大变局，因为这百年是中华民族悠久文化的扬弃，是“自强不息、苟日新、日日新”，是推陈出新、不断创新。所以，百年党史或昂扬或悲伤或沉思或奋起，有着丰富多彩、惊心动魄而可歌可泣的内容，有值得认真总结深刻领悟的历史而又现实的主题。

法学家西塞罗曾言“历史确实是岁月和真理之光的见证”。人民是历史的主人，人民主权、人民民主离不开人民司法，人民司法正是在这段非同寻常的历史中得到了孕育与成长，得到了经验与教训，得到力量与辉煌。史家有言“国无法则上下靡定，史无例则是非莫准”，历史是最好的老师，正如习近平总书记所说“了解历史才能看得远，永葆初心才能走得远”。百年党史以特有的魅力与方法或肯定或否定或直白或含蓄地留下意韵极其深长的思考与抉择，呼唤与应答，百年史料与史论蕴含着答案、释明了疑惑、推动了发展。

正像许多法学家曾经提醒过的那样，“一页历史往往抵得上一卷逻辑”。人民司法发轫于第一次国内革命战争时期的工会、农会，在艰苦卓绝的井冈山时期，在浴血抗战、解放全中国的延安时期，从根据地、解放区到新中国，维护、保障新民主主义政策、法制和社会主义宪法实施的人民司法创

* 刊发于《人民法院报》第2版，2021年4月21日。

制、发展史证明，人民司法是党领导人民进行新民主主义革命的重要目的，人民司法为革命整齐了队伍、凝聚了人心、保障了战斗力。新中国成立后，人民司法事业继承优良传统，坚持群众路线，坚持独立审判、重证据不重口供等原则，在保卫人民当家作主的新生政权，保障祖国建设，保护人民安居乐业方面起到了积极作用。“五朝弊政皆亲历，一代新规要渐磨”，早年留日学法，做过执业律师，1954 年任最高人民法院院长，党的创始人之一的董必武曾组织对全国十四个大城市高级、中级人民法院进行调研，调阅刑事案卷 19200 多卷，并在调研基础上编订、推行《各级人民法院民事案件审判程序总结》《各级人民法院刑事案件审判程序总结》，对提高办案质量起到积极作用。如习近平总书记建议我们重读《关于建国以来党的若干历史问题的决议》时说“中国是一个封建历史很长的国家，我们党对封建主义特别是对封建土地制度和豪绅恶霸进行了最坚决最彻底的斗争，在反封建斗争中养成了优良的民主传统；但是长期封建专制主义在思想政治方面的遗毒仍然不是很容易肃清的，种种历史原因又使我们没有能把党内民主和国家政治社会生活的民主加以制度化，法律化，或者虽然制定了法律，却没有应有的权威。”党的十一届三中全会拨乱反正，总结十年动乱教训，确立了改革开放以来我们健全社会主义民主和加强社会主义法制的历史任务。就像证明贫穷不是社会主义一样，改革、发展与稳定的历史也证明了社会主义要民主、要法治、要人民司法。人民站起来离不开人民司法，安居乐业富起来、强起来同样需要人民司法，因为没有人民司法，人民权利就没有强有力的司法救济、保障，习近平总书记指出：“没有全面依法治国，我们就治不好国、理不好政，我们的战略布局就会落空。”司法即奉法办案，“奉法强则国强”，这是屡试不爽的史传箴言。

变法图强是中华文明史绵延不绝的重要原因，“苟利民不必法古，苟周于事不必循旧”。面临百年大变局，创制、发展、变革人民司法也是历史的必然。新中国成立前党根据不同阶段的革命任务、要求，制定、实施了不同的司法政策，建立了有不同代表参与的部门层级适宜的司法机构，涌现了马锡武、雷经天为代表的司法者；改革开放四十多年来和十八大之后经济社会历史性变革中的司法改革与完善的伟大实践也是最直白简明不过的答案。正如《中国的司法改革》白皮书所言“随着改革开放的不断深入特别是社会主义市场经济的发展、依法治国基本方略的全面落实和民众司法需求的日益增长，中国司法制度迫切需要改革、完善和发展”。在全面推进依法治国的新时代，为了努力让人民群众在每一个司法案件中感受到公平正义，人民法院先后在四个为期五年的改革纲要指导下进行了近现代以来中国社会最大规模的司法改革。民事诉讼中谁主张谁举证，刑事诉讼中罪刑法定，行政诉讼中的行政机关举证及涉外司法广泛协作等改革给全面依法治国和法治社会建设带来了深远的意义，社会主义的民主、公开、公正、辩论、证据裁判、独立审判等司法原则的价值、意义都得到了更加充分的彰显。在极不平凡的2021年，全国法院全部开通网上立案功能，网上立案申请超过一审立案申请总量的54%，庭审直播累计1159万场，裁判文书网上累计公开1.2亿份文书，开放动态透明便民的阳光司法机制受到国内外广泛关注。大史观源于生动的历史小细节。习近平总书记在《严格司法，公正司法》中指出：“政法机关是老百姓平常打交道比较多的部门，是群众看党风的一面镜子……‘公生明，廉生威’，执法司法是否具有公信力，主要看两点，一是公正不公正，二是廉洁不廉洁。这两点说起来简单，要做到就不容易了。要扭住职业良知、坚守法治、制度约束、公开运行等环节，坚持不懈、持之以恒地抓。”这足以证明在未来经济社会发展中司法改革应然而必须，任重而道远。

1942年2月3日，毛泽东为办过刘巧儿案件、被陕甘宁边区群众誉为“马青天”的马锡五题词“一刻也不离开人民群众”。1958年8月，毛泽东在谈到我国法制建设时说：“还是‘马青天’那一套好，调查研究，就地解决问题。”人民司法的优良传统和在当代法治社会建设中固根本、稳预期、利长远的不凡业绩都可证人民司法好。就严惩各种危害国家、公共安全和人民群众生命财产安全的刑事审判来看：新中国成立三十周年前夕的1978年，全国法院受理刑事案件294942件。在庆祝改革开放四十周年的2018年，各级法院认真落实总体国家安全观，积极推进平安中国建设，审结一审刑事案件119.8万件，判处罪犯142.9万人。2020年，各级法院审结一审刑事案件111.6万件，判处罪犯152.7万人，依法快审快结涉疫犯罪案件5474件6443人，审结贪污贿赂、渎职等案件2.2万件2.6万人。就保障改革开放，促进社会主义市场经济发展的民商事审判来看：1978年全国法院受理民事案件318330件。2018年，各级人民法院审结一审民事案件901.7万件。2020年，各级法院服务高质量发展，加强民生司法保障，审结一审民商事案件1330.6万件，审结教育、就业、医疗、住房、社会保障等民生案件134.7万件，审结各类合同纠纷案件886万件。可见，人民司法对改革、发展、稳定好，对社会长期稳定、经济持续发展好，对落实新发展理念好，对营造营商环境好，好在围绕纠纷、案件的勤勉公正审判，好在努力以个案提升社会治理能力，好在推进平和、理性解决经济社会的纠纷和秩序文明。的确，“一个国家实行什么样的司法制度归根到底是由这个国家的国情决定的”“我国社会主义法治凝聚着党治国理政的理论成果和实践经验，是制度之治最基本、最稳定、最可靠的保障”。学党史、悟思想、干实事、开新局，历史业绩可鉴初心，时代重托更需不懈奋斗。

史家曾言“历史是展现在人们面前的一幅预言长卷”，如同熟悉证据、案情方有庭审思路和裁判评价一样，学史、用史离不开丰富的史料和蕴于其中的精当史论，和公正裁判一样，“彰往而察来”的历史也有“惩恶劝善、永肃将来；激浊扬清，郁为不朽”的功能。的确，经过历史检验证明而被誉为历史经验的东西在人类思想长河中熠熠生辉。历史昭示未来，人民司法的成长、发展是历史的诉求与应答，是历史的轨迹与时代的乐章。百年以来包括人民司法在内的党的一系列治国理政方针政策史的学习与思考是对历史的致敬与礼赞。深情的回眸、深刻的感悟历史，源于大历史中的时势、地利与民心，源于党史、国史的深刻内涵与丰富价值，也源于不断学习和比较借鉴。学史明理、学史增信、学史崇德、学史力行，坚守和改革人民司法，把人民司法守护好、发扬好，我们须不忘初心使命，奋力前行。

民法典走进百姓生活　学法用法蔚然成风*

因为民法典姓“民”为民、以人民福祉为中心，与民天然亲和，所以，人们对它的学习、研究方兴未艾，尊崇、运用、普及的热情热度不减。在2035年的远景中，民法典在社会主义初级阶段里固根本、稳预期、利长远的历史作用也将会越来越大。

民法典是一部调整平等主体的自然人、法人和非法人组织之间的人身关系和财产关系的法典，是一部与民众最关心、最实际、最直接的人身、财产利益有着千丝万缕关系的法典，因为民法典自身“入世”的品性和特有的“烟火气儿”，所以，民法典自2020年5月28日表决通过以来，民众便把民法典迎到社区里巷、田间地头，法典进学校、进军营、进企业，出现在报、网、端、微、屏及剧场中，在法庭上，法律人学习、宣传运用民法典、调判解决纠纷适用民法典，蔚然成风。

民法典的颁布是党中央厉行法治，依法治国理政的重要成绩，民法典通过的第二天，中共中央政治局便以“切实实施民法典”为题进行了第二十次集体学习。习近平总书记指出：“民法典要实施好，就必须让民法典走到群众身边、走进群众心里。”“要聚焦民法典总则编和各分编需要把握好的核心要义和重点问题，阐释好民法典关于民事活动平等、自愿、公平、诚信等基本原则，阐释好民法典关于坚持主体平等、保护财产权利、便利交易流转、维护人格尊严、促进家庭和谐、追究侵权责任等基本要求，阐释好民法

* 刊发于《人民法院报》第二版，2021年6月4日。

典一系列新规定、新概念、新精神。”一年来，以习近平法治思想为指导，全面推进依法治国，坚持和完善社会主义制度，推进国家治理体系、治理能力现代化的一系列重大举措，无疑是民法典学习、宣传、普及、运用的首要动力；喜人的景象因为有人民司法积极而坚实的作用。“徒法不足以自行”，法律的生命在施行、在实践、在经验。人民法院秉承民法通则、合同法、民法总则等实施的历史经验和不断丰富、完善的民事司法经验，及时出台相关司法解释，大力发挥民法典准绳、准据的裁判功能，为民法典落地生根、培土浇水，为学用遵行民法典开锣鸣道，纠缪绳违，起到不可或缺的作用。为贯彻实施民法典，最高人民法院完成对591件司法解释及相关规范性文件、139个指导性案例的清理工作，废止116件，修改111件，决定对2个指导性案例不再参照适用，这是新中国成立以来最全面、系统、规范的一次清理，废止了与民法典不一致的规定，保障了民法典施行后法律适用标准的统一。人民法院采取以案释法、动漫说法等方式创新普法宣传，以小案例阐述大道理，引导群众增强民法思维，让民法典走进百姓生活。审结包括大量适用民法典的如烈士功勋名誉权案、微信群侮辱人格案、可视门铃侵犯隐私权案、职场性骚扰案等首案在内的一审民商事案件1330.6万件，更加引人关注，把学研和普及民法典引向了深入。

我国有着悠久的法律制度文明史，不乏“治国有常，而利民为本”这样可圈可点、引以为豪的优秀法律文化，而以罗马法为肇端渊源的民法法系及以法、德、瑞等国民法典为代表的近现代民法精神、立法凡例，也不乏我们可比较借鉴、取精用宏的思想与方法。博采众长、开阔前瞻的立法态度和对法的历史与现实、本土与移植、传统与继承特别是与创新关系的正确把握，保证了民法典的质量。比如民事主体从事民事活动，按照自己的意思设立、变更、终止民事法律关系的自愿原则及民法典中意思表示一节对“真实意思”的确定，这是经济社会生活中尊重人，尊重、理解每个民事主体的意愿、意志与表示的法治规则，也是健全心智、激发思想、鼓励创造、化解民商事纠纷的法治良药。意思自由、自治就是俗之谓我口说我心，说得到做得到，对自己说的、做的负责。这是每个成年自然人就其意愿与行为对社会和他人负责的心理的、文化的、习惯的逻辑前提，它对推进建设信仰法治、公平正义、保障权利、守法诚信、充满活力、和谐有序的法治社会存有胚胎、原发、本质意义上的功能；再譬如在民法典总则编中出现过两次的公序良俗原则，无论是当下防控新冠疫情，还是调适逆疫情而生生不息的经济社会生活，还是呵护长远发展所需要的营商环境，建设法治社会，人民群众、法人组织等对公序良俗及善良风俗的期盼与要求都如同清新的空气、纯净的水一样，不可须臾缺失，它是社会治理中法治、德治与自治的要求，也是民众幸福感、获得感、安全感的基本保障。民法典颁布实施后，各级人民法院着力营造稳定公平透明、可预期的法治化营商环境，执行合同、司法程序质量等营商环境评估指标继续保持向好。各级法院审理各类合同纠纷案件 886 万件，切实保护诚实守信一方的合法权益，弘扬“言而有信”“有约必践”的契约精神。运用法治手段治理突出的诚信缺失问题，让虚假陈述者付出代价、制假售假者受到惩处、“碰瓷”者落入法网，让诚实守信者受到激励，促进诚信社会建设。加强对外卖骑手、快递小哥、网约车司机等新业态从业者合法权益的保护。审理手机软件侵害用户个人信息、人脸识别纠纷等案件，加强个人信息保护，维护数据安全。加强消费公益诉讼案件审判，对设置消费陷阱、霸王条款等行为依法追究责任，妥善审理住房、汽车买卖、旅游服务、在线教育等消费纠纷案件，积极营造有利于消费升级的法治环境……确如法学家耶林所言“法是不断的努力”，可以说司法为民法典保驾护航将会如民法典为社会而存在一样，任重道远。

因为民法典对当代世界各国民商法法律、法治经验的扬弃与发展，因为民法典姓“民”为民、以人民福祉为中心，与民天然亲和，所以，人们对有社会生活百科全书之誉的民法典及民法历史学、民法社会学、民法文化学等的学习、研究方兴未艾，尊崇、运用、普及民法典的热情热度不减。而随着党中央、国务院《关于加强法治乡村建设的意见》《法治社会建设实施纲要（2020—2025 年）》《法治国家建设规划（2020—2025 年）》《关于加强社会主义法治文化建设的意见》的步步推进、层层落实，民法典在我国经济社会的“十四五”发展中的作用会日渐凸显强大，可以想象，在 2035 年的远景中，民法典在社会主义初级阶段里固根本、稳预期、利长远的历史作用也将会越来越大。

司法责任的意义与担当*

司法责任是对社会生活中违约侵权、违法犯罪责任的探明与追究，所以，追责者的责任更大更重要。法治兴衰人人有责，司法者是关键少数，责任尤重。

当依法治国、法治社会渐行渐近时，人们已习惯地认识到司法通过权利、义务为内容的责任的探究与承担而调控着丰富多彩、生生不息的社会生活。确如哲人所云“责任是相对于社会状态的”。

责任是分内之事及未做好分内之事而应承担的过失，它或诞生于伦理道德或专载于法律明文。责任的内涵及其法律意义是人们理解社会运行秩序的钥匙，是责任把社会生活中各个主体连接起来并让他们各就其位，发挥作用，社会就是个责任共同体。法律中的责任规范很多，举其大要者有违背合同约定、言而无信的违约责任和违反法律规定侵犯他人人身财产权益的侵权责任、违法犯罪责任。因而人们才对确认责任归属的执法、司法活动有执法如山，责重山岳的要求与评价。试想，如果没有责任的纽带，“如果没有约束，我们便置身于霍布斯丛林而不可能有文明”。

司法者的责任心、责任感源于是非好恶的朴素感知，也源于公平正义知识及司法方法的专门教培与熏陶，既源于日复一日、年复一年披法袍、执法槌、听诉辩、核证据、拿判断、出裁决的审判活动和对源远流长、与时俱进的职业良知、司法伦理的感悟与总结、认同与践行，更源于牢记初心使命，

* 刊发于《人民法院报》第二版，2021年8月19日。

让人民群众在每一个司法案件中感受到公平正义为主题的思政学研。因为这个责任关涉人民民主权利、人民主体地位，关涉法治国家社会，所以司法者可谓崇高之位，忧深责重；也因为有司法者的爱好与志愿、党的嘱托、人民群众的期待以及法规纪律的要求与约束，所以责无旁贷；当然，因司法责任是对社会生活中违约侵权、违法犯罪责任的探明与追究，所以，追责者的责任更大更重要。法治兴衰人人有责，司法者是关键少数，责任尤重，打铁必须自身硬。习近平总书记明确指出“司法是社会公平正义的最后一道防线，司法人员必须信仰法律、坚守法治，端稳天平、握牢法槌，铁面无私、秉公执法。”司法责任是多轮司法改革的重要内容，近年来，各级法院以全面开展队伍教育整顿为契机，刀刃向内、刮骨疗毒，严肃查处失职、渎职行为，坚决清除害群之马，对自身存在的问题不遮丑、不护短、不文过饰非，坚决整治顽瘴痼疾，纯洁法院队伍。

司法责任核心乃司法者的判断责任。是司法者探究责任者的责任；是司法者判断谁是责任者和应承担什么责任并为判断而承担责任的责任；是司法者认真倾听当事人倾诉身家故事的责任；是司法者认真审核当事人证据能否证明其故事属实的责任；是司法者探明当事人在故事中因果是非对错的责任。判断正确，问责、追责、责有攸归，判断者自然会无错无责而胜出；判断错误，判断者则应承担判断错误的责任，应责躬省过。这是阳光之下、宪法法律面前一律平等的自有之意、应然要求，也是“让审理者裁判，由裁判者负责”的通理、真意。司法责任与违法责任仅一字之差，往往也在转瞬、转身之间，可能因司法技能、可能因司法道德，可能因兼而有之，不能正确履行司法责任就可能承担违法责任。的确，“法律之存在，从某种意义上说是为了保护我们去对付我们自身”，是为了让我们正心诚意，公正裁判。

党的十八大以来，习近平总书记对执法司法领域科学明责、担当履责、严格追责等作出了一系列重要指示，指明了加快执法司法责任体系改革和建设的前进方向，最近，为深入贯彻党的十九大和十九届二中、三中、四中全会精神，全面落实司法责任制，根据中共中央办公厅印发的《关于深化司法责任制综合配套改革的意见》，最高人民法院结合工作实际，颁布《关于深化司法责任制综合配套改革的实施意见》，指出“健全法官惩戒工作程序，完善调查发现、提请审查、审议决议、权利救济等程序规则，坚持严肃追责与依法保障有机统一，严格区分办案质量瑕疵责任与违法审判责任，细化法官和审判辅助人员的责任划分标准，提高法官惩戒工作的专业性、透明度和公信力”。这是为牢记初心使命，担当司法责任构建系统制度环境，营造淳厚司法文化氛围的不懈努力。深入学习习近平法治思想对落实 2020—2025—2035 法治乡村、法治社会、法治国家、法治文化纲要、意见，理解和实施深化司法责任制综合配套改革，加速法治国家、法治社会、法治政府建设有巨大的现实作用和久远的社会意义。

新发展理念引领司法服务经济社会*

实现新理念就须不断学习习近平法治思想，改革司法体制机制，创新司法方法，推进审判体系、审判能力现代化并通过司法的新发展，阐明、维护新发展理念，让新发展理念在实现“十四五”规划和2035远景目标中发挥实在而深刻的作用。

创新、协调、绿色、开放、共享是贯穿我国“十四五”经济社会发展和实现2035远景目标全过程、全领域的指导性的新发展理念。与新发展理念的实践如影随形的司法活动自然也离不开经济社会，并与发展的新理念相得益彰。研究与应用新发展理念对服务经济社会的司法工作功用至大。

创新乃社会活力所在，科技文化创新是民族迈进文明的灵魂，是有史以来人类经济社会演进的不竭源泉。我国改革开放以来快速发展和新时代的历史性变革、成就都离不开党的创新理论的引领和人民群众的创新实践；如同人们物质、精神财富的创新一样，法律是不同于丛林规则的人类创新，“法律助明不助暗”，近现代以来，文明的法律应是鼓励和保护创新的，进步的司法也应是益于营造创新文化经济环境的，比如知识产权的保护与反垄断的经济社会政策都是鼓励创新的。同时，创新对社会不遗余力的影响，自然或早或迟或快或慢地反映到司法活动中来，如同人们运用互联网改变工作、消费时，司法也因此改变着自己的活动方式，守正而创新，法的稳定性不排斥司法方法革故鼎新，俗谚云“定法不得法”不无道理。适时、及时的司法

* 《人民法院报》第二版，刊发于2021年7月15日。

机制、方法的创新、人工智能协助裁判者智慧司法，有助于观察、吸纳社会矛盾纠纷新特点，并寻找到澄清讼源，化解新矛盾的司法新方法，以期通过司法来推进社会治理的创新，呵护创新的作用与成果。为促进形成鼓励自主创新、推动科技进步的法治环境，最高人民法院2020年出台知识产权民事诉讼证据等十个司法解释和规范性文件，全国法院依法保护科研人员及其发明成果，激发创新活力，审结一审知识产权案件46.6万件，判赔金额同比增长79.3%，严惩抄袭盗版恶意抢注傍名牌等侵害著作权商标权行为。上海、江苏法院与当地知识产权局共同推进长三角一体化科技创新知识产权保护。广西、云南法院创新巡回审判机制，及时化解边境贸易纠纷。

科技文化进步信息化、经济社会发展全球化是现代化内涵的具体表现，我国全面深化改革和全面依法治国的"全面"二字点明了协调——使诸方面、各部分统筹兼顾、配合适当在我国经济发展社会治理中科学方法论的功能和价值。"横看成岭侧成峰、远近高低各不同"，人与自然、物质与精神、国际与国内、市场与计划、国有与民营、业态新旧、城乡差异、发展与抗疫等东西南北多元经济主体在生产力与生产关系等多方面都须协调发展；协调、调适、平衡利益冲突各方，调解、化解他们的纠纷矛盾，修复社会秩序，构建和谐社会是司法介入现实生活的实质目的，这里有诉讼与非诉讼的协调，民、行、刑三大诉讼的协调，诉讼参与人与社会治理者的协调，公正与效率的协调，程序与实体的协调，原告和被告权益的协调，国内与涉外的协调，协调的理念与方法适用于司法全过程，司法应在协调、调解中使公平正义更充分地表达出来，使判决更易被接受和执行。近年来，京津冀法院加强司法协作，妥善审理涉北京冬奥会、冬残奥会基础设施建设、生态环境保护案件。围绕长三角一体化发展、黄河流域生态保护和高质量发展、西部大开发、深圳先行示范区建设、浦东高水平改革开放等，人民法院研究制定司法服务举措。广东法院出台三年行动方案，服务粤港澳大湾区建设。重庆、四川法院强化司法协作同城效应，助推成渝地区双城经济圈建设。

绿色环境是人们生活美好的应有之义，无公害、无污染是环境友好型发展模式的要求。雾霾、沙尘、黑臭水体、土壤沙化、气候变暖、生物种群锐减是人类唯恐避之不及的困境、危局，各国科技、产业、文化等政策、法治都焦虑于何以应对；司法支持绿色科技与经济，支持无毒无害绿色低碳民商事经济活动，支持环境公益诉讼，因为法的宗旨是最大多数人的最大福祉。

“打官司”是耗能的事儿，为使司法绿色低碳，就要在诉讼的程序机制、办案方法上不断创新，正义以看得见的方式实现，而且应以绿色低碳的方式实现。无关乎实质正义的不低碳、不绿色的程序活动应简而再简，精而再精，力戒拖延、循环、缠诉等耗时费力欠环保的司法浪费。近年来，技术变革引领人民法院电子诉讼、电子卷宗、智能化执行、泛在化服务，全国中级以上法院及大多数基层法院主要业务信息化覆盖率已达100%。2021年8月1日，以公正高效、合法自愿、权利保障和便民利民原则为指导的《人民法院在线诉讼规则》就要实施了。人民法院践行绿水青山就是金山银山理念，审结一审环境资源案件25.3万件，审结环境公益诉讼案件3557件。西藏、青海法院依法守护雪域高原生态屏障，守护中华水塔生态安全。甘肃、山东等黄河流域9省区法院加强环境资源审判协作，保护中华民族母亲河。

“田水高低各斗鸣，溪流奔放更欢声。”学习比较和借鉴应用离不开开放，自然人意思、意志自治即契约自由是自我开放的典型表现，所以，在市场经济中要反对抑制、封锁开放的行业垄断巨无霸，也要防范有碍自愿、平等交易的零散多见的欺行霸市，还要革除不利于放管服的行政陋习，铲除黑恶毒瘤，促进市场和社会进一步开放；以公正为灵魂的法律、司法以社会认同的内容和公众满意的方式而存在与运作，这是常识中的司法开放，公正是社会公共资源，公正应面向社会。过度专业、技术化甚至神秘化不便于向社会公众敞开法律、法治的公正而热诚的怀抱，“人类构建历史的方式必须使历史本身向超越开放”，诚哉斯言。所以，只有开放才能赢得人民群众理解认可司法、支持拥护司法。近年来，全国法院努力构建中国特色多元解决纠纷和诉讼服务机制，为群众解决纠纷提供菜单式、集约式、一站式服务，促进公正、高效、实质性化解纠纷。最高人民法院加强国际商事法庭建设，共聘请来自25国的55位专家和法律工作者担任国际商事专家委员会特邀专家，服务共建“一带一路”高质量发展。海南设立自由贸易港知识产权法院，完善服务自贸试验区建设。重庆、西安、兰州等法院妥善化解国际铁路联运纠纷。外国当事人主动选择或将国外仲裁变更为我国海事法院管辖，我国海事司法国际公信力日益提升。

共享自己劳作的财富是中国社会公正的应然之义，共享是人们热情迸发和财富涌流的动力，自然人、法人等大小主体共享更充分的自由、更多的创意与财富是经济社会进步的要求和表现；大道至简、公正朴实而通俗，共享者应因尊法、守法而共享社会的公平、正义，各类营商主体因依法依约共享自然和社会资源，共享经济法治给自己和他人带来的平等机会与利好实惠。司法是促成和维护共建、共治、共享的社会治理格局的重要力量，公正司法会让公平正义的阳光普照每一个生活主体，让他们在每一个司法案件中都感受到公平正义，共享获得感、幸福感、安全感。仅 2020 年，人民法院审结教育、就业、医疗、住房、社会保障等民生案件 134.7 万件。开辟残疾人诉讼绿色通道，充分保障残疾人合法权益。严惩扰医伤医犯罪和“校闹”行为，保障医院平安，维护教学秩序。

理念源于实践，却是思想的花朵，自有舒芽、放苞、展叶、结果的历程。发展学专家认为方兴未艾的“发展研究的一项常规认识是：发展问题是多方面的和复杂的，没有哪一个单一学科能够包罗，更不能提供解决办法。”创新、协调、绿色、开放、共享是深刻总结发展才是硬道理，发展是党执政兴国的第一要务和科学发展观的实践经验而形成的新发展理念。“它是一个系统的理论体系，回答了关于发展的目的、动力、方式、路径等一系列理论和实践问题，阐明了我们党关于发展的政治立场、价值导向、发展模式、发展道路等重大政治问题。”与守旧、僵化不同，创新是发展的动力与目标，与失衡、封闭不同，协调和开放是发展的方式与策略，与污染、独享不同，绿色、共享则是发展的目的与伦理。因为我们的根本目的是“让国家变得更加富强，让社会变得更加公平正义，让人民生活得更加美好。”所以，实现新理念就须不断学习习近平法治思想，改革司法体制机制，创新司法方法，推进审判体系、审判能力现代化并通过司法的新发展，阐明、维护新发展理念、让新发展理念在实现“十四五”规划和 2035 远景目标中发挥实在而深刻的作用。

疫情常态化，让调解发挥更大解纷作用*

调解历来是解决民事纠纷的重要方法，经劝解疏导当事人自愿解决自己的纠纷确是上选方策。作为中国司法特色及恢复性司法的主要方法，司法调解无疑是实现安全价值、呵护经济社会生活的好抓手。

为妥善解决涉“疫”民商事案件事关防疫常态中的社会民生，2020年4月20日，最高人民法院发布《关于依法妥善审理涉新冠肺炎疫情民事案件若干问题的指导意见（一）》，要求“要充分认识此次疫情对经济社会产生的重大影响，立足统筹推进疫情防控和经济社会发展工作大局，充分发挥司法调节社会关系的作用，积极参与诉源治理，坚持把非诉讼纠纷解决机制挺在前面，坚持调解优先，积极引导当事人协商和解、共担风险、共渡难关，切实把矛盾解决在萌芽状态、化解在基层”。

不时诡谲反扑的疫情危及全球经济社会，已有生命痛逝，也有眼前、当下的不便和手中工作的停缓，让人们朝乾夕惕。虑及疫患，一些合约被取消，一些协议被变更，一些履约行为被阻碍、隔断。但生活依然，自然人法人间包括因疫情而衍生的纠纷却在所难免。一些纠纷经当事人电信协商化解了，有些矛盾经当事人会议视频、传阅核对相关资料后也就偃旗息鼓了，当然，还有不少的纠纷通过邮寄或线上等方式启动了司法程序。

“话是开心锁。”“谈言微中可以解纷扰。”调解历来是解决买卖、租赁、医疗、运输等民事纠纷的重要方法，经劝解疏导当事人自愿解决自己的纠纷

* 刊发于《人民法院报》第二版，2021年9月23日。

确是上选方策。正因如此，最高人民法院才在发文中要求“坚持把非诉讼纠纷解决机制挺在前面，坚持调解优先”。保证调解优先应关注以下几个方面：

优先调解纠纷须体认防疫常态需要，熟悉疫情危害对当事人民事活动的影响力。虽说识时务者为俊杰，疫情期间有戴口罩穿雨衣、不吃不喝、航行万里回国防疫的英俊少年，但也不乏不听劝阻、不戴口罩，规避隔离观察、喜欢扎堆凑热闹的“医盲”和有法不知道、知道不遵守甚至对抗医检的法盲。所以，采取防护措施，保障正常司法的司法者还不能松懈大意，要注意全球已超 2 亿的感染者，对国内外两个市场“双循环”的影响将是持久而巨大的，应认识到司法调解在这个背景下的特殊意义。

优先调解便于引导当事人在案件情绪、事实证据尖锐对峙前形成看待、解决纠纷的平和的心态，便于引导当事人对司法调解人员的态度与语言、观点与方法、劝解与疏导有冷静理智的认知与理解。通过电话、微信、视频在线审理查清事实、明确是非是方法，聆音察理、鉴貌辨色，能言善辩而调和、调适、调节、调配也是方法。引导当事人结合防疫谈案情，根据常态防疫分区分段分行业需要，因疫论案，依法析理，一些焦虑焦躁情绪就会缓解许多，一些焦灼焦点也就便于化解。经过调和、协调、调整而化解纠纷与经审理纠纷后作出裁判相比较，前者具有感知感情性、随机灵活性、方法艺术性，当事人内部融通自洽性，后者则彰显论理理智性、程式严肃性、处置规范性，外部评价当事人被动性。真心、用心寻找调解机会条件，引导说服当事人自己解决自己的纠纷既是调解的方法，也是调解的目的，方法服务目的，方法不妨害目的，方法与目的都应具有自治与法治、人文与文明的朝向，裁判的方法在司法规范规则，调解的技能则更多的在司法经验，但都离不开司法者的学习实践和法律人的共同努力。确如哲人所云：“文明不但是进化的产物，也是一个过程，通过建立起普遍规则和个人自由的架构，它会让自己继续进化。”

优先调解纠纷，应注意如安全、秩序、利益、正义、自由、民主、和平、文明、平等、效率等法律价值应因时因势因事的不同排序和倾向。法律是社会价值的富矿，规则为人所需在于其能满足人的价值追求，大众之所以遵循法律，一定因法律包含了人们普遍认同的价值。疫情把经济社会法律的安全价值无争议地推到了诸多价值之首。有段微信很形象：“一场雨，知道了伞的重要，一场病，知道了健康的重要。雨太大，有伞也没用，病太重，有钱也没用。最好是趁雨小的时候找到安全的地方避雨……”法的安全价值就是法律、司法应保、可保社会生活中自然人人身、财产和法人等社会组织免受、少受风险损伤的作用、功能。常态防疫与正常生活两难之际，安全价值可折冲两端，包容中和，其功能不争而显，因为司法可修正经济社会生活中的不安全因素。人安全一切在，阳光、健康心态的恢复更需要安全的社会环境，《民法典》第一千零二条规定“自然人的生命安全和生命尊严受法律保护”。《劳动法》第三条规定“劳动者享有获得劳动安全卫生保护的权利”。遵守传染病防治法、突发公共事件应对法是为了人与经济社会的安全，稳就业、保民生等“六稳”“六保”都是法治国家、社会、政府对安全的追求。我们学习习近平总书记关于总体国家安全观的论述，强调公民生命健康安全，公众经济社会生活安全、人与自然整体安全，明确安全是包括国际社会在内的争议各方和社会公众的根本利益，对消弭、化解包括民商事活动在内的更多经济活动及其纠纷有极重要的作用；纠纷各方经调解能为安全而让步妥协共担风险，共渡难关，解决部分纠纷一定是找到了各自利益取舍、价值抉择的平衡趋同点，而安全正是前提。如果忽视安全价值，偏执好溺，自阂通规，就可能留下疫情反扑的隐患和滋生新的不安全。

如法社会学家所言“对价值准则的论证，批判或合乎逻辑的适用，都曾是法学家们的主要活动”。司法调解也是新发展理念中协调的应有之义。近年来，各级人民法院应用人民法院调解平台，与全国总工会、公安部、司法部、人民银行等完成“总对总”在线诉调对接，涵盖劳动道交、金融保险、知识产权等纠纷领域，3.3 万个调解组织、16.5 万名调解员入驻平台，在当事人自愿基础上开展调解工作，为群众提供菜单式在线调解服务。诉前调解成功民事案件数量逐年增长，其中 2020 年同比增长了 191%。我们有“一让两有、一争两丑”“和为贵”“和气生财”与“调风变俗”的文化传统，更有红色经典如马锡五审判方式、“枫桥经验”及现代非诉解决方式。作为中国司法特色及恢复性司法的主要方法，司法调解无疑是实现安全价值、呵护经济社会生活的好抓手。

第二部分

背景与分级*

——法律服务市场的特点

法律服务市场是律师以法律知识、技能服务于社会的主要场合，这个场合的特点对律师工作的方式、内容有决定性的意义，那么我国现阶段律师法律服务市场有哪些特点呢？

一、特殊的背景

我国的市场经济是创建不久的，处于社会主义初级阶段的市场经济，这个阶段的市场观念、规则的发育还很稚嫩、脆弱，很多方面表现为规则欠缺或规则不详明，市场、公正规则的生成与成熟还需时间，因为初级阶段大约需要一百年。所以，基于效率的考虑，我国的市场经济是国家、政府主导型的市场经济，国家通过政策、指导意见、试行办法、法规、法律制定、推行市场规则，引导和规制市场经济活动。因为这些规则更多的是沿从上到下、由外到中的路径生成，所以这些规则的“根系伸展”受到了“本土”与“草根”的理解、适用能力的限制。这个特殊的背景决定了律师民商事特别是经济法律服务的供需市场在一个相当长的时间内不可能十分发达。这一点对于有志于律师业或正在执业的律师都十分重要。因为“认知的演变过程并不是使知识趋于抽象，相反，而是知识置于其背景中”“背景化是决定（认知功能）有效性的一个基本条件”。①

* 第二部分各篇均刊发于《天津律师》或《天津司法》，不再一一注明。

① [法] 埃德加·莫林，安娜·布里吉特·凯恩. 地球·祖国 [M]. 马胜利，译. 上海：生活·读书·新知三联书店，1997：173.

二、一级法律服务市场：政府严把准入关与律师角色淡化

一级市场是市场主体自发生成及被法律拟制的市场。企业、公司、业主等多元利益主体的形成本应是一个自愿、自由的经济法律行为，法律服务者本可从事其中的非诉法律事务，但是受到前述背景的制约，一级市场的法律服务多由相关政府部门操持，存在政企不分的情况，企业、公司“千人一面”，其个体权利意识、权利能力并不发达。律师塑造雕琢企业、公司的作用被淡化，虽然有部分律师服务于一级市场并取得了部分经验，但经验的推广面是有限的。是政府越俎代庖，还是律师不能援手其间，这是个时间和实践问题，尚不宜作价值判断。

三、律师服务市场集中于一级市场生成后形成的二级纠纷市场

一级市场经政府主持操办形成后，市场主体开始了他们的市场交易行为。纠纷来自行为，矛盾源于交易。政府虽然“催生”了市场交互行为的多元利益主体，并把他们“推向”市场，但并不愿为他们的利益纷争付出更多的精力，提供更多的延伸服务或承担因他们的市场行为带来的责任。这时候，法律服务需求就会大量出现并增强，甚或喻为“诉讼爆炸”。律师便应运而效其才，目前，我国大部分律师都“忙活”于这个由一级市场生成后形成的二级纠纷市场，并促使这个市场发达起来，乃至推动了司法改革。

在二级纠纷市场中，律师应清楚自己不是、也不能是纠纷与矛盾的“始作俑者”。受到“贵和”“厌讼”“怕官”传统文化心理的影响，律师需要等待但不是企盼一级市场中纠纷的生成并衍生诉讼，他需要等待并致力于市场主体权利意识的自觉与启蒙。所以，等待又是成就律师品格的一个主要方面。

当事人不一般

——为了更好的服务

各案各样，当事人也各有其样，“人心之不同如其面”。长期的执业活动，会让律师通过各种各样的案子或机缘，熟悉各种各样的面孔，各种各样的当事人。当事人不一般，但也是可以划分和归类的：

学生型当事人。他们有一定的文化基础，或虽无文凭学历但通情达理，自己虽然年长、世故、博学，但十分确信“闻道有先后，术业有专攻”“医不自治”。遇事成了当事人，就难免当事者暗。所以，他们请律师，并尊重律师，“以师理事之”。喜欢通过律师的分析，看出自己的利弊，并把握事态的进程和事态中的自我。

伙伴型当事人。他们有文化背景，有社会经验，认可社会行业分工，但也认为“一通百通”“事隔理不隔”“法律是大众的，大众自学自通”。自己遇事后会特意去书店买几本有关己事的普法类读物，或通读，或精读，圈圈点点，故粗知法律之一二。但他们承认律师的独到经验，所以请律师并与律师共同探讨自己的案子，在学习中思考问题、解决问题、解决案子。

就餐型当事人。他们文化背景复杂，认可社会分工的内涵意义及律师特有的才能与经验，虽不懂法，但信奉“缺啥补啥”，遇什么事托什么人，付款消费，花钱消“灾”。虽然他们对法律这道“菜”并不感兴趣，甚至颇多微词，但擅长“看菜下饭”“石头大了绕着走”，不碰硬。特别的工具理性主义。

不通理法型当事人。文化素质、修养侘傺，不辨荣辱，不明事理，也不回忆、不总结自己已往的社会生活经验与教训，不管时移势异，惯拿不是当理说，依然我行我素，自以为是。找律师不是本意，因家人、朋友良言苦劝才“认头”找律师，听法律的。请了律师却时与律师辩论，常与律师“顶牛”，影响办事效率。当事迷，迷而不误，可谓“江山易改，禀性难移”。

给律师当老师型当事人。不懂得“人之患在好为人师”。自恃在社会上闯荡多年，且有实体，有“实力”，企业是自己的，员工听自己的，甚至能说出几个律师的名字，请得起律师，但认为律师应听自己的。“法律条文是书上的东西，能信那个？”“律师们个个书生气，能办事儿？”“懂吗？”但毕竟“此一时，彼一时也”“识时务者为俊杰”。需要，就请一下律师；请了，还不得让律师听自己的。

“来者不善。”善，指善良、厚道，但复杂难处的人事亦属“来者”。执业已久、历经风霜的律师自有应接各类“来者”的胸怀和技能，刚刚执业的律师则需更多的观察与端详、体会和揣摩。

青年律师如何发展

——2007 年申请执业律师培训班上的演讲

首先，祝贺在座的诸位通过 2006 年或以往的司法资格考试，不容易，因为据说这是中国目前最难的考试。其次，我感谢天津市律协给我这样一个机会，使我得以和大家交流。十一年前，我离开了大学阶梯教室，“存起了教师证，申请了执业证”，也在接受了这样的培训后开始了执业生涯，其间，去“大漠孤烟直，长河落日圆”的甘肃河西开过庭，到“天下兴废看洛阳苑囿”的河南洛阳开过庭，既在李白故里代理过行政诉讼，也在最高法院代理过房地产纠纷……执业十一年，学以致用，用有所思，思有所得。今天，为有这样一个机会和大家交流，感到十分高兴。

在座诸位是十分优秀的，可以说大家在法律本科或者硕士、博士学习中，在基本理论掌握上都是过关的、较好的，甚至是杰出的，前面几讲，有可做老师的律师给大家讲了许多，有职业心理的，有专业的，有三大诉讼的，有非诉业务的，还有管理、行业行政管理及律所管理的，大家都听了，那么，我讲什么呢？从给我指定的题目看，让我讲综合的。发展是一个比较现代甚至时髦的词汇，1992 年，“东方风来满眼春”，小平同志讲了“发展才是硬道理”。发展这个概念大家都经常用。“发展有两方面的意思：其一指事物由小到大，由简到繁，由低级到高级，由旧质到新质的运动变化过程；其二指扩大。”[①] 国外社会学家认为“发展一词具有展开、放开、铺展之意，应该看到它和包裹、退缩等词的辩证关系”。[②] 有句法律格言说“法

---

① 商务印书馆辞书研究中心．新华词典（2001 年修订版）（大字本）[M]．北京：商务印书馆，2001：249.

② [法] 埃德加·莫林，安娜·布里吉特·凯恩．地球·祖国 [M]．马胜利，译．上海：生活·读书·新知三联书店，1997：116.

律上的每个概念都是危险的”，发展这个概念虽不是法律概念，但也是很费思量的。下面我想就青年律师发展谈一些自己的想法。

一、选择的忧患——发展的起点

很多行业、职业发展之初，虽说困难，但可能并不多忧患，不面临选择的忧患，当公务员，办公司，前者旱涝保收，铁饭碗，今年招考人数又创新高；后者自己投资，或者去打工，投资说明你有钱，打工说明有人给你钱，而做执业律师不像上述二者，每个有志于执业资格的获得者都面临选择的忧患，是考公务员，还是考司法资格，还是考上司法资格再考公务员，抑或是公务员资格、司法资格都得考，研究生也不能落，有很多选择。选择是自由、自主的表现，但选择要付出一定的代价，自己得思前想后，不然，自己的同学干公务员、干公检法，有滋有味，自己干律师又苦又累，想不通，干不好。

所以，虽说“生于忧患”，但关键是你得在忧患中有所感悟，有所树立，有所作为，有所收获。你必须在忧患中生成并拥有一个理性的判断和结论。“当断不断，必受其乱。”“众里寻他千百度，蓦然回首，那人却在灯火阑珊处。”

二、加盟与历练——发展的根本

（一）“找个根据地”

经过培训，大家要找一个律师所，不能老漂着，“念经总得有庙”。看律师杂志，上网，在天津、北京或上海、深圳找个所，实地考察一下为好，看看所里的文化、所里的人员结构、所里的图书室、所里的会客厅，见见所里的领导人，人品学识气度怎么样。对一个所进行全面细节的了解和把握。加入一个所，融入一个所，有了根据地，就有了发展的支点、空间，就有了接触律师、接触案件的机会，就有了历练的时机和条件。即便将来个人开所，这也是必经之程序。一个好汉三个帮，孤家寡人不成事。

（二）尊重每一位走在前面的法律工作者

“法律的生命”究竟在哪里？有人说在于经验，有人说在于逻辑，都有道理，但既在于经验的实证，也在于经验实证中逻辑的生命力。诸位可能具有更多逻辑的优势、更多理论的优势，但“尺有长短”“事非经验难真知”。没执业之前，一些经验从书本上来，从教授那儿来；执业之后，经验则主要从其他法律工作者那儿来，如法官的综合与慎思、选择与平衡，检察官的思辨与辩驳、警察的敏锐与简约，特别是从先执业的律师那儿来，跟他们调查取证，出庭旁听，学他们举证质证，学他们思考一个案子的处理方法，学他们寻找思路，发现案子的内在逻辑，起诉中立的逻辑，反驳中破的逻辑。当然，经验还主要从自身执业实践的切身的具体体会中来，大家应重读几遍毛泽东的《实践论》《人的正确思想是从哪里来的》……

“学其文不如学其人。”所以，尊重所里的其他律师，才能接近他们，向他们学习。文人相轻，自持才高，不自检点，大大咧咧不行，这样学不到东西，会耽误自己。尊重不只是言和貌恭去对某个人，而是对律师职业的一种追求，是为了满足社会对正义的需要。这样心胸态度才会恰当，否则庸俗化为应酬和讨好。可能学到的是些皮毛。“早到三天即是师”，大家认真想想这句话。

（三）“不积跬步，无以至千里”

“眼里有活儿”“有问题意识”这是细节和基本。学了很多，现在碰上纠纷，遇上麻烦，要迅速生成“为什么？”“怎么办？”等一系列问题，要有问题意识，学会和提升依法析纠纷事理、评是非曲直的能力。通过与律师讨论案件，交谈观点展示你的才能、你的本事。通过一次次咨询，通过一件件代书，见过工农学商、男女老少、贫富好歹众多当事人，办过很多刑事、民事、行政三大诉讼及仲裁案件后，慢慢地，你会如庖丁“目无全牛”了。一定要练，当然刚开始慢一点，慢慢来，稳当点。性格、天赋是一个方面，但训练也很重要，“艺高人胆大”不假，而艺是练出来的，练可以弥补天生的性格缺陷。的确，我们应认识到“发展就是充分实现个人自主性和扩大共同参与；更多的自由，更多的共性，多些自我，少些自私”。[①]

① ［法］埃德加·莫林，安娜·布里吉特·凯恩．地球·祖国［M］．马胜利，译．上海：生活·读书·新知三联书店，1997：112.

三、不停地学习——发展的保障

“世易时移，变法宜矣。”法变了，就得学。“律师靠法律过活。”[①] 选择了做执业律师就更是如此了，一个好律师很充实，他有很多矛盾纠纷要调处，他要与很多人事来斡旋，他有很多东西要学习。你是司机，是打字员，你更是法律专家，都得学。“法律是社会经济生活的翻译。”[②] “法典背后是强大的思想运动。”[③] 所以，你就得学习关于人、关于社会、关于经济、关于政治、关于文化的很多东西。你得以律师的眼光研究社会和社会学，由此你理解费老的《乡土中国》和朱苏力的《送法下乡》，会发现法治的城乡二元特点，你会发现马克斯·韦伯关于个人魅力型社会与法理型社会的区别与转型中的中国多么“巧合”；你得以律师的视觉研究经济和经济学，你会对利益分配及罗尔斯的《正义论》产生兴趣；你得以律师的方式关注政治和政治学，你就会发现律师在民主政治建设中的普世作用；你得以律师的角度研究文化特别是文化中的人，你会理解法学即人学，律师工作乃是人的工作，是给人以救济的工作，是给人以应得之份的工作，学习的内容很多，历览诉争纠纷，看遍兴衰恩仇，你会多有感悟，由此你还会主动做做思维的体操——研究东西先贤圣哲的哲学著作，你得学习哲学，哲学可以使你在料理完纷争诉讼后归于静心，归于诚意，归于高超。“学好哲学，终身受益。”（陈云语）所以青年律师发展的保障是学习，是法律知识、法律技能的学习，也是文、史、哲、经、法、英语、科技等的学习。

四、科学与和谐——发展的标准与归宿

刚起步的青年律师，培养、树立一个科学的发展观念很重要。“君子当知始、中、终。”“凡事预则立，不预则废。”就是讲筹划的观念。前不久党的十七大报告也讲处理中国特色社会主义重大关系的根本的方法是统筹兼顾。律师办一个案子，与司法者配合，促使一个纠纷朝法治的方向发展，这

---

① ［美］约翰·麦·赞恩. 法律的故事［M］. 刘昕，胡凝，译. 南京：江苏人民出版社，2010.

② ［德］恩格斯. 家庭、私有制和国家起源［M］. 北京：人民出版社，2018.

③ ［德］耶林. 为权利而斗争［M］. 郑永流，译. 北京：商务印书馆，2016.

有益于社会的发展。律师自己从 20 多岁干起，干上三四年后，怎么判断自己的发展呢？有的律师拓展案源能力提高了，诉讼能力经验增长了，是发展；有的律师买车置房，娶妻生子也是发展；有的律师学习进步，但案源不多，收入不丰，改上研究生了，这是不是发展？有律师干了两年就干不下去了，转考公务员，应聘法务去了，当法治记者去了，这算不算发展？不一而足，值得思考。可资借鉴的法国社会学家的观点，认为“发展的概念应当是多维度的并应突破和超越为发展制定方向和标准的西方经济文明和文化方式”。[①] 所以，大家得结合自身特点，结合你执业地、执业所的特点，借鉴其他律师道路，确定一个科学的标准，用科学的观念指导自己发展的路向，这很重要，关乎你发展的动力，发展的后劲和方向。大家可以看看被胡适誉为“最好的美国人自传”——《丹诺自传》，看看丹诺是怎么从三美元的案子发展起来的。

前面讲了从事律师执业，面临着忧患，忧案源有无，患薪水多少，面临着与各种各样的人打交道，忧感其心，劳伤其身，所以往往会给自己带来与家人、与单位、与社会的不少新问题、新矛盾，“剪不断，理还乱，是离愁，别是一般滋味在心头”，这就可能产生不和谐，刚执业的律师应防这个，“打铁先得自身硬”呀！所以拥有和谐的期待与方法，这也十分重要，“自知者明，自胜者强”，你自己拥有和谐的身心、和谐的环境，你才会冷静理智地面对身外的不和谐，才会超然于社会中的种种不和谐，才会用你法律的、法治的方式、技巧去弥合纷争，促成人与人、人与社会的和谐。“发展是一种目标，但它不应再是一种近似的和终结的目标……发展的目标涉及伦理方面的迫切需要。经济因素受到控制，并把人类的和伦理的标准作为目标。”[②] 诚哉斯言，这是多么睿智的判断和预言啊！

以上拉拉杂杂谈了这些，说者有心，听者如何呢？或许更有心，或许尚无意，因为没有感性，缺乏经验……不急，多想想，多交流。耽误大家时间了，谢谢！

---

① ［法］埃德加·莫林，安娜·布里吉特·凯恩．地球·祖国［M］．马胜利，译．上海：生活·读书·新知三联书店，1997：110.

② ［法］埃德加·莫林，安娜·布里吉特·凯恩．地球·祖国［M］．马胜利，译．上海：生活·读书·新知三联书店，1997：114-115.

努力养成执业好习惯

法治在进步，律师在成长，律师业在发展，国家实现了一个接一个激励我们再接再厉的愿景！中国特色社会主义法律体系形成后，社会和公众对执业律师道德与操守、水平和质量、目标与境界有了更高的要求。结合多年观察、思考，笔者陋见以为有必要从几个方面谈谈律师执业之忌及如何养成助益我们执业的好习惯。

一、勤乃立身之本

您勤勉吗？大家都爬坡，都感觉“压力山大”时，如果自己没有勤快的习惯，及时、准时、守时的效率意识差，你急我不急，让当事人或律师伙伴在办公室、在约好的地方等自己，会见当事人延误，甚至出庭迟到；缺乏及时回复、马上办事的习惯，拖拖拉拉，不催不动，这显然是好习惯养成的第一忌。“业精于勤，荒于嬉”，贪图安逸、轻松、松散，成功的机遇能垂青于我们吗？

二、礼在于敬

懂礼形神俱佳，守礼诚信社会，敬人敬事，敬业敬物，“敬人者，人恒敬之”，这是任何一名社会工作者必备的修养，律师莫外。如果不屑于参加律所业务及各类活动，不参加律协组织的专家专业讲座，不关心集体及公益事务，缺乏热情、热诚，缺乏敬人、敬事、敬业之心，就做不了社会良心、良知的追求者、拥有者，则遑论为掌握正义之术的律师。英国大法官丹宁勋爵在赞美律师业及其受人尊敬的人物时认为，正直、诚实、勇气和礼貌，才使他们变得如此杰出。[①] 而衣着不经心，办公桌上案卷凌乱，低碳、节约意识淡漠，还有随意辛辣不忌口，嗜烟好酒强劝人，方便后不净手不冲厕径直去办公等不文明举止对律师而言断非小事，实应摈弃！“‘举止即人’这句话对于律师要比任何其他职业都更为真实。”[②] 文化之人当有文明之举。

三、实干与协作

实际、实情、事实、实证、实在、实话、实务、踏实、实惠，“谋于实，故能权与立”，律师是和“实”打交道的人，故需要实干。从事实证据的收集，到提出符合实情的请求，从符合事实的举证、质证、核实，到当事人实际利益保护，律师离不开实干，但浑身是铁又能打几个钉呢？所以还需要协作。如果公益的事、助人的事斤斤计较不愿做，时光虚掷，逐日游戏，不懂得汗水换经验，奉献赚技能，合作添智慧，以为执业场合如同地摊市场、自动取款机那么简单，不谙律师之道，没机会或丢机会则是必然的。须知，能与其他律师通力协作，也一样可以提升技能、得机会。“律师之间的精神应当是绅士般的竞赛精神，而不应是残酷的和怨恨的敌对精神。律师的兄弟精神是一个明显而又值得庆幸的事实。”[③]

四、要把握好“始、中、终”

庭前思考和研究，程序进行中的探讨和交流及结案后的总结积累，是律师们成功办案和积累经验的共同心得。相反，若承接事务时缺乏应有的研判、预判准备，承接事务后体现不出持久的工作热情和诚信力，比如，对顾问单位事务、法律公益项目等疏于精研和准备，那么一年半载还行，时间长了就疲疲沓沓，就会使人感觉靠不住；执业各环节的掌控既涉及程序正义理念的精深体会，又要求具体操作方法的娴熟。如果不注意分析程序进程时日情势而适时采取果断举措，如调查申请、阅卷会见、延期举证、反诉、多次

① [印] 米尔思等. 律师的艺术——如何赢得你的案子 [M]. 刘同苏，译. 北京：中国政法大学出版社，1992：235.

② [印] 米尔思等. 律师的艺术——如何赢得你的案子 [M]. 刘同苏，译. 北京：中国政法大学出版社，1992：234.

③ [印] 米尔思等. 律师的艺术——如何赢得你的案子 [M]. 刘同苏，译. 北京：中国政法大学出版社，1992：28.

开庭等，在法理法条、证据事实上、操作步骤上准备不足，反应不快，势必会影响诉讼质量。无论是 1924 年毕业于哥伦比亚法学院的美国著名律师路易斯·尼察，还是 2001 年美国哈佛法学院的教授、律师艾伦·德肖微茨，他们时隔遥远，但对律师出庭的告诫却是一致的："准备工作做得无论多充分都不为过。"① 非独出庭，好习惯乃是律师最基本和最本质的准备。

五、口才文笔都重要

律师的语言表达能力即口才，体现在律师提供法律服务的过程中，是律师智慧的表现。律师发言、讲话要有前提、论据和结论意识，要注意思想逻辑结构，要运用理性分析方法，要有清晰的话语能力，像"这个""那个""另外还有""你知道吗?""再有就是"等口头禅过多，应有的信息量不足，知识点不清，缺乏含"金"量，缺少"硬壳菜"，话语就缺少说服力。文字能力也是律师的一项基本功。"文不当，故吉凶生焉。"② "修辞立其诚，所以居业也。"③ 如果不注意写作技能、不注重文章修养，只满足于法条的扩张解析和法律文书标本的掌握，就不能制作出高质量的法务文书。例如，有的法律文书结构、字句未经推敲校对，就呈送当事人及相关机关，出了漏洞也不奇怪。"言之无文，行而不远。"当然，语言文字技巧的学习离不开日常生活中留心、用心学习积累的好习惯，美国律师就很欣赏中国一句俗谚："好记性不如烂笔头。"④ 而我们一些律师开会开庭讨论案情，没有做笔记的习惯。美国辩护大师 F. 李·贝利曾告诫同行，谈吐文雅与文笔流畅，对于成为一流辩护律师而言，必须同时掌握，缺一不可。⑤ 这是好习惯养成的难点、重点。

---

① 黄家乐，李炳成. 律师取胜的策略与技巧［M］. 赵怀斌，编译. 北京：中国政法大学出版社，1993：111. 本书是 1996 年底，我去有陕西"小江南"之誉的汉中市参加一个高校党建工作会议，休息时在离汉江不远的一个书店买的，当时省城大书店尚未见此书，后来执业时常读此书。

② 《易经·系辞下传》。

③ 《易经·文言传·乾》。

④ 黄家乐，李炳成. 律师取胜的策略与技巧［M］. 赵怀斌，编译. 北京：中国政法大学出版社，1993：126.

⑤ ［美］F. 李·贝利. 舌战手册［M］. 苏德华，林正，译. 北京：新华出版社，2001：41-42.

六、非学无以广才

我们正处于信息时代，学习型社会建设之中，律师的知识获取、积累非常重要，知识储备不足，智库亏空，就会陷入“巧妇难为无米之炊”的窘境。所以，我们要勤于学习，不仅要学法律，还要学经济、学科技、学英语、学政治，特别是与所承办案件有关的生动、具体的活知识。如果不惜时如金加强学习，缺乏学养积淀，乐于轻松享受，几个概念当作万金油，则难能在行业里长久立足和发展壮大。有执业经验但不善于通过执业笔记、办案小结、执业著述予以总结，难以惠泽于人，也无益于行业和事业的发展。

习惯成自然，好习惯玉汝于成。想成为卓越法律人才，想成为优秀杰出律师，朋友，我们就应从良好习惯的养成开始，从而尽心尽力、尽职尽责，为建成小康社会和构建和谐社会，为需要法律的人们提供精良的服务。

荣辱观与律师执业的思考

荣辱是人类生活的道德现象，是社会生活主体的内心感受、体会，也是社会生活主体间的道德规范，更是社会环境对社会生活主体行为进行道德评价的标准体系。

管子讲“衣食足而知荣辱”，孔子说“知耻近乎勇”。可以说，我们的古人很早就注意到荣辱这种社会道德现象，并且已认识到这种道德现象与人的物质生活条件、生活状态密切相关，这是朴素的唯物主义的认识。19世纪，恩格斯在《英国工人阶级状况》中、马克思在《资本论》中都科学地指出：“在一极是财富的积累，同时在另一极，即在把自己的产品作为资本来生产的阶级方面，是贫困、劳动折磨、受奴役、无知、粗野和道德堕落的积累。”多么深刻而发人深省。

改革开放以来，我国综合国力日益增强，人民生活水平逐步提高。但因社会经济生产、生活方式、体制变革和转型，道德传统与现实道德活动，自身道德体会与客观道德评价，各种道德现象与多元道德观念也经历着深刻、复杂、剧烈的变化。我们看到了民族美德在传承，雷锋精神在发扬，也耳闻目睹了为富不仁、食言而肥等道德滑坡、沦丧现象。2006年3月4日，胡锦涛在全国政协十届四次会议民盟、民进界委员联组会上紧密结合当代我国社会生活实际，提出了以“八荣八耻”为主要内容的社会主义荣辱观，概括精辟、寓意深刻。律师执业活动于社会的方方面面，对此感触深切。物质决定意识，功利影响道德，但意识的规律、意识的作用也不容低估，道德意识对道德主体的活动的影响和评判关系重大。英国文学家阿诺德甚至认为“国家的进步受道德因素的支配”。我们律师也知道，不少法律孕育生成于道德之中，而且律师执业道德规范对律师也有道德知识、规范、操守的明确要求。中外皆然。所以，律师执业活动中诚实信用、见利忘义、遵纪守法、违法乱纪何者荣，何者耻？应有其特别的关注、体验和评价的方法与标准。荣是符合社会公众道德要求的一种心理、思想的愉悦和满足，而耻则是违背社会公众道德要求的一种心理、思想的羞愧。有道是“沉船侧畔千帆过，病树前头万木春”，所以，从案件办理中观察、思考、理解他人行为中的道德内涵及意义，从自己法律工作、实际生活的道德体验中，绝大部分执业律师对以诚实守信、遵纪守法为荣应当说有充分、深切的理解和体会，而且与其他法治建设者一道在实践着这样的道德观。但不以见利忘义、违法乱纪为耻、为辱的执业律师也确实存在，道德在他那儿成了说教，法律在他那儿成了可被玩弄的空文，道德实践遭鄙夷，道德操守受嘲笑！浑道德法治之水，摸满足私欲之鱼。学习胡锦涛在全国政协十届四次会议民盟、民进界委员联组会上的讲话，对这些现象我们不能不警醒，不能不批驳。扶正方可驱邪。当然，现实更需要我们每个执业律师以“八荣”为指导，不断实践，以“八耻”为警戒，防微杜渐！更好地为民众和社会公正服务，建设和谐的小康社会，为促进社会的科学发展而努力。

法治尊严不能承受“示众”之重*

我认为，一些部门，部分公众对违法、犯罪人员通过媒体等进行“示众”，以示教育、惩罚，甚或以儆效尤的道德动机、初衷可能是良好的，但“示众”的做法却存在许多问题。

首先，公民在法律面前一律平等是宪法原则之一，法治的治国策略与实践，要求我们用法治的眼光看待每一个社会事件，要求我们以正当程序为引导、用符合公平正义理念的我国现行有效的法律来解决纠纷与争端。违法、犯罪行为固然是对社会秩序的挑衅和背离，但对这种行为的处理与制裁却必须遵守正当程序的法律原则和实体性法律法规的规定。“示众”是什么？让人联想到水浒故事和《巴黎圣母院》，是封建糟粕。“示众”既非法定刑种，又不是法定处罚方式之一，既没有实体性法律法规的规定，又没有相关程序的规定，没有法律依据！这是恣意的结果。所以法治不能承受“示众”之重。

其次，近现代以来，社会文明进步的重要标志是承认每个人都有自己的尊严，与生俱来。包括违法、犯罪者，这也是检验社会文明程度的方法之一。“示众”违背了公平报应、规范报应的基本原则，也可能背离报应的目的。可能让人一失足成千古恨而失去活下去的尊严。所以尊严不能承受“示众”之重。

---

* 刊发于天津《每日新报·新警法·法理》第25版，2006年5月22日。此文讨论上海女硕士乱穿马路被交管录像“示众”惩罚是否违法。

在统筹与优化的环境中执业

我们知道，党的十七大报告在论述坚定不移发展社会主义民主政治时要求优化司法职权配置。如何优化司法职权配置呢？通过对科学发展观的深入学习，通过对自己执业活动的回顾与总结，我认为统筹兼顾对优化司法资源配置有极其重要的意义，我们应当予以认真学习和研究。

“统筹兼顾”是指从全局出发，通盘筹划，照顾到各方面及其相互之间关系的一种科学的思维方法。“优化”是指通过选择使结构达到最好的功能状态。统筹与优化，前者是思想方法，是理念指引；后者是方法标准，是措施要求，两者有因果规律的联系。古语讲：“不谋全局者，不足谋一域。”在实际生活中，人们也反对一叶障目，只见树木不见森林。唯物辩证法也认为世界是普遍联系的，现代系统论也讲要科学把握全局。所以党的十七大报告继承马克思列宁主义、毛泽东思想中关于科学发展的思想精华，与时俱进，结合邓小平理论和中国特色社会主义发展实践提出的科学发展观及统筹兼顾的思想方法，给我们指明了优化配置的方向和方法。

法律是生活的“翻译”，也是思想智慧的结晶。我国诉讼制度中公、检、法的分工，两审和审判监督制度的运行，其制度价值的实质就是为了保证执法人员的思想对案件事实认识的科学，对是非曲直评价的正确，因为“一个巴掌拍不响”，因为“事有两面，河有两岸”，因为“兼听则明，偏信则暗”，因为矛盾，有矛有盾，有矛无盾，有盾无矛，不叫矛盾。我们试想，不统筹兼顾我国政治、经济、文化、社会的综合情况，不统筹兼顾当代我国社会矛盾、纠纷复杂、激烈突现期的各种情况，不统筹兼顾我国公、检、法、律师在社会主义法治事业中的角色、功能，不统筹兼顾我国律师在刑事、民事、行政三大诉讼及非诉业务中的特殊功能，不统筹兼顾公、检、法、律师在每起案件中的证据事实的认定和法律理由的辩说，不统筹兼顾我们每个律师自己的生活、家庭、学习、身体、业务发展，不统筹兼顾事务所人力、物力、财力等方方面面的情况，司法职权的配置就得不到最大的优化，最终将影响对案件的认识和处理，影响社会的改革、发展和稳定。所以，统筹兼顾既是优化司法职权配置的根本思想方法，也是关涉司法制度创制、优化配置司法职权的指导思想。职权乃社会公共资源，虽为政府等各部门领管，但应由全社会公民共享。司法职权属于社会公共资源，配置科学、合理、合法的司法职权才能发挥其应有的、正当的最大效用，从而保证社会的公正。

比如，因为民事纠纷产生于民间，所以民事诉讼中通过谁主张谁举证的制度设计，才使得法官免去过度职权主义之嫌和大量的事无巨细、证无巨细的调查取证活动，从而节省司法资源，将注意力置于对当事人及其代理律师所举证据的仔细认真的审查和认证上，保持其相对的独立、中立的权威裁决者的形象并培养当事人自己的法律意识、法律素养。再如，行政诉讼中要求法官对被诉行政机关就具体行政行为所举的用以证明其行为合法的证据进行程序和实体的审查，这既督促了行政机关先调查取证，后依法决策、决定、执行，又免去了行政相对人自证违法的逻辑尴尬及调查的重复和行政资源的浪费，也使审判机关避免因给行政机关事后“补证”而浪费司法资源和独立、中立、公正地位的丧失。而涉及公民人身自由、财产幸福的重要的刑事诉讼更是如此，律师及时的会见，律师的调查取证和举证、质证特别是以激烈言辞对抗为特色的律师与公诉人的辩论，要求法官倾听双方，审慎判断，从而保证司法人员及时准确地纠正关乎公民人身自由、财产幸福的错误。相比较而言，在三大诉讼结构中，对不穿制服、不吃皇粮、相对弱势的律师如果不能从统筹兼顾的理念出发，通过优化诉讼结构的相关规则赋予并保障律师的充分执业权利，那么整个司法职权的优化就会大打折扣，司法职权的运行就会受到负面的影响，社会法治文化环境就会让人彷徨，甚至非议，经济生活等都会受到不利的影响。因为“法律的历史表明，没有职业律师阶层就不可能存在法治”。①

回顾党的十一届三中全会后三十年我国民主法制建设的进程，总结我国

① ［美］约翰·麦·赞恩．法律的故事［M］．刘昕，胡凝，译．姜渭渔，校．南京：江苏人民出版社，1998：114.

社会主义法治建设与时俱进、快速发展的特点，我们会看到这是一个司法职权不断在调配、优化的过程。但是，不符合科学发展观的提法、做法也不乏其例。大家是否注意到，在我们执业的过程中，有过分注重收费收案，忽视案件办理水平和结果的情况；有过分注重大案要案知名度，忽视普通当事人的凡人琐事小案件的情况；有过分注意法条套用，而忽视结合具体案情全面理解法条、法意的情况；有过分强调自己一方当事人的权利意识和利益呵护，而忽视另一方当事人的实际生活、人权状况的情况；有过分注重个案的法律技巧效果，不考虑、不顾及案件社会效果的情况；有过分注重与同行的业务竞争，而忽视行业整体的形象维护、长期发展的情况；有过分强调与公、检、法人员的职业、教育背景、知识技能共同，甚至利益均沾，而忽视相互监督，甚至相互利用以致违法犯罪的情况……

随着实践的发展，对如何科学发展，科学发展的方法与标准是什么，中国特色社会主义法学、法治理论如何研究和发展，律师行业科学发展的方法与标准是什么，律师行业与其他行业如何协同发展、科学发展等方面的感觉、思考常常萦绕党员律师的心怀。很多律师也感到，已有的技能、过往的经验与科学发展观的要求都有距离……在全国上下深入学习科学发展观的时候，在全国上下保民生、保增长、渡难关、共克时艰的时候，每个执业律师科学发展的愿望、要求从未如此主动、强烈和迫切，我们多有激励、多有感动，甚或惶恐因学习不足而掉队。通过自学和支部组织学习，我认为，党员律师应当主动地、自觉地在第三批学习活动中结合我国当代社会主义法治实践，结合社会主义法治理念的学习实践活动，结合律所和我们自己的实际情况，深入学习科学发展观，在依法执业中显示出科学的魅力与智慧。

律师或可“低碳”执业

当律师努力围绕我国以经济建设为中心的大局而依法服务却看到铺摊子、上项目、产能过剩，经济结构积弊难返时……

当律师为“我消费我存在”的现代社会的消费者积极维权并成为消费者，却看到消费中过度包装、垃圾围城、消费庶几浪费时……

当律师驱车奔波于公司、企业等法人机构和其他经济组织之间，却看到他们在为努力做大做强而不断占地投资、建厂生产、消耗资源时……

当律师忙忙碌碌、急急匆匆闻着汽车尾气、穿梭于被重度污染之气体围裹着的钢筋、水泥的立交、大楼丛林时……

当律师西装革履、驾车、通信、写作法律文书而不自觉也在排放二氧化碳时……当律师伴随现代化、法治化、城市化、信息化、网络化为不使自己落伍而努力学习新法律、新科技、新经济时，低碳经济却已比法律概念成为人们更加熟悉的概念，渐行渐近，影响我们的生活。碳——C，一种非金属元素，无臭无味的固体，是构成有机物的主要成分；二氧化碳——CO_2，无机化合物，无臭无味的气体，不燃烧，密度比空气大，能在高压低温下变成液体或固体。低碳要求通过产业调整、新能源开发、技术创新、制度创新等多种手段，尽可能减少煤炭、石油等高碳能源消耗，减少温室气体排放。低碳经济一词源于2003年英国能源白皮书《我们能源的未来：创建低碳经济》，是低碳发展、低碳产业、低碳技术、低碳生活等一类经济形态的总称，是从高碳能源时代向低碳能源时代演化的一种经济发展形态。2009年1月，我国实施《中华人民共和国循环经济促进法》确定减量化、再利用、资源化原则。2009年底，在童话之都哥本哈根世界气候大会上，中国政府承诺到2020年单位国内生产总值二氧化碳排放比2005年下降40%~45%。可能有律师会认为那是资源、能源消耗、浪费的问题，是生产工具与自然对象之关系是否和谐的问题，是生产技术发达、文明与否的问题，是社会经济基础里的事情，与操公平正义之术而为社会权利义务之规则服务的律师及其执业活动相去较远，但实际上，低碳经济与法律、司法和律师的执业有很大的关系，因为低碳生活贯穿于节电、节油、节气、生产、经营、工作、出行活动方式、消费理念及行为等法治社会的日常生活之中。低碳生活旨在倡导公众环保和社会责任理念，故对于我们律师来说，这既是生活的态度和方式，也是法律适用过程应当注意的方面，更是责任的担当……律师或可低碳执业。

为什么说或可而不是必然呢？因为律师是否能低碳执业，不只取决于律师的意愿和行为，还主要取决于律师执业的环境：律师如果可凭委托手续、律师事务所公函、执业证及时、直接会见除涉及国家机密的其他刑事被告，如果律师不能在侦查阶段一次成功联系到陪同会见的办案警官并及时会见，他可能要在律所与公安机关之间来回跑上几遍，委托人也可能从工作单位或家中多次开车、乘车去找律师，而多跑一次，无疑会导致汽车尾气多次排放和其他消费活动的频繁发生；如果律师尚不能在审查起诉阶段不经检方在专用会见许可函上盖章准见即可独自前往看守所依法会见，那么，律师无疑就会多次开车、乘车、绕弯路，至少去联系办案检察官一次，拿到一张法律并未要求使用，但却被浪费使用的准见纸函；如果律师不能向公、检、法以电话方式询问案件程序进行及案卷移送情况，而非得开车、乘车去公、检、法

用执业证、律师事务所公函、当事人委托书证明自己身份后才可得到确凿的一句话的消息；如果公检法机关没能与时俱进，及时设立服务律师会见、阅卷、转递资料等诉讼事务办理中心类的相关机构；如果一个案件不能经一审、二审得到公正解决，而不得已成为再审案件、抗诉案件，甚至涉法上访、群访、缠访、闹访案件，没完没了，那么，律师执业活动中是否能够低碳？的确还是两可之间的事。因为在实际执业活动中，律师为拿到一页纸，等待一个空闲的会见室，见到一个办理此案的人员，说明几点代理意见、辩护意见上已然写明的理由来回多次奔波，耗油耗纸、费电的事，实不少见，况有“佘祥林、赵作海”这样的案例……有时真让人感到美国法理学家迈克尔·D. 贝勒斯在其专著《法律的原则——一个规范的分析》中所说“诉讼纯粹是一种损失”① 不为虚语。

话说回来，每个人要对自己的行为负责。低碳从自己做起，也不是没有门径的事儿，切莫怨天尤人。比如，人说病从口入，实际上碳从口出，中国每年生产一次性筷子消耗木材约 130 万立方米，如果这些木材锯成普通厚度的木板，可以铺满 37000 个标准足球场，我们在消费时是否注意到这一点了呢？再如，睡眠状态下的电脑耗能量可以减少 50%，我们外出会客、办案时是否注意到让自己的电脑睡眠了呢？还有，一台复印机一夜耗电量可以复印 5300 张 A4 纸，我们忙碌一天回家时是否注意到关闭电源开关呢？拉丁法律格言说“因止则果息”（Cessante causa cessat effectus）“法律助明不助庸”（Vigilantibus，non domintibus，jura subveniunt）。律师是理性规则的认知、解释、适用者，是法律人，也应当是明白人，我们不但应当参与包括企业碳排放交易在内的环境权益交易谈判，起草碳排放、二氧化硫、COD 等排污交易的协议书，还应当与科技文明为伍，并为环境文明而严以律己，努力去低碳执业。

---

① ［美］迈克尔·D. 贝勒斯. 法律的原则——一个规范的分析［M］. 张文显，译. 北京：中国大百科全书出版社，1996：29.

律师们的“十二五”

中共中央关于“十二五”规划建议公布了。

“十二五”显然是个时间、时段概念，但时间、时段又从来不是一个单纯的概念，大家都知道人类在时空隧道中蹒跚前行，因此，在时间、时段中我们有很多的事要做，有很多的故事要发生……

“法没有自己的历史。”[①] 法的确已融入了民族的、经济的、政治的、文化的、社会的历史中了。律师职业也是这样，律师伴随着国家、政府、成文法、警察、法官的出现、发展而衍生、绵延。19 世纪 40 年代，中国的讼师、师爷在被船坚炮利的列强虎视鹰瞵、瓜分豆剖的背景下进行了艰难的涅槃、苦涩的转身……

1978 年，真理标准大讨论是以追求民主与科学为宗旨的五四运动以来，中国思想史上的又一次大转折、大进步。中国律师行业和当时其他待兴的行业一样，也缓慢地发展起来了。彼时，是我们这个东方传统大国迈向现代化的“六五”计划时期，《中华人民共和国律师暂行条例》在“六五”计划期间实施了。由此，律师们走过了改革开放的八十年代、九十年代，走过了计划经济向有计划的商品经济、社会主义市场经济的过渡、转变。此间，律师走过了“七五”计划、“八五”计划，走过了颁布第一部律师法、确立依法治国方略、加入世贸组织、举办奥运会、举办世博的“九五”计划、“十五”计划（此前，叫计划，之后就改叫规划了）、“十一五”规划……

“任何人不能超越自己的时代。”[②] 转眼，我们律师都是“十二五”规划

① 中共中央马克思恩格斯列宁斯大林著作编译局．马克思恩格斯全集（第三卷）［M］．北京：人民出版社，1960：71.

② ［俄］赫尔岑．科学中华而不实的作风［M］．北京：商务印书馆，1962：94.

中的人了，每个律师都不能脱离开这样一个规划，而且我们还要在宏大的社会规划中规划我们自己的规划：您是刚拿上实习绿本的律师，您在“十二五”规划中的“一五”规划是什么呢？是找个好一点的律所，从头干起，林肯、丹诺、施洋都不是名所里的律师，还是跟着名所大律严师踏踏实实学点经验、方法、思维方式，长点学问，扬起自己的执业风帆。您是从业十来年的律师了，小不小，大不大，您在“十二五”规划中的“二五”“三五”规划是什么呢？是上个台阶，做个合伙人，办个律所，当当老板？还是广交朋友、多办案子，解决票子、房子、车子等生计和发展的迫切问题呢？还是避免执业风险，稳稳当当一个台阶一个台阶地往上爬呢？还是不断学习，把办案和学习结合起来，把物质与精神的协同文明结合起来，用自己的专业知识服务社会经济结构调整、发展方式转变和参与社会管理创新，化解社会矛盾呢？您或是执业二十年左右的律师了，是黄金时段的律师了，您在“十二五”规划中的“四五”“五五”规划又是什么呢？是梳理好各方面人脉关系，巩固合伙人的团结，欣慰地看着自己曾付诸心血的日渐发达的少壮律师、后续人马，把事业做大并可平心静气地保证自己“常在河边走，就是不湿鞋”呢？还是不失法律专家、公共知识分子、社会活动家之身份，热衷民生正义、公益法律事务，力推国家法治些微进程，规划立德、立功、立言的自我价值的最大实现呢？

太空望远、璀璨星海，宇航遨游、地球只有一个，上帝不愿再造；芸芸众生，养生仁术、灵丹妙药、人生仅此一世，父母会渐渐老去……一是无穷的开端，一是无穷的极限，人们或将它减缩，或将它增扩，它是永恒的变量，如同我们只有一本执照，却代理各种各样的案件，调处各种各样的纠纷。现在是不讲计划经济了，并不是说社会、经济、政治、文化、环境不需要规划，有道是“吃不穷，穿不穷，打算不到一世穷”，不科学统筹、仔细规划不行！“人生七十古来稀”，其实，刨去我们必须保证的吃、喝、拉、撒、睡和九年义务教育、三年高中、四年大学的时间及几年的“漂泊、游击”，我们需要规划并在规划中进行有效益的活动、工作的时间仅有二三十年而已！规划脱离我们的东西差距、南北先后、城乡区别、贫富分化的国情不行，规划脱离我们行业存在的人治与法治之争、规则与潜规则之较量、打官司与打关系相抗衡的社会背景不行，规划脱离科学发展观指导下的统筹兼顾的方法不行。我们要学习和熟悉国家的规划，从文本到精神，把握社会经济文化政治生活中改革开放、与时俱进、快速发展的重大特点，在利益多元、纷争惯见的时期，在社会矛盾凸显、纠集期，在我们进行诉讼、非诉讼活动时，在彰显我们自己的才能、品格时，努力使“十二五”规划中的社会正义更加光辉起来！至少应使社会正义与规划中的 GDP 协调起来，共同发展。

营商所需与司法供给

在全面深化改革和即将全面建成小康社会的背景下，为给经营商贸提供更加有力的司法服务和保障，最高人民法院近日围绕我国社会主义市场经济的主体、准入、交易、退出、信用等方面，就人民法院切实发挥审判职能提出了22项意见。意见以问题为导向，解答则体现了司法对经济自由、平等、秩序等的不懈追求。

司法与经济是个常说常新、与时俱进的话题，问题不断，答案亦新，如历史唯物主义哲学家所说："当口头流传下来的历史开始的时候，经济就已经存在。"而由来已久的经济生活又孕育滋养了经济、社会活动的规则并使之源远流长，繁盛庞杂。的确，"如果说民法准则只是以法律形式表现了社会的经济生活条件，那么这种准则就可以依情况不同而把这些条件有时表现得好，有时表现得坏"。虽然汉代理财专家桑弘羊主张经济活动应"开本末之途，通有无之用"，明代改革家张居正提倡"厚农而资商""厚商而利农"，但近代为与列强抗争，洋务实业兴起，亲历其间的改革家梁启超却感叹"中国人最长于商，若天授焉。但使国家为之制定商法，广通道路，保护利权，自能使地无弃财，人无弃力，国之富可立而待也。今每举一商务，辄为之奏请焉，为之派大臣督办焉……况乃奸吏舞文，视为利薮；凭挟狐威，把持局务，其已入股者安得不寒心，其未来者安得不裹足耶?"非独近代有此困局，与民休养、轻徭薄赋也兴，侵夺民利、横征暴敛也亡，史上多见其例。

与以自然条件作息的农耕、农业社会的自给自足经济不同，与以家庭、行会为单位的集市、城镇中的简单商品生产买卖也不同，现代化法治社会的营商等经济活动大都是受制度约束的。制度不仅塑造了一个个从事营商的主体，还规范着营商活动的各主体间的行为关系，把整个社会的人力、能源、物力、资源都纳入自己管理的范围之内。营商等经济活动都受制度的引导、约束，甚至是支配。一方面，如亚当·斯密断言“每个人都不断地努力为他自己所能支配的资本找到最有利的用途”；创办给乞丐贷款的银行，曾获诺贝尔经济学奖的孟加拉国经济学家穆罕默德·尤努斯认为：“穷人是‘盆景人’——他们的种子没有任何问题，只是社会从未给他们的成长提供合适的土壤……我们要创造一个能让他们发挥能力的环境。一旦穷人释放出他们的能量和创造力，贫困就会迅速消失。”另一方面，“人像动物一样，服从着社会的各种法则，但是除此之外，他还能积极地参与创造和改变社会生活形式的活动”。“法律助明不助暗”，法学家则自信“法律是培养人的进取精神，释放出人的能量的工具”。可见，经济与法律和司法的关系是十分密切的。

“穿衣戴帽各有所好，萝卜白菜各有所爱”，丰富多彩的需求引得市场琳琅满目，当然，“一切事情毫无例外的是为人的意图而做的”。社会史证明“一切社会变迁和政治变革的终极原因，不应当到人们的头脑中、到人们对永恒的真理和正义的日益增进的认识中去寻找，而应当到生产方式和交换方式的变更中去寻找；不应当到有关时代的哲学中去寻找，而应当到有关时代的经济中去寻找”。思想深邃而文笔风趣隽永的房龙在《人类的故事》中发现：“经济制度也像外科手术与妇女的时装一样千变万化。”所以，营商活动的特质决定了司法供给而非相反，这当属基本事实的判断。在市场经济中，是由体现人的自由意志的契约把人和人、人与物、人与财富联系起来的。哲学家黑格尔的目光透视法认为契约双方当事人互以直接独立的人相对待，所以契约从任性出发；契约是共同意志；契约的客体受当事人单纯任性的支配而被割让。市场经济发达史证明，体现市场主体与主见、自由与自治的契约“既是对自由观念的实现，又是最大限度实现个人自我主张的手段。其基本目的是，打碎束缚人们的桎梏，让他们尽可能自由地行动”。这些浅显直白也最为本质的阐释，突出了自由意志和规则秩序的统一，可让我们理解市场经济为什么是契约经济，而其本质又是自由经济……我们走过“松绑”“放权”“增强活力”的改革道路，但不时也还纠结一管就死、一放就乱的迷局，而对于经济可能要如社会学家波普尔所言，我们应用更多的自由代替更多的服从和制裁。研究1945年以来世界经济的学者也指出：“经济增长与其说建立在政府的意志和官员的能力之上，不如说建立在企业领导人开发更先进的技术（如在信息领域）和开拓更广阔的市场（营销学不仅仅是一种时髦）的技能之上。”经验的历程决定了认识的水平，在我国，市场经济迟来后到，社会主义市场经济则是摸索独创。因此，全面深化改革，实现“让一切创造社会财富的源泉充分涌流，让发展成果更多更公平地惠及全体人民”，就必须继续解放生产力、鼓励创新，肯定市场主体应备的自由、平等、产权、交易及规则理念。所以，最高人民法院《关于为改善营商环境提供司法保障的若干意见》规定：“依法审理各类合同案件，尊重契约自由，维护契约正义……通过裁判案件以及适时发布指导性案例等形式，向各类市场主体宣示正当的权利行使规则和违反义务的法律后果，强化市场主体的契约意识、规则意识和责任意识。”衣食住行、柴米油盐、生养死葬等是基本的经济活动，其中大量关涉营商的纠纷案件启示我们积极思考司法与经济及法庭控辩与营商供求，并回答何为物尽其用、货畅其流、人尽其才，什么是民事活动中的意思自治、诚实信用。因为商品是天生的平等派，市场经济尤以自由为其圭臬，所以司法保自由者勤劳致富之驾，护自由者诚实信用之航才是市场经济乃法治经济的正解。

教育家强调：“供不应求或物质稀少是引发经济活动的基础。”政治学家也发现“在任何类型的社会中，人们都必须相互供应：社会就是一个相互供应的网络”。历史上，在短缺经济时期，我们曾经说过发展经济，保障供给；无疑，在法治社会“我们都是法律的用户，我们享用的这种产品的质量，在我们生活的每一个环节上，都直接影响着我们”。所以现在我们要说发展法治，保障供给。借用《时间笔记》中有道理的说法：“大多数人认为政治秩序和安全是让市场带来经济繁荣的先决条件，而政府的作用就是提供这些条件。”仅2016年，各级人民法院审结民间借贷案件142万件，商事案件334.7万件，金融案件105.3万件，保险案件10.7万件，知识产权案件12万件，不正当竞争和垄断案件1802件，破产兼并、股权转让等案件1.4万件，涉外商事案件6079件，审结非法集资、金融诈骗等犯罪案件5.8万件，判处罪犯7.2万人……正是人民法院通过民事、行政、刑事司法方法，用依据让人信服的证据进行逐个识别与调整的有效方法，检视、修正市场主体的意思与行为、意志与结果，进而高效、权威地供给营商关于公正的诉求。所以，只有努力使每一个市场经济主体在每一个涉及营商的案件中都感受到自由、平等、财富，都得到公正的待遇，那我们的社会主义市场经济制度就会显示出耐人寻味的魅力。

法眼看危机

危机指严重的危害到成败生存的关头。[①] 这种攸关成败生存的关头是人们不愿面对的，但的确又是人们有意无意招惹而来的。

金融危机由美国的假账危机、次贷危机逐步引来，并由美国影响至欧洲、亚洲，如多米诺骨牌一般。面对危机，各国政界首脑、经济界智识之士，见仁见智，多有感言。危机的成因是人们探究的重点，人们认为找到了原因，就可以克制结果，因为结果已经和必会表现在资金流淌过的工、商、农业的很多方面。所以，其牵涉的方方面面的人都有感言，法律人自然也不能失语于当下……

危机就是通过法律的社会控制出现了法律难以规制的社会矛盾、混乱和纷争；危机就是作为社会连带基本表现的法律连带关系出现了阻绝与断裂；危机就是社会运行之诚信保障的法律诚信的扭曲与背弃；危机就是社会资金流渠之堤的渗漏与溃决；危机就是金融活动领域民商事法律行为瑕疵的总暴露、大曝光；危机就是交易活动的缔约各方诚意与实力的普遍不足、虚脱和违约行为流行和非法律法治化；危机就是房贷、买卖、贸易等普通民商事活动带来的纠纷泛化为社会问题而又不易被引入正当的法律纠纷解决机制；危机就是当事人之间的诉求与答辩散逸出了法律能够承诺和救济的范围；危机就是法律问题经济化；就是法律问题政策化，并将使法律方法的通俗化、直白化、去技巧化……法律人的法眼可以和应当看出危机的法律意义，法律社会学意义。专业给你以角度，社会则是它的视野……

面临危机，何以应对？问题促使我们思考，思路和方略亦得以形成。党

① 商务印书馆辞书研究中心. 新华词典（2001 年修订版）（大字本）［M］. 北京：商务印书馆，2001.

和政府结合我国实际已出台了大量方针政策，政策之中，蕴含着法的灵魂和深刻的价值判断和选择。作为法律服务工作者，笔者以为，我们应充分考虑结合目前危机中的具体形势及个案情况，特别注意在纠纷解决的机制中的依法而灵活的执业，在个案中寻找和把握好各方的利益平衡点，促进社会实质公正的实现。在处理一些法律事务时，应当更加注意法律方法的区别和慎用，免使方法伤害了目的，如集团诉讼的引导、调解工作的进行、破产程序的启动、查封措施的采取、强制执行措施的选择等都应有所考虑，考虑危机背景下的法律措施的社会后果，积极努力法律效果与社会效果的统一。应当更加注意在法律服务中宣传普及风险意识、安全意识、法律意识，预防危机带来危难、危困、危险，乃至雪上加霜。

如比利时哲学家、综合法学派代表人物佩雷尔曼所言："没有价值判断，一个人不可能从形式正义前进到具体正义或实证正义。"① 的确，每个法律人都应牢记党的事业至上、人民利益至上、宪法至上，以社会主义法治理念为指导，善于运用和谐的方法、化危为安的方法处理民商事案件，甚至刑事案件，这在危机时期就显得十分重要。

---

① 薄振峰．当代西方综合法学思潮［M］．北京：法律出版社，2005：167.

“烧烤”的法律意义

——以《天津市公园条例》为例

2011年1月6日，为了促进公园事业的发展，建设生态宜居城市，提高人民群众生活质量，根据有关法律、法规，天津市第十五届人民代表大会常务委员会第二十一次会议讨论通过了《天津市公园条例》（以下简称《条例》），本条例称公园是指具有良好的园林环境和较完善的设施，具备改善生态、美化环境、游览休憩、文化健身、科普宣传、应急避险等功能，并向公众开放的公益性场所。《条例》在第五章游人的权利与义务的第二十八条规定“游人应当履行下列义务”，其中第（六）项规定“注意公园安全提示，不得在非游泳、垂钓、烧烤区域游泳、垂钓、烧烤”。笔者以为，其中“烧烤区”“烧烤”等字词概念从立法语言逻辑、法律适用解释方面都有或可商榷之处，故撰文与名师方家、业界同人探讨，以期进步于学问争鸣。

烧烤乃一种食品烹饪方法，[①] 指“烧制或烤制的肉食品的统称”。[②] 属于餐饮服务行业工作方法，烧烤与烹饪、餐饮是种属关系，烧烤是种，烹饪、餐饮是属，种在属内。这不是文字游戏、烦琐论证，这是法学、法律工作的最基本的方法——文义解释，“法律条文系由文字词句所构成，欲确定法律的意义，须先了解其所用词句，确定其词句之意义。因此，法律解释必先由文义解释入手且所作解释不能超过可能的文义。……解释法律，应当尊重法条文义，始能维护法律的尊严及其安定性价值”。[③] 解释法律能使法律具体化，具体适用于

---

① 中国社会科学院语言研究所词典编辑室．现代汉语词典［M］．3版．北京：商务印书馆，1996：960.

② 中国社会科学院语言研究所词典编辑室．现代汉语词典［M］．3版．北京：商务印书馆，1996：1111.

③ 梁慧星．民法解释学［M］．北京：中国政法大学出版社，1995：214.

某一具体案件或事件，而具体化是科学活动的基本特征。马克思曾说：“法律是普遍的。应当根据法律来确定的案件是个别的。……法官有义务在把法律运用到个别事件时，根据他在认真考察后的理解（又译‘对法律的诚挚理解’）来解释法律。”① “嫦娥应悔偷灵药，碧海青天夜夜心”“天街夜色凉如水，坐看牵牛织女星”，这是人类的童话、神话、幻想，而哈勃望远镜、阿波罗登月行动及神舟飞船则是科学活动了，多么具体，具体到一分一秒和每一个螺丝钉……公园为具有良好的园林环境和较完善的设施，具备改善生态、美化环境、游览休憩、文化健身、科普宣传、应急避险等功能，就要预防和制止影响、妨碍这些功能实现的行为和做法。凡有火、冒烟、有味、有废弃物，影响公园环境的餐饮行为都应属被禁之类，然《条例》在第二十八条第（六）项单独规定“不得在烧烤区域烧烤”。烧烤仅为有火、冒烟、有味、有废弃物，影响公园环境的餐饮行为之一，但若行为人不搞烧烤而搞炒菜、烧卖、火锅等其他有火、冒烟、有味、有废弃物，影响公园环境的烹饪行为、餐饮活动，则将如何对待处置呢？可见，通过解释烧烤，我们发现烧烤的外延不能涵盖相同本质的更多影响公园环境的情形。“此桥危险，不准马车通过！”然有一人架驴车经过、驾机动车通过则又当如何呢？“释义学的任务则是要在有意义的一切关系中解释意义的全体。”② 所以，只禁烧烤，值得推究。

固然，自以为打了一辈子胜仗也不如自己亲自主持制定的《法国民法典》，那么辉煌的拿破仑在看到关于法典的解释的著作时，这个在立法时立志要让法国农民在油灯下读懂法典的皇帝、军事家曾感叹：“我的民法典死了！”“在某些情形下，任何词语都可以认为是意义不清的，需要解释的。”③ 法律解释学是法学发展的生命，曾几何时，民法学一度被称作法律解释学。法律需要解释，法要经得起解释，且不限于文字解释，还有法意解释、目的

---

① ［德］马克思．关于新闻出版自由和省等级会议辩论情况的辩论［A］．（又译《第六届莱茵省议会辩论〈第一篇论文〉》）．中共中央马克思恩格斯列宁斯大林著作编译局．马克思恩格斯全集（第一卷）［M］．北京：人民出版社，1995：180-181. 笔者在此之所以不嫌烦琐地引述不同的译法，就是从另一个角度反映我们在不断对经典作家的作品进行解释。文本在被解释，存在就是我们不断的解释。

② 张汝伦．意义的探究——当代西方释义学［M］．沈阳：辽宁人民出版社，1986：223.

③ ［英］戴维·M. 沃克．牛津法律大辞典［M］．北京社会与科技发展研究所，译．北京：光明日报出版社，1988：463. 此书是笔者于1990年代购于兰州市秦安路教育书店。

解释，甚至反面解释等技术性解释方法。“所谓解释，是指把表面看起来不明确的某种事项的意义予以明确化。”① 解释可以发现文字表显的法意漏洞、逻辑的漏洞，更主要的是解释还可以修补这些漏洞，当然有些漏洞则需通过立法修补。我国法史悠久，法解释学也一度发达，晋时张斐就曾解释：“其知而犯之谓之故，意以为然谓之失……三人谓之群，取非其物谓之盗，货财之利谓之赃。”② 话说为了纪念第二次世界大战胜利，有军人团体将一辆荣归军用吉普置入某市区中心公园内供游人观瞻，然公园管理者依据市政委员会关于禁止所有车辆进入或停放在公园的规定将军人团体诉至法庭，认为他们违反了规定，一时间聚讼风云。法官认为，公园禁止车辆驶入的目的在于防止汽车的噪声、排气可能给具有良好的园林环境，能改善生态、美化环境、游览休憩、文化健身等功能的公园带来不良影响。然停放在公园里供游人参观的军车却不具有带来不良影响的作用，无碍于公园管理规定之目的的实现。法官驳回了公园的起诉。法官在适用公园条例时通过文字并对文字的目的作了令人信服的解释。

拉丁法律格言有云“解释词语旨在发挥其效用”（Verba cum effect accipienda sunt）。我们通过解释法律并评价法律，可以推动法律的发展，可以使法律条文中的词句更加明确、具体，可以使法律条文在适用过程中不再产生歧义，可以使法律条文因持久有效而深入人心。如果将“烧烤区”“烧烤”修改为“餐饮区”及“烹饪”，那么，该条“游人应当履行下列义务”中的第（六）项就成为“注意公园安全提示，不得在非游泳、垂钓、餐饮区域游泳、垂钓、烹饪”。那么，在非餐饮区包括烧烤在内的其他诸如产生火、烟、泔食、包装等废弃物、污染物的行为都应得到劝止、制止、禁止。因此，公园的环境保护理念将更加先进、更富有内涵，保护角度将更加灵活、全面，保护措施的依据会更加充分并留有解释的空间和余地。这就是我们法律人关于解释学的独特的想象力！“那么什么是解释学的想象力呢？它是对于问题以及问题所要求于我们的东西的敏感。”③

① ［日］大村敦志．民法总论［M］．江溯，王轶，译．北京：北京大学出版社，2004：68.

② 《晋书·刑法志》。

③ ［德］伽达默尔，杜特．解释学　美学　实践哲学：伽达默尔与杜特对谈录［M］．金惠敏，译．北京：商务印书馆，2005：11.

社区“病症”的法律“处方”

——社会矛盾化解、管理创新的一个视角

社区一般指城市街道办事处或居民委员会活动范围内的地区，是社会以某种特征划分的居住区，它具有地理的、经济的、社会的特征。整个社会是由一个个规模不等的具体的小社区组成的，社区是整个社会的不同程度的缩影。社会政治、经济、文化、环境建设及生活中的方方面面的特点、问题，如教育问题，就业、失业问题，分配问题，贫富分化问题，贫困人员救助问题，医疗保障问题，腐败问题，黄、赌、毒问题，犯罪及青少年犯罪问题，人口问题，环境与资源问题等，既有发展的新问题，又有体制的旧问题，既有感官层面、浅层次的现象问题，也有深层次、思想认识的文化问题、价值问题，这些问题多多少少都在社区中有其反映和体征。社区问题即社区“病症”。“制度被开发出来解决社会问题”[①] “法律是诊断和解决纷争的手段”[②]，它虽非救治社区“病症”的灵丹妙药，但也是多种解决问题方法中常见、通用、关键的方法，是和依法治国大背景、大环境相适宜的方法，是具有普世价值的“处方”。

一、社区常见“病症”

（一）由婚姻关系带来的亲情、财产关系综合“病症”

成家立业是社区居民人生生活过程的重要内容和主要关节点，人们“成

---

① ［美］乔尔·查农．社会学与十个大问题（第六版）［M］．汪丽华，译．北京：北京大学出版社，2009：61.

② ［日］西原春夫．刑法的根基与哲学［M］．顾肖荣，等译．北京：法律出版社，2004：133.

家”主要在社区，“立业”主要在社会单位，成家之后，居民家中的诸多问题都会在社区有所表现，如某社区王某、朱某，婚后王某的父母赠给王某一套房屋，由王某、朱某共同居住。2008 年，朱某父母因病去世，无遗嘱，留有一套房屋由朱某继承。2009 年 8 月，王某父亲去世，分得遗产 50000 元。2010 年 6 月王某、朱某离婚，双方有一个 10 个月的男孩。再如，社区一老年夫妻，结婚已逾半个世纪，子女成家立业都在外地。本应安度晚年，但近两年，妻子却发现丈夫与社区一单身女子关系暧昧。这类纠纷在社区比较常见，既牵扯婚姻法律关系，又牵扯财产法律关系，还与未成年人、老年人保护的法律有关，如不能稳妥解决，无疑会发生争吵甚至互殴，既会影响双方家长、亲戚、朋友和左右上下邻居之间的人际关系，也会影响社区生活环境。

（二）社区老年人权益“病症”

我国 60 岁以上老年人口于 2009 年已达 1.6 亿，而且老年人口规模巨大、老龄化发展迅速、未富先老、保障不力的特点明显。赡养、住房、积蓄等财产享有、继承等老年人权益保护的问题十分突出：2008 年底，张老以原公房拆迁款 50 万元购买了一套 80 平方米的房屋。后张老希望大女儿一家搬来陪他安度晚年，但大女儿表示照顾老人须先将老人房产的产权证变更到自己名下。老人不假思索便将房产证过户到大女儿的名下。2010 年 6 月，女儿在拿到产权证后不仅不搬过来陪老人居住，反而以房主身份欲将老人赶出家门。还有一些“啃老”案例，如自己不工作或失业没有收入、没有住房，不但不积极想办法，还一味依赖老人养活；利用老年人舐犊之情、谦和退让、不了解相关法律知识的弱点，以赡养、陪护、照料老年人生活为名，在赡养、住房、积蓄等财产享有、继承上骗得老人同意后，虐待、遗弃老年人。所以，老年人对诸如房屋等重要财产处分，应作必要的书面约定，请相关专业人士把关，以便最大限度地保护自身的合法权益，保护好自己的“三老”，即老本（积蓄、退休金）、老友（老伴、好朋友）、老窝（房屋）。

（三）房屋等重大财产处理带来的“病症”

改革开放以来的显著特点是经济的快速发展，是人民群众实惠的不断获取，然而社区居民在购买添置房屋、轿车等重大财产时与交易各方形成法律关系并带来诸多问题，还有房屋装修、社区卫生、配套设施、社区管理等问题而导致的“病症”发生。比如，退休老人以子女名义贷款买房，实际上由自己用退休金、公积金付款，但后来子女不愿照顾老人，却主张房子归自己所有，与老人无关。再如，社区居民张、李是邻居，张的客厅和李的卧室相对较近。2009年夏，张给客厅安装了空调，空调室外机正对着李的卧室窗户。空调打开后热风会吹进李的卧室。李多次找张协商解决，张却认为空调安在自家墙壁上，李无权干涉。当代城镇社区居民楼房居住方式决定了其空间方位的相邻关系，而两个或两个以上相邻不动产占有人、使用人对不动产行使占有、使用、收益、处分权时，本应相互间给予便利与接受限制。但因居民的“地主”意识、物权意识逐渐生成并不断增强，传统中“远亲不如近邻，街坊不如对门”“千金买邻，八百置舍”及反对以邻为壑的文化教化、熏陶也逐渐淡化，所以，占有、使用权矛盾就以多种方式不断表现出来。殊不知，人类社会的历史和我们现在的生存状态都已证明，“社会从一开始就是对占有权的调和”①。

二、诊治“病症”的法律“处方”

虽然因为综治工作、普法工作的坚持；因为解决社区矛盾、化解社区纠纷的工作制度、机制的创新与健全；因为社区工作干部素质、解决纠纷的能力不断提高；因为解决纠纷的方法、途径有所丰富，社区管理逐渐成熟。但在社会转型期的利益关系、人际关系都在发生复杂而深刻的变化，社区“病症”的形式、特征在每个社区都会有不同的表现、不同的“症候”。所以，我们以创新管理体制，化解社会矛盾为指导，用法律解决常见矛盾的意识与能力，方法与技能还有待提高。

（一）“处方”产生的程序

第一，缓解纠纷当事人情绪。因为物质财富的增长并不必然地能带来精神财富的增长，道德水平与能挣会花并不成正比关系，特别当人们将自己的注意力集中在如何使自己的物质财富不断丰富，物质欲望不断满足时，精神财富的增长通常不会被人们的思想、行动所顾及。所以，我们经常会看到楼层高、文化低，房子大、度量小，享受优、德行劣，物质在享受、精神在颓靡的现象。社区工作者在介入时应注意纠纷当事人的文化、心理、情绪等背

① [美] H. G. 威尔士. 文明的溪流 [M]. 袁杜，译. 南京：江苏人民出版社，1998：357.

景、时机、气氛和火候，注意让纠纷当事人先坐下、喝杯茶、消消气、慢慢说。应注意听他或他们先后、分别说而不是一齐说，我们不可能也不能在咆哮与乱吼中解决纠纷。处理纠纷要始终记住自己是“了事的”，而非“添乱的”，语言要文明规范。比如一社区干部A因对无理纠缠社区干部B的妇女说了句“母老虎”，结果该妇女转身又与A争吵对骂起来。再如有一社区干部因劝阻两位因遛宠物狗而发生冲突的业主时说了句“甭人仗狗势”，结果遭到两位居民的围攻……

第二，基本的程序意识。程序是事情进行的步骤、次序，[①] 是一件事情在时间、空间上按先后顺序展开和进行的制度安排。程序意识就是解决、处理纠纷、矛盾应注意按时空先后逻辑顺序进行的意识。我们都说“有理不在声高”，但怎样使高声相争者先后发言、分别说明、先后申辩、分别辩解，也有一个顺序、次序问题，这就是具体的程序，没有这样的程序意识，面对纠纷可能无从下手，甚至将自己也卷入纠纷。面对“公说公有理，婆说婆有理”，各不相让，势争高低的情形，解决问题者不但要有摆事实、讲道理的意识，而且一定要有摆事实在先，讲道理在后的先后次序意识。

第三，中立意识。对待纠纷，物业委员会人员、社区居委员会人员，特别是街道办事处干部，应明确自己是协调者、说和者、评判者、管理者，自己是基层政府人员、人民调解人员的角色和地位。管理人员要有超脱的意识、态度与方法，保持、持重自己不偏不倚的中立地位，与任何一方当事人都保持适度的距离。所以，应注意在面对两家、几家、多家纠纷时，自己是中立者、一定范围内的评判者、决断者，想“一碗水端平”，就要在理性指导下依法评论、发表意见，切忌未见实事，先入为主，发表评论，切忌以个人好恶标准看待纠纷、看待纠纷当事人和评论是非。“一手独拍，虽疾无声”，不可留下“拉偏架”、不公平的嫌疑和印象。

（二）注意“处方”的合法、合理性

第一，注意收集证据，证据即证明纠纷发生、发展的原因、过程、结果的客观事实材料。“邻居眼睛两面镜，街坊心头一杆秤。”“瞒天瞒地，瞒不了隔壁邻居。”“有文便不斗口。”“千年纸墨会说话。”社区工作者应当有笔

---

① 商务印书馆辞书研究中心．新华词典（2001年修订版）（大字本）[M]．北京：商务印书馆，2001：123.

录意识，该听的听完，该看的看完，该记的记下，注意让当事人写份事情经过的书面材料。写的过程中当事人会整理思路，渐趋理性。让他尽量把纠纷、矛盾、事实情况具体化，固定下来，否则，“传言过话，自讨挨骂”“舌头底下面挂马蹄”，你会被市民社会的含混不清的俗语、熟语、口头语所左右，缺乏甚至失去分析、掌握情况的稳定性、客观性。所以，要注意先听事实、看事实、找事实，存有事实，而不是急于发表意见、评论。注意用拍照、给在场人作谈话记录等方式，把纠纷牵扯的事实经过记下来，给自己评判事实、是非留下第一手证据材料。

第二，社区干部等管理者应熟悉婚姻、家庭、继承、合同等常用民事法律，注意用相关法律、法规、社区业主公约、手册分析自己听到、看到、掌握的事实、证据，分析纠纷中的是非。“一人主张，不如二人商量”，注意集体研究、论证甚至找专家论证，与相关综治部门协作配合。注意相关条款中的概念、字词含义。比如某社区干部在创建卫生社区时将业主窗前院中的杂乱物品交废品收购站，业主提起诉讼，认为社区干部有权清理，无权处理，应赔偿遗失物品。“清理与处理”仅一字之差，街道承担了部分责任。

第三，注意“处方”的方式。方法决定目的。社区干部解决社区矛盾纠纷，应有自己的“处方”，“处方”的字词句文应经得起论证、推敲。事实、证据的说明要充分、确实。法律、法规、社区公约、业主手册等的引用要具体、明确。还要熟悉各类纠纷“官断公了”的途径，正确指引，如劳动争议去仲裁委，如帮工纠纷、借钱不还纠纷去法院，婚姻纠纷去民政局、法院，轻微伤害等简单民事纠纷去司法所、律师事务所、派出所等。指引不正确，居民走了冤枉路，回过头来会怨你“瞎指挥”！

综上所述，笔者认为：社区虽小，问题不少，是非冲突，纠纷吵闹，怎么处理？方法重要，主动有序，搞清事实，依法说理，褒贬妥当，综治维稳，才能打造平安社区。

律师服务滨海新区开发开放的思考

20世纪七八十年代，我国尚处改革开放起始阶段，尚处计划经济向有计划的商品经济过渡时期，兴办深圳、海南等经济特区，开发浦东主要依照和运用政策及比较粗疏的法律、法规办事。而背靠京津冀、面向环渤海、东北亚的天津滨海新区开发开放则是在改革开放取得辉煌成果、丰富经验之后，在《宪法》规定“国家实行社会主义市场经济”之后，在中国加入世贸组织之后，在《宪法》规定“中华人民共和国实行依法治国，建设社会主义法治国家”之后，特别是在天津市第九次党代会确定科学发展、和谐发展、率先发展的奋斗目标之后。所以，在这样的背景中进行的开发开放将有诸多的法律问题等待和要求我们共同探讨。本文便是一个尝试。

一、关于主体的法律问题

开发开放的主体就是实施开发开放行为的行为者。谁是开发开放的主体呢？这是个政策问题，但从法治的角度说这又是个法律问题。因为市场经济是国家法律认可的多元利益主体自由、自主、不断竞争的经济，所以开发开放的主体应是符合法律要求的诸如公司等多元利益的主体，的确“一切事情毫无例外的是为人的意图而做的”。[①]

市场经济是满足人之欲求的经济，也是法治经济。市场形成之初，正本清源十分重要，而各类企业等市场主体就是本和源。否则，市场的发展、经济的繁荣都会留下致命的隐患。实证证明，因一些地方搞开发开放时没有把好“入市关”“主体关”，一些不合格的主体入市后违法违约、食言而肥，

① ［德］弗里德里希·奥斯特瓦尔德．自然哲学概论［M］．李醒民，译．北京：华夏出版社，2000：13.

骗子经理、皮包公司极尽坑蒙拐骗之能事，一时成为经济发展的公害，不少地方耕地撂荒、农民流浪、开发区只见圈地不见开发的事例屡见报道。所以，对参与天津滨海新区的开发开放者，应依法予以考察、调查。招商必须招合法并具备法定资质的商，而非虚拟空壳、浑水摸鱼的商。引资也必须引充实到账、上游干净的资。若是公司，则按照《公司法》要求考察其注册资本、经营业绩等；若是乡镇小企业，则依照《乡镇企业法》调查，看一看能力究竟怎么样。外国公司也不能例外，有合资、独资、合作企业法可依。这样才可将经济、文化、社会发展举措置于健康文明的基础之上。

二、关于行为的法律问题

引资、融资、用地、盖楼、建厂、招工、产销、服务、修公路、铺铁路、建民航、修深水港、营造生态宜居型的绿色滨海等开发开放行为是经济行为、科技行为、市场行为，更是受法律规范的民事经济法律行为，法律之所以能规范行为，是因为法律具有秩序和安全的价值，这种价值能够保证开发、开放者的行为有序、成果安全。有法不依，行为就会无序乃至冲突而不和谐，行为的后果就会失去安全的价值。比如，投资盖楼而不依据《土地管理法》《城市建设规划法》《房地产管理法》《建筑法》，楼盖起来了，但却可能与相邻方发生冲突，甚至是违章建筑，面临被强制拆除的风险。可见，有法不知、知而不执、执而不严的行为不具有法律安全性、秩序性。

市场经济史就是契约发展史。市场经济就是法治语境中的契约经济。滨海新区开发开放之际，《合同法》已实施九年，《物权法》也已实施，这两部旨在调整财富归属及财富交易的法律是社会主义市场经济的支柱和基础，是在我国改革开放后制定的《民法通则》《经济合同法》等法律的基础上，结合改革开放的实践，借鉴国外先进立法、司法经验，斟酌损益、反复讨论后制定实施的。所以，参与滨海新区开发开放者的大小开发行为都应适用这两部法律，开发开放者之间，开发开放者与开发区双方、多方之间的具体、明确的权利义务都将通过合同紧密地联结起来、规范起来。比如，在8个产业功能区、空客A320系列飞机总装线等开发项目中开发者开发行为的责、权、利等都将由具体的合同文本予以确定。所以，反映市场经济规律的平等、自愿、公平、诚实信用、守法的原则以及物权法定，物权优先，所有权制度、用益物权制度、担保物权制度等规范开发开放者法律行为的原则和制度将被人们更加熟知和广泛运用。

管理开发开放的行政行为也是开发开放行为。用什么管理、怎么管理，影响着开发开放行为，依法行政就是基本的、正当的管理。这里的政，就是党中央、国务院决定开发开放滨海新区的战略和天津市委市政府的具体部署，这里的依法行政就是通过法律的公开、公平、公正的程序和方法，保障开发开放行为有一个良好的政治经济社会环境和开发开放战略及具体部署落到实处。开发开放工作的效率十分重要，如何提升行政效率呢？行政程序规则的作用不可低估，在国家尚未出台统一的行政程序法时，是否可以通过地方人大立法的形式制定一部旨在促进天津市滨海新区开发开放的地方性行政程序法规，以保证、督促各行政部门提高效率、廉政、勤政。只有将程序规则与实体法律的规定结合起来才能实现管理的目的。比如，立项修路，由市政经听证后，规划决定，但谁来勘探，谁来筑路，还得依《招标投标法》，正当程序可以阻止暗箱操作、权力寻租。

司法行为无疑是开发开放的保障行为。开发开放不可能没有纠纷，大到大项目、大工程的合同履行问题，小到开发者内部合同工资纠纷、工伤赔偿问题，乃至贪污、挪用开发资金的犯罪活动，都会诉诸法律。司法行为是在开发开放行为发生纠纷，协商、调解还不能定分止争时最后的保障行为。所以，司法是否公正，与开发开放息息相关。一个不公正案例的恶劣影响，会胜过纠纷涉及的价值。开发开放意味着大投资，毋庸讳言，在大多数善良的群众、干部殚精竭虑谋划实施开发开放方案、计划、步骤时，伺机索贿、受贿、挪用、贪污的犯罪分子也会拨打起自己恶欲的算盘。俗语“白酒红人面，黄金黑世心”岂是虚语！所以，为保证开发开放的血液般的资金，为保障开发开放的成果和经济繁荣、社会文明，各种破坏经济秩序的犯罪和贪污、贿赂、渎职犯罪都应引起相关部门的高度重视和依法惩处，从而确保滨海新区开发开放有个稳健的法治环境。

三、关于环境的法律问题

古语虽说仁者爱山，智者爱水，但现实是“冒烟就意味着就业”“污染却带来了政绩”。无独有偶，诺贝尔经济学奖得主诺思也认为：“个人或是群伙都受到一种不考虑一定成本的激励，这造成资源的过度利用，以致其继续存在或许都受到了威胁。"① 现在一些区域解决环境问题的难度，不亚于人们当初千方百计、竭尽全力积极开发时的工作难度。痛定思痛，人们经开发开放造成环境恶化，再到环境治理后认识、总结出了尖锐而现实的环境法律问题。所以，天津市滨海新区开发开放能否过好技术水平关、资源消耗关、环境保护关，有效遏制生态环境恶化的趋势，营造一个生态宜居新城区，保障新区开发开放与空气、水土、植被等生态环境相和谐，这不只是一个环保技术问题，更是一个法律问题。"我们连同我们的肉、血和头脑都是属于自然界，存在于自然界的；我们对自然界的整个统治，是在于我们比其他动物强，能够正确认识和运用自然规律。"② 所以，我国最高立法机关早已关注涉及空气、地表、地下三大部分的环境问题，我们有关于空气的《大气污染防治法》，关于地表的《水土保持法》《水污染防治法》《土地管理法》《森林法》《野生动植物保护法》《固体污染物防治法》《建设项目环境影响后评价管理办法（试行）》《文物保护法》，关于地下的《矿藏资源保护法》，特别是有了关于人的活动与环境关系的《环境保护法》以及强调在生产、流通和消费等过程中进行减量化、再利用、资源化活动的《循环经济促进法》。能否按法律规定执行呢？比如现投资搞个大项目，能安排很多人就业，预计利税可观，但投资款仅够买地、建厂、购置设备、一段时间的开工和支付工人工资，而无资金落实《环保法》规定的"三同制度"，即防污工程应与生产工程同时设计、同时安装、同时使用。怎么办？是一鼓作气上项目，还是以科学发展观为指导，把人与环境相和谐考虑进去，把可持续发展战略考虑进去，遵守"三同制度"，让这个项目等一等呢？

问题带动科学，法治实践，律师实务推动思考继续。法治的理性要求我们以独特的视角去观察和思考本能般的现象和常识性的问题，借此，法律人的价值才被认可和得以彰显。传正义之道，解法律之惑的律师如何回答和解决这些问题呢？

笔者以为应当首先抓紧、坚持研究型的学习。因为中国当代社会信息化、全球化、城市化趋势异常快速、新旧体制更替、嬗变频繁且激烈，民主

---

① ［美］道格拉斯·C. 诺思．经济史上的结构和变革［M］．北京：商务印书馆，1992：92.

② 中共中央马克思恩格斯列宁斯大林著作编译局编译．马克思恩格斯选集（第三卷）［M］．北京：人民出版社，1992：518.

法治进程总体在推进和进步。“世易时移，变法宜矣”“律师靠法律过活”。法在演变，我国政治经济社会的形势、滨海新区开发开放的形势也在变化。律师欲为法律知识、技能之师，就得研究、学习关于社会、关于经济、关于政治、关于文化科技的很多东西，比如绿色经济、低碳经济等，否则自己的知识就会老化、失效，自己就会落伍。

其次，笔者认为律师应当保持智慧型的勤奋。与制定规则的立法者不同，与国家机关的执法者、司法者不同，律师活跃于社会民间普罗众生之中。规则的比较与选择、利益的权衡与考量、思想的揣摩与把握、自己的稳健与纠纷各方的恰妥，都在要求并训练着律师特有的智慧与勤奋。在富有挑战创新的环境中，在新客户、新业务层出不穷的执业过程中，在繁忙的法律事务活动中，律师只有在勤奋工作中充分发挥自己的智慧，才能在开发开放的工作中创造新的辉煌。

法治文明、文化的软实力，越来越被人们重视，因为法治文明蕴含的秩序与安全是社会其他文明活动得以发生与进行的基本条件，是经济增长、发展的基本环境保障，如同空气、水分一般。人及人的财富都需要安全，这是人及人的财富对任一文明社会、区域最低限度的心理及理性要求，毫不过分，而法治恰能回应、承诺这样的要求。“不以规矩，不成方圆”“入国问禁，入乡问俗”，现代社会也不能外。律师是这种软实力中不可或缺的一部分，律师应当与其他方面综合作用，服务大局，在推动天津市滨海新区开发开放中发挥最大力量。

启蒙还是蒙羞？

李庄案在是与非、白与黑、诉与辩、罪与非罪、上诉与撤诉、认罪与否认的较量之后，终于有了说法，但申诉又已开始。其间，许多律师关注的不少疑点、焦点、争点，甚或亮点见诸各种媒体。或许是因为打黑除恶的背景，或许因为公、检、法、司部分人员涉足黑道的犯罪链条在重庆系列案中如此典型而集中，或许因为李庄乃首善之区的北京名律……“只眼须凭自主张，纷纷艺苑漫雌黄。矮人看戏何曾见，都是随人说短长。”① 普及新的知识、思想，使初学的人得到基本的入门知识，使人摆脱愚昧和落后状态即为启蒙。实际生活中往往正是通过一些实事、几个事件、某些状况甚至一个细节的发生而使人启蒙，使人获得当下、此在的真理、常识。

一、有斯事方有斯理？

事实或对事实的认知是启蒙的钥匙、启蒙的开始。古希腊法律格言“法律产生于事实”（Ex facto jus oritur）与上面这句中国哲学史上的名言有异曲同工之妙。因为道理来源于客观事实，纠纷来源于实际利益，因为普遍的事实蕴含普适的道理——正义，而不是相反。实事求是，事实在先，求是在后，承认事实，方可求是，背弃实事，岂可求是！以事实为依据，以法律为准绳，事实在先，法律在后，法律准绳不能没有可供衡量的事实！事实在先，雄辩在后，事实胜于雄辩。所以，不尊重事实者就难能受益于从事实中产生的正义。安泰不得离开大地。恩格斯在《反杜林论》中曾说：“根据事实得出的结论常常不免是尖锐的，甚至是无情的。”很多案件不都是因为事实难觅，事实被掩饰和歪曲而使正义很生气、法律很着急吗？

---

① 赵翼：《论诗·其三》。

二、谁都不是正义的化身，而恰却是正义怀疑和评判的对象！

因为包括本是公平、正义之术的法律亦有善法、恶法之辨析与辩驳，故遑论以打击犯罪，保护人民为其职责的一些公安民警沦为黑老大，遑论以控诉犯罪、保护人民为其职责的个别检察官与犯罪分子沆瀣一气，遑论还有以定罪量刑、惩罚犯罪为其职责的少数法官沦为审判席下之囚。法律职业人以身试法的案例足堪启法治之蒙，因以身试说，功用独特！所以我们大可不必因李庄案而呼天抢地，徒增忉怛，甚或认为“法治沉沦”。其实，据全国律师协会统计，全国发生的律师伪造证据、妨害作证等案件的共计 109 起，进入审判程序则有 49 起，其中终审判决有罪的有 32 起，占 65%。无独有偶，在美国也不例外！集教师、律师、作家和学者于一身的美国当代最有名、最直言不讳的律师艾伦·德肖微茨在《致年轻律师的信》中就告诫我们：“监狱里就关着许多律师，他们错误地认为那些道貌岸然的无赖支付了一大笔律师费，并经常请他们吃豪华大餐，就成为他们的知心朋友了。……如果你没有逾越律师与朋友的界限，他是没有办法的。但如果你逾越了，那他的办法就多了。毕竟朋友为朋友做的事情不应当是律师为当事人所做的。”① 经验无论是痛苦的还是愉快的，它对有自知之明者或对尊重前车之鉴的旁人都有非同小可的启蒙意义。

三、曲学多辩吗？

启蒙是具体的。“给每个人应得之分，不要伤害别人，诚实生活”是曾一度用法律统一世界的罗马的法律格言，其产生于市民——万民社会纷繁复杂的诸多纷争案件判例之中，是启蒙的戒律。“应得之分”系事实本有，罪是触犯刑律、危害他人和社会之行为的应得之分，刑是罪的应得之分，不要

---

① ［美］艾伦·德肖微茨．致年轻律师的信［M］．王楚明，汤家芳，译．上海：上海人民出版社，2004：76.

2007 年国庆节时，笔者一家三口去北京图书大厦游览，在一楼法律书柜上，我看到此书，仅剩一本，我买后即在图书大厦外的椅子上坐下，一边等在儿童图书区选购图书的妻儿，一边认真读了起来，那天秋高气爽、风和日丽、凉热宜人，大厦外较少嘈杂，这本仅有 103000 字，被列入诲人不倦丛书系列的书信体的小册子，我一口气竟读了大半。后来饭后茶余，我还经常翻看。好书不在字多，好将不在兵多呀！

试图添、企图减，否则罪刑不称，有人会愤怒；“伤害”是对三才之一——人这一最大事实、最大主体、最大对象的损害、毁坏和玷污，加害者得不到制裁，伤害者得不到抚平，有人会哭泣；而不“诚实”，则就是谎说事实有无和对事实的否认、对事实的掩饰、文过而饰非，那将被事实压得喘不过气来。无此通识，恐为曲学而多辩。有道是“己是而人非，己不与人辩，辩则失礼。人是而己非，己不与人辩，辩则礼理皆失”，前半句似乎还可商榷，后半句无疑为社会生活屡试而不爽。辩论、辩护达到这样的境界，可能就是经济的辩论，科学而且有效的辩护。

四、游戏有规则，但规则是严肃而不可戏弄的！

尊重和奉行人们自己选择的规则是游戏得以持续的保证，因为参与游戏者都不愿看到那些不尊重规则的人“滥竽充数”，游戏其间，进而坏了规矩，“坏了一锅汤”。所以，规则是不能被戏弄的，否则有人将蒙羞即遭受耻辱！且慢说法律职业人同室操戈如何云云，更甭提执业律师互相攻讦又怎的怎样。丢弃规则，贬悖规则至上意识，人类都将回归丛林，露出“尾巴”来，捡拾起丛林规则强出而弱没。

问题与思考

——刑事案件庭审中的律师与法官

1996年刑事诉讼法在明确公诉人控诉、律师辩护、法官裁判三方诉讼结构的同时，进一步区别了三方角色并加强了三方功能。检察官积极主动控诉犯罪，法官由曾与检察官一道控诉犯罪区别为倾听与裁决。律师则由国家工作人员转而区别为社会法律工作者，并从立法上加强了他为犯罪进行辩护的功能。三方角色的功能在庭审活动中一般有较为集中和典型的表现。结合多年实践经验、感悟及刑事法理论学习，我想从问题与思考的角度谈这样几个方面：

一、"一诉就判"

因为保障人权、明确羁押期限、反对超期羁押等一系列制度的实施，"抓人容易放人难"的问题延续流变为"一诉就判"。检法两家配合有余，监督不足。庭审，这一至关重要的诉讼程序在日复一日、年复一年的法官的思维定式及习惯性操作中被淡化、虚化，律师辩护成了走过场。疑罪从无、无罪放人并不现实可行。一诉就判的意识与诉讼实践使法官中立、倾听与裁决的功能和律师辩护的功能都未真正发挥。究其原因有以下几点：(1) 忽视人权、缺乏尊重和平等对待每一个人包括有罪错的人的意识，缺乏人文素养和情怀。(2) 对实现正义的程序方式的价值没有充分的认识。(3) 诉了不判，有一个谁对谁错的现实问题及国家刑事错案冤狱赔偿问题，这种压力钳制着有错必纠的机制和功能。

二、"你辩你的，我判我的"

客观地讲，刑事诉讼法及最高法院的若干规定对律师在法庭上的辩护权的保障是比较充分和具体的，但实际执行中也确实存在“辩护不辩护一个样”的问题。究其原因有以下几点：（1）虽有部分律师未提出有效的辩护意见，但律师若干有效辩护意见未被重视、未被倾听、未被采信则是主要的原因。（2）因律师“下海”，其身份的社会性甚至市场性凸现，在官本位意识占主导地位的环境中，部分法官对通过辩护而获取报酬谋生的律师存在职业心理上的优势感，对律师在庭审中的不可或缺性并无充分认识，辩护人位卑言轻，定罪量刑由法官说了算。

三、“律师靠法律生活”，但法律的某些空白足以导致律师尴尬

随着经正规学历培养的公安、检察人员的增加，随着罪刑法定原则的深入普及成为常识，罪名之辨（辨析、辨别罪与非罪，此罪与彼罪）比量刑之辩（从轻、减轻、免除处罚的辩护）少了许多。法庭之上关于量刑的从轻、减轻、免除处罚的辩护成为辩护的亮点。而我国刑法关于量刑的法定、酌定情节的规定比较粗疏。被害人过错、被告人一时激愤，被告由于经济生活的极端困难，被告人照顾的人将失去照顾等很多从轻量刑的情节都付之阙如。无前科、初犯、偶犯、坦白、悔罪等很多从轻量刑的酌定情节是否被采信仍带有或然性、偶然性。因为没有法律明文规定的支持，所以律师的辩护是否被法官采信完全取决于法官的刑事司法水平和其对量刑情节的把握。此时，庭审中律师与法官的关系因辩护与采信的规则不明、不确定而变得比较微妙和脆弱。

四、证据规则未出台，证据确凿与否的标准不明确

因阅卷范围有限，因对律师取证保障不力且有律师伪证罪即《中华人民共和国刑法》第三百零六条的顾虑，特别因证明标准不够详细、具体，所以在“打官司就是打证据”的法庭审理活动中，律师的辩护常显乏力和没有后劲。法官居中主持庭审，不便于向律师援手。最终影响了庭审质量。2006年11月的第五次全国刑事审判工作会议后，最高法院已考虑着手研究和制定刑事证据规则，这是进步。但相较于民事、行政诉讼证据规则，关乎公民生命与自由的刑事证据规则的出台明显晚了许多。

五、“文章千古事，得失寸心知”

庭审活动是直接的、激烈的言词活动，辩护人的辩护言词反映了其辩护思想、观点，包含着其对法理、法条的理解，对证据证明力的分析和判断。书面辩护意见是重要的法律文书。文字映入眼帘，进入脑海影响每个阅读者，法律判决书更是如此。高质量的判决书对辩护意见给予重视，经分析、论理予以肯定并引入采信的段落或否定部分观点，但不少判决书对辩护人的意见不提、少提，甚或不经分析、论理概然否定。被告人，特别是被告人的亲属及公众在阅读判决书后，看不出辩护人的观点和其在法庭上的作用。辩护人在法庭、法官心目中的地位体现在判决书中，并影响着每一个看到他的人。

无疑，随着我国刑事法治建设的进一步发展，随着社会主义法治理念学习和实践的深入，更多的问题将逐步得到解决。每个执业律师都应乐观而坚毅地相信这一点。

刑辩不懈学、研、宣*

——以两篇时评为例

2013年10月，全国刑事审判会议召开前夕，《人民法院报》第二版发表了笔者题为《充分发挥律师防控冤狱的积极作用》的司法时评，2014年4月，媒体曝出原健力宝董事长张海“越狱”案，最高法院出台《关于减刑、假释案件审理程序的规定》，《人民法院报》在司法观察栏目发表了笔者题为《程序发力，还需良知随行》的司法时评。两篇时评先后被求是论坛、民主与法治、平安中国多家媒体转载。文以载道，裨益法治，源于刑事辩护实践对笔者的启示，也源于一个知识分子的社会责任，也在于编辑的责任心，更在于笔者关于刑事辩护律师不懈学习、研究、宣传的一些不嫌浅陋的思考。俗话说脑瓜子想、笔杆子写、嘴巴子说是律师的基本功。

如德国哲学家黑格尔所说“恶是历史的动力借以表现出来的形式”，亦如辩证法大师恩格斯学习并解释此话时说：“自从阶级对立产生以来，正是人的恶劣的情欲——贪欲和权势欲成了历史发展的杠杆，关于这方面，例如封建制和资产阶级的历史就是一个独一无二的持续不断的证明。”① 的确，有了人类社会，就有了犯罪现象，就有为犯罪分子提供法律帮助的辩护工作，刑事辩护工作是执业律师由来已久的传统业务、专业工作，并在为满足社会的需要进而不断传承、发展和出彩。

因为社会在发展、本能在活动、欲望在滋蔓，利益稀缺与争夺，犯罪现

---

* 笔者曾在天津市第六届、七届律协刑事辩护专业委员会担任委员、副主任，所以对刑事辩护多有研习而写此篇。

① [德] 恩格斯．费尔巴哈和德国古典哲学的终结 [A]．中共中央马克思恩格斯列宁斯大林著作编译局编译．马克思恩格斯全集（第四卷） [C]．北京：人民出版社，1972：233.

象的纷繁复杂、光怪陆离，社会主义初级阶段的中国，生产力在发展、生产关系在变革、社会在转型，社会矛盾新旧交织、更迭，错综复杂，犯罪与刑罚方兴未艾。犯罪的社会条件，主观动机、目的、手段及其危害和对犯罪的认定与处罚都有很多需要我们学习的科研理论与流派观点及其丰富的实践经验。说不尽的“世轻世重”“罪刑法定”，论不完的“罚当其罪”“罪刑均衡”，永远的“犯罪和刑罚”，不竭的“刑事司法艺术”……“非学无以广才”，不学习，就不熟悉、不掌握这方面的学术渊薮、学派源流，就不了解当代刑事科学思潮和司法经验，辩护工作就如无源之水、无本之木，没有厚积，焉能薄发？所以要不断学习。

我们长期从事的刑事辩护工作，始于与被告人家属、犯罪嫌疑人的交谈、签约和与嫌疑人、被告人的会见，与办案人员的交流，经阅卷、出庭准备及在法庭发表辩护意见，这既是程序性的工作，也是辩护人对犯罪、犯罪构成和刑事责任认识的逐渐明晰、明确的过程，有很强的操作性，所以有人甚至自觉不自觉地奉行、推崇操作主义，认为凡不能与操作相联系，不能由操作定义的概念，原理、理论都没有意义，它有注重实用的积极一面，但也潜藏着不注重探索，不注重研究新理念、新理论、新观点的不积极的一面。“爱好尚浅者爱好标准”①，标准有背景、深度和广度且其内涵会不停变化。今天用不上，不等于未来用不上，一时用不上，不等于永远用不上。实际上，法律总滞后于不断前行的社会实践，用刑事法律评价犯罪现象的活动需要我们不断地研究，否则，“熟练工”也有“赶不上趟”的时候！比如一些司法案例，就需要我们不断研究、挖掘其中的法律作用和社会意义，比如一些司法解释就需我们不断研究，学习其中更加鲜活的法治意向。刑法、刑诉法修订后值得研究的新情况就不少，典型的是2013年10月中央政法委发布的《关于切实防止冤假错案指导意见》，要求“对于定罪证据不足的案件，应当坚持疑罪从无原则，依法宣告被告人无罪，不能降格作出‘留有余地’的判决。对于定罪证据确实、充分，但影响量刑的证据存在疑点的案件，应当在量刑时作出有利于被告人的处理”“对于被告人及其辩护人提出的辩解辩护意见和提交的证据材料，人民法院应当认真审查，并在裁判文书中说明采纳与否的理由”。2013年10月9日，最高人民法院《关于建立健全防范刑事冤假错案工作机制的意见》规定“采用刑讯逼供或者冻、饿、晒、烤、疲劳审讯等非法方法收集的被告人供述，应当排除”“对于被告人及其辩护人提出的辩解理由、辩护意见和提交的证据材料，应当当庭或者在裁判文书中说明采纳与否及理由”“死刑案件，由经验丰富的法官承办”。其中刑法和刑事诉讼法中未充分表达而刑事审判又每每触及、莫衷一是，亟须“解渴”的生动、鲜活而需要研究的内容十分繁复。2009年至2013年，各级人民法院“审结一审刑事案件414.1万件，判处罪犯523.5万人，同比分别上升22.3%和25.5%”②，这里无疑有大量需要研究的辩护工作。公诉人的指控、法官的判决都不乏需要研究的东西。若只一味埋头操作而无暇或不愿研究，就如同不看货品与运输工具，只管搬运的人员，拿错货、装错车在所难免，总有吃不消的时候。刑辩一定要研究，学者型、研究型刑辩律师的成功有其独到优势。

---

① ［奥］茨威格．三大师传［M］．申文林，高中甫，译．杭州：浙江文艺出版社，2011：156.

② 数据来自2013年《最高人民法院工作报告》。

市场经济是注重宣传的经济，广告编织着我们的生活。“酒香也怕巷子深”，刑辩也需宣传。2014 年是邓小平同志诞生 110 周年，他老人家曾说：“我们这个国家有几千年封建社会的历史，缺乏民主和法制，现在我们要认真建立社会主义民主和法制。只有这样，才能解决问题。”① 面对“可以当律师的，当法官的，学过法律，懂得法律而且执法公正，品德合格的专业干部很少”② 的实际情况，邓小平视野开阔，注重学习和借鉴外国经验，指出“一般资本主义国家考法官、考警察，条件很严格，我们更应该严格，除了必须通晓各项法律、政策、条例、程序、案例和有关的社会知识以外，特别要求大公无私，作风正派”③。他宣传了民主与法制，宣传了律师。之后律师工作是在曲折中不断发展的，但律师的刑事辩护在我国持续健康发展的历史不长，虽然“文化大革命”后的律师条例和确立依法治国方略之后的律师法都规定在刑事诉讼中，辩护人根据事实和法律提出证明犯罪嫌疑人、被告人无罪、罪轻或者减轻、免除其刑事责任的材料和意见，维护犯罪嫌疑人、被告人的合法权益的职责，但还有一些法律工作者对此尚欠充分的理性认同和诚恳的情感接受，所以在经过大量刑事案件的辩护和“六五”普法之后的更多个以五年为周期的普法，刑事辩护律师的作用才会进一步彰显，我们有理由相信这一点，“念斌案”的刑辩律师在接受媒体的采访时就是注意宣传的最好例子。

学研宣，不简单，搞得好，功久远。这和其他工作一样，贵在长期坚持，不苟时日，耕读不辍；贵在它与公民权利保障休戚与共，需律师审慎担当。朋友们，我们都来注意和抓紧学习、研究与宣传吧。

---

① 中共中央文献编辑委员会．邓小平文选（第二卷）［M］．北京：人民出版社，1983：348.

② 中共中央文献编辑委员会．邓小平文选（第三卷）［M］．北京：人民出版社，1983：263.

③ 中共中央文献编辑委员会．邓小平文选（第二卷）［M］．北京：人民出版社，1983：286.

律所发展与管理的思考

在全面深化改革，推进国家治理体系和治理能力现代化的背景下，天津市律协律师事务所管理与发展委员会于2014年3月召开第一次全体会，笔者受邀参加，可谓业界群贤毕至，经沟通交流，多有感慨。

管理无时不有，无处不在。当家才知油米价，“治大国如烹小鲜”。小到家庭，大到国政，哪里有人与人的活动，哪里就少不了管理。一般如生活场景，大至企业盛衰，乃至家国发展，哪里有人与环境的关系，哪里就必须有管理。发展与管理关系密切，所以有关管理确值得下一番功夫认真研讨深思。管理确有本事大小，水平高低，成败得失之分。管理是一门学问，对律师行业的组织管理也是一门艺术，“通过管理可以使一个人的小所变成一个团队……通过组织和有管理、有导向的团队合作，一个人的成功可以成倍增长”①。“每家律师事务所都有其独特的服务理念，有些律师事务所致力于发展与客户的良好关系，并提供全方位的服务。有些律师事务所则专攻复杂的商业交易问题，为客户提供类似精品店似的量少而高质的专业服务，或者只为某些特定的行业提供服务”②，类型不同，都需管理——管人、管物、管事、管律师、管律所等。管理当为“管”在前，“理”在后，但以“理”来“管”乃是不争之大道与正理。一个有趣的分解与诠释，反映了器与道的关系，“器”是律所的人、财、物、案、事等；“道”则是组织、行动和协调的方法和理论。管理要讲“器道”辩证法，因为发展离不开辩证法，规模大小、业务多少、速度快慢都是相对的。

---

① ［美］玛丽·安·奥尔特曼，罗伯特·I. 维尔. 律师事务所管理［M］. 冯蕊，译. 北京：社会科学文献出版社，2006：3.

② ［美］苏珊·奥尼尔，凯瑟琳·斯克曼. 美国律师事务入门——从学生到律师［M］. 黄亦川，朱德芳，译：北京：北京大学出版社，1998：7.

有效管理应兼备管理和包容。一方面，法意包含了无数公众的意愿，博大精深；另一方面，律师是朝阳职业，随法治建设不断发展，全国630多所政法院系每年有大量才俊进入律师行业。所以，面对丰富的思想、多彩的面孔，律所既要管理也要包容，“律师们都有鲜明的个性，他们喜欢作决定。很多人喜欢争强好胜，而好争论的性格被公认是值得拥有的”①。对于律所的管理，海纳百川的气度和胸怀是必当具备的。现代管理科学认为，管理的全过程都要为正确、确定的目的服务，围绕社会公正，律所、律师发展的目标，队伍须因管理而壮大。所以，管理必须注意包容，要有凝聚人心的力量，否则律所的管理就失败了，何谈发展。

诚信可谓之管理的基石。没有诚信，管理之管、管理之理都会失去功能和价值，人无信不立，管理不能靠忽悠，“谋事要实、做事要实，做人要实”。有学者在观察探讨律所管理者素质时认为，律所的管理者应具备“兴趣、决断性、智慧、控制情绪、付出时间、培训和经验、领导素质、分析能力、使用权力的意愿、与别人交流的能力、获得信息的能力”② 等多种素质，而讲诚信则是一个管理者应具备的最基本、最重要的素质。“随着财富的增加，大众变得更加容易支配和诱导”，③ 律师也在其中。所以管理者只有基于诚信，才会带来效益，才可彰显管理的意义，实现管理的目标。

管理的根本是法治。律所是律师依法执业的机构，律师是依法为社会提供法律服务的执业人员，他们都是社会的法治元素，是社会竞争中的丛林医生，以规则诊疗失范的伤痛。依法管理应是律所和律师的特长、优势、看家本领，依法管理是律所发展的安全保障、标准和方向。“南方有鸟焉，名曰蒙鸠，以羽为巢，而编之以发，系之苇苕，风至苕折，卵破子死。巢非不完也，所系者然也。”④ 不依法管理律所，律师何处安身立命呢？但如同不能机械司法一样，管理也应留有自由裁量的空间，因为“如果某个领域实现了

---

① [美] 玛丽·安·奥尔特曼，罗伯特·I. 维尔．律师事务所管理 [M]. 冯蕊，译．北京：社会科学文献出版社，2006：4.

② [美] 玛丽·安·奥尔特曼，罗伯特·I. 维尔．律师事务所管理 [M]. 冯蕊，译．北京：社会科学文献出版社，2006：14-15.

③ [德] 马克斯·霍克海默，西奥多·阿道尔诺．启蒙辩证法—哲学断片 [M]. 渠敬东，曹卫东，译．上海：上海世纪出版集团，2006：4.

④ 《荀子·劝学篇》。

广泛的组织化，那么其结果起先是闪闪发亮的，但不久之后就会暗淡下来……组织化越严密，它对创造和精神的阻碍也就越是严重”①。依法管理体现辩证性、科学性和艺术性。

管理的成功在于管理者善于学习。非学无以广才，律所发展，律师进步，离不开对中国特色社会主义民主法治理论和经验的学习研究，离不开对社会主义法律体系的学习研究，以及对业务个案全方位的探讨与研究，对律所、律师职业规范和管理科学的学习。美国一位专家在《律师事务所管理》一书中认为，律所管理涉及规划、组织、交流、职业管理、甄选人才和分派责任、审查与评估、领导权、控制及书面程序及手册，系统分析、保存记录、财务控制、预算、责任分派和组织机构等一系列理念与技巧。我国成功律所也注意充分运用 MIS 即计算机管理系统，注意管理信息的收集、存储、分类、识别、加工、通信、应用及反馈，研究管理信息及其与环境间的关系，提升律所管理水平和律所经济、社会效益。不断学习，会使我们的视野眼界不致受限而不断宽阔，理念方法远离僵化和落伍。

管理离不开服务。法律是理性的结晶，理性自觉应是靠法律过活的法律人的思维特点，律师自由、自治性较强，不能简单套用管理学中的“经济人”“社会人”假设，要妥善处理管理幅度与管理层次的关系，幅度小一点，层次少一点，效率可能会高一点。服务于社会公正的律师，也需要良好的服务。少些命令与指教，多些协商和服务，注重服务的环节和细节，做到服务到位，即为管理成功，才能促进律所稳健发展。

“一个好汉三个帮。”好的管理，就是好的帮手，律所和律师哪能没有好的帮手呢？美国有部分律所的情形值得借鉴，“那些只想做‘法律事务’的律师事务所——无论是一名律师还是一群律师，和认识到自己需要好的管理、学习并实施管理技能的律所相比，工作效率更低，头疼问题更多，被以玩忽职守罪起诉的次数更多”。②

---

① ［法］阿尔贝特·施维泽．文化哲学［M］．陈泽环，译．上海：上海世纪出版集团，2013：57.

② ［美］玛丽·安·奥尔特曼，罗伯特·I．维尔．律师事务所管理［M］．冯蕊，译．北京：社会科学文献出版社，2006：22.

全面深化改革，律师大有作为

以经济建设为中心，健全社会主义民主，加强社会主义法制为主要内容而肇始于1978年十一届三中全会的改革开放到2013年已35年了。35年来，我国的生产力得到不断发展，人民生活水平提高，综合国力增强，成绩举世瞩目。“三十而立，四十不惑。”35年无疑是承上启下的关键年。关键在于回顾与总结，关键在于前瞻与预见，关键在于攻坚克难。

就在这举世瞩目的时刻，党的十八届三中全会通过了《中共中央关于全面深化改革若干重大问题的决定》（简称《决定》）。经仔细研读，认真思考，作为一名执业律师，笔者深感《决定》全面所在，让法律人鼓舞，深化所及，让执业者振奋。

《决定》从16个方面60个要点系统整体论证了全面深化改革的重大问题。世界各国、国内各界都从不同角度品读、研究《决定》。有专家说《决定》有包括明确全面深化改革总目标，成立全面深化改革领导小组等在内的十大看点；有学者指出《决定》有包括推进国家治理体系和治理能力现代化，促进社会公平正义等十大要点；有媒体指出《决定》有包括完善中国特色社会主义法律体系，完善人大工作机制等十六处精要；还有研究人员注意到《决定》体现了包括方向、市场、系统、群众意识等在内的八大意识；也有人研究发现《决定》中20次提到“公平”，6次9处提到“治理”……笔者学习研究发现《决定》章节中出现最多的词则是“制度”。近代大国崛起无不经历改良改革，无不实现建章立制的变法。正如总设计师邓小平于1983年谈论党和国家制度改革及1992年南方谈话时所说“制度问题更带有根本性、全局性、稳定性和长期性”“还是要靠法制，搞法制靠得住些”。在社会主义法治国家建设中，在社会主义法律体系形成过程中，政治、经济、文化、社会、生态文明建设的所有制度的体现与表达都可归结为法治，全面深化改革可谓全面的变法和变法的深化。启动于新的历史起点的新一轮改革，既要效率也强调促进公平，创造更加公平正义的社会环境。无疑，这为伴随改革开放成长壮大起来的广大执业律师和律师业提供了更加广阔的空间。《决定》还强调“全面深化改革，必须立足于我国长期处于社会主义初级阶段这个最大的实际”。

《决定》既有高瞻远瞩的顶层设计，也有“摸石头过河”经验的丰富总结：比如“健全归属清晰，权责明确、保护严格、流转顺畅的现代产权制度。公有制经济财产权不可侵犯，非公有制经济财产权同样不可侵犯”“建立统一开放、竞争有序的市场体系，是使市场在资源配置中起决定作用的基础”“建立公开开放透明的市场规则”。又如“保障农民集体经济组织成员权利，积极发展农民股份合作，赋予农民对集体资产股份占有、收益、有偿退出及抵押、担保、继承权”“维护农民生产要素权益，保障农民工同工同酬”。再如“深化司法体制改革，加快建设公正高效权威的社会主义司法制度，维护人民权益，让人民群众在每一个司法案件中感受到公平正义”“改革审判委员会制度，完善主审法官、合议庭办案责任制，让审理者裁判，由裁判者负责”“录制并保留全程庭审资料”“增强法律文书说理性，推动公开法院生效裁判文书”“广泛实行人民陪审员、人民监督员制度，拓宽人民群众有序参与司法渠道”“建立畅通有序的诉求表达、心理干预、矛盾调处、权益保障机制，使群众问题能反映，矛盾能化解，权益有保障”。当然，最令律师朋友欣喜的是，《决定》在推进法治中国一节强调，“完善律师执业权利保障机制和违法违规执业惩戒制度，加强职业道德建设，发挥律师在依法维护公民和法人合法权益方面的重要作用”“普遍建立法律顾问制度”等。这些提法、主张和要求富含法理意蕴，多有法治思维，不乏法律技术，既关涉公法、社会法的立改，也关系经济、民商法的调整，还关照了正当程序理念的实现。在关乎国家、社会深化改革发展的重要的党的文件中强调发挥律师的重要作用及法律顾问制度等问题，确为以往所少见，这意味着律师事业有了更大的发展空间，为执业律师创设更多的执业机会和出彩的机遇。这也要求我们执业律师须深入思考，与时俱进，笔耕不辍，结合律师执业的实践经验，结合我国社会主义民主法治建设的伟大实践，积极履行职责，为全面深化改革发挥应有的积极作用，贡献自己的专业技术力量。

十八届三中全会发布的历时 200 个日夜，由 60 多位成员起草，反复修改，认真推敲和向100多个单位征求意见、建议及经过539处增写、改写和精简文字的《决定》，充满了理论自信、道路自信和制度自信。全面深化必由点面浅表处开始，层次渐进，乃社会变革的质量规则，300条改革措施得一条一条去实现。“千里之行始于足下”，我们有充分的理由相信律师朋友会以高度的热情和理性专注去阅读、去思考、去传播、去操作，尽职履责，满足社会和人民群众的法律服务需求，维护社会和人民群众的合法权益，让人民群众在每一个司法案件中都能感受到公平正义。

学研感悟问与答

收获在2014年的闰秋有特别的意义——《中共中央关于全面推进依法治国若干重大问题的决定》（简称《决定》）终在世界关注、举国期盼中发布了。全会公报中“人民”出现23次，“立法”出现27次，“法”出现237次，“法律”出现29次，“法治”出现166次，“依法治国”出现23次，“司法”出现25次，“公正”出现21次，这虽是不完全的统计，但法、法治的重要性、全面性无疑已得到前所未有的体现。

生活滋养着我们各自的认知，1985年9月上旬的一天，迎着朝阳，我从后视镜里看着父母的身影渐渐远去，告别了故乡可读书、盘桓戏水的柳湖，可听急湍水声、沿堤漫游遐想的泾河，可远眺陇东山川景象的崆峒山，去往位于古都西安的西北政法学院报到读法学。难忘高考拼搏，常忆起听课读书、师生交流，不时回味余韵犹存的法学话题，还记得操场上的汗水、餐厅里的喧嚣，传达室取家信的喜悦，还有梧桐更兼细雨的静谧校园……毕业后的二十多年，我先后教法，学法，辗转工作，学习于西安医科大学、兰州大学、民航大学，执业于兰州、天津律师事务所，耳闻目睹了中国特色社会主义道路的开拓，中国民主法治建设的恢复、改革与发展：从确立党在社会主义初级阶段基本路线的党的十三大，到确立社会主义市场体制的党的十四大，到号召夺取中国特色社会主义建设新胜利和提出依法治国的党的十五大、十六大，再到提出科学发展观的党的十七大和全面建成小康社会的党的十八大。但适逢集中讨论和决定我国法治问题的党的全会还是第一次，经认真听读学研思考，几点体会感悟萦绕心田脑际，流露笔端……

一、为什么

为什么要通过这样一个《决定》呢？任一国朝欲走向鼎盛，必从一定之规矩，必依一定之方圆，必守一定之章法。古老的中国有悠久的文明，其文明的选向、定向、变向从来都不乏制度的创新与跟进。史学家黄仁宇认为“中国历代创业之主乃是创制法律的人物”①。早先法家认为“凡将立国，制度不可不察也，治法不可不慎也，国务不可不谨也，事本不可不抟也”②。刘邦与民约法三章而兴汉，主张“永垂宪则，贻范后昆”的唐太宗历时11年颁布了奠定唐一代律文基础的《贞观律》，而致贞观之治。近代维新变法家们高呼“世未有无法之国，而能长治久安”③，“法治主义为今日救世之唯一主义”④。以为古代中国无使其走向鼎盛的封建法制显然与史不符，认为史上律法没有可继承并益于新近中国和现代化法治建设的观点也显偏颇。当然“历史具有废弃陈规的天赋”⑤。党的十一届三中全会后，在回答意大利女记者法拉奇如何避免类似“文化大革命”那样的错误时，邓小平坦言：“我们这个国家有几千年封建社会的历史，缺乏民主和法制，现在我们要认真建立社会主义民主和法制。只有这样，才能解决问题。”⑥ 而《决定》无疑是1978年以来解决问题的伟大实践的思路与方法的延续，是发展社会主义民主、健全社会主义法制的继续和升华。

二、是什么

《决定》是经验的总结。中国共产党诞辰九十六周年之后，新中国成立六十五周年之后，改革开放三十五周年之后，党已从领导武装斗争为主的革命党成为领导社会主义建设为主的执政党，党不仅面临长期执政的考验，改革开放的考验，市场经济的考验，外部环境的考验，还存在精神懈怠的危险，能力不足的危险，消极腐败的危险和脱离群众的危险，亟须对发展规律、建设规律、执政规律进行全面而非片面，系统而非零散，深入而非肤

---

① 黄仁宇．中国大历史［M］．上海：生活·读书·新知三联书店，1997：174.

② 《商君书》。

③ 沈家本：《寄簃文存·新译法规大全序》。

④ 梁启超：《中国法理学发达史论》。

⑤ ［美］赖特·米尔思，塔尔考特·帕森斯．社会学与社会组织［M］．何维凌，黄晓京，译．杭州：浙江人民出版社，1986：90.

⑥ 中共中央文献编辑委员会．邓小平文选（第二卷）［M］．北京：人民出版社，1983：189.

浅，生动而非教条，实际而非虚空，辩证而非机械的研究和总结。《决定》认为坚持走中国特色社会主义法治道路，建设中国特色社会主义法治体系“事关我们党执政兴国，事关人民幸福安康，事关党和国家长治久安”。所以《决定》是“深刻总结我国社会主义法治建设的成功经验和深刻教训”，“汲取中华法律文化精华，借鉴国外法治有益经验”的取精用宏的文本，是一个因借鉴历史丰富积淀，归纳历来实用经验，含载现实未来很多期待而十分厚重的文本。历史法学派代表萨维尼曾说，一国法律乃一国民族历史文化的凝聚与延续，断非虚语。

《决定》是法治学大纲。站在世界前列的民族，一刻也不能离开理论思维。改革开放之初，邓小平在会见日本公明党访华团时指出：“民主和法制这两个方面都应该加强，过去我们都不足。要加强民主就要加强法制。没有广泛的民主是不行的，没有健全的法制也是不行的。我们吃够了动乱的苦头。”① 之后法制教育也迅速恢复和发展起来，我国进入了法学研究与立法快车道，对外法制交流有了空前的深度和广度，法律制度的借鉴与移植成果注目，以宪法为核心的中国特色社会主义政治、经济、文化、社会、生态等具体制度重要载体的法律体系现已逐渐形成，如《决定》所说“法律是治国之重器，良法是善治之前提”，但与就法论法的理论法理学、法哲学、部门法学不同，也与法律案的说明与解读不同，《决定》中“坚持走中国特色社会主义法治道路，建设中国特色社会主义法治体系；完善以宪法为核心的中国特色社会主义法律体系，加强宪法实施；深入推进依法行政，加快建设法治政府；保证公正司法，提高司法公信力；增强全民法治观念，推进法治社会建设；加强法制工作队建设；加强改进党对全面推进依法治国的领导”等七部分内容涉及法的规范、实施、监督、保障等多个方面，法意高远而关切实践，着力用 180 多项改革措施推进依法治国、依法执政、依法行政，是马克思主义法思想、法理学的中国化、当代化，是毛泽东、董必武、邓小平、彭真等老一辈革命家法治思想的继承和依法办事、依法治国经验的总结与思考。朴素真理、正大治道，熠熠生辉。这些年，笔者和广大律师学习中国特色社会主义法学理论，参与立法、修法、普法，更多的是依法执业，通

① 中共中央文献编辑委员会．邓小平文选（第二卷）［M］．北京：人民出版社，1983：189.

过具体个案推进、加速社会主义法治国家的建设，并见证了、研究着中国特色社会主义法律体系、法治体系的建设、发展和成熟臻善。

《决定》是行动指南。法律是行为的规范，公民、法人生活生产行为要接受法律的规范，执法、司法行为同样要接受法律的规范。规范被依照、被遵行是静态‘法制’与动态‘法治’的区别。所以《决定》既述说法律体系，更论证法治和法治体系，特别关注行动中的法律，实践中的法律和法律在社会生活中的作用，明确指出“法律的生命在于实施，法律的权威也在于实施”。“1978 年全国法院受理民事案件 318330 件，2009 年全国法院受理民事案件 6436333 件，增长了 19.22 倍，年增长率为 10.8%；1978 年，全国法院受理刑事案件 294942 件，2009 年全国法院受理刑事案件 871842 件，增长了 1.95 倍，年增长率为 1.6%；1987 年全国法院受理行政案件 6247 件，2009 年全国法院受理行政案件 154313 件，增长了 23.70 倍，年增长率为 19%。”① 法律解决社会矛盾、维护社会秩序的作用不可替代，律师工作不可小觑。实践永无止境，学习永无穷期，《决定》关乎法治国家、法治政府、法治社会建设，强调科学立法、严格执法、公正司法、全民守法的动态过程。只要我们深入学习，精当领会，认真践行，《决定》前瞻与指引的内容就将显示其功在当代、利在千秋的价值。

三、干什么

空谈误国，实干兴邦。理论一经群众掌握，就会成为物质的力量。《决定》指出“人民权益要靠法律保障，法律权威要靠人民维护”。保障与维护都是行动，都需行动。经过三十多年的努力，我国的社会主义法治思想、法治实践对党的执政理念、方略、基础、体制、方式、资源、环境都产生了深刻的影响，促成了改革、发展和稳定的局面。《决定》在“建设完备的法律服务体系”和“加强法律服务队伍”部分强调律师“服务”的特点，对律师、律师工作提出了推进措施。律师是中国特色社会主义法治理论的学习者、实践者，他们通过律师条例、律师法赋予的权利积极履行依法执业的义务，为社会主义法治建设作出了自己应有的贡献。仅 2008 年到 2013 年，我国各级人民法院就“审结人身损害、劳动就业、社会保险、教育、医疗、住

① 数据来自 2011 年《中国法律发展报告》。

房、消费、物业服务等案件232.9万件，同比上升104.2%；依法保护妇女、儿童、老年人合法权益，审结婚姻、家庭、继承案件738.7万件，同比上升24.5%”①，这些案件涉及广大群众最关心、最实际、最直接的利益，其间或学法普法，或咨询指导，或调查研究、举证质证，或代理、辩护参与诉讼活动，为维护公民、法人合法权益，为公正如阳光普照群众，律师们付出了辛勤的劳动。理论在丰富、制度在完备，法治道路越走越康庄，法律人实现法治梦想的努力将贯穿社会主义初级阶段。

四、怎么干

《决定》号召“增强广大律师走中国特色社会主义法治道路的自觉性和坚定性”，因为这条路通向了农民、农业、农村，通向了工商企业生产经营，通向了城镇化、现代化，通向了老百姓的衣食住行、教育就业医疗和更多财富权利与尊严，通向了富强民主文明和谐，通向了中国的崛起。改革开放之初，面对“可以当律师的，当法官的，学过法律，懂得法律而且执法公正，品德合格的专业干部很少”的情况，视野开阔的邓小平指出：“一般资本主义国家考法官、考警察，条件很严格，我们更应该严格，除了必须通晓各项法律、政策、条例、程序、案例和有关的社会知识以外，特别要求大公无私，作风正派。”② 随着《警官法》《检察官法》《法官法》《律师法》的施行，全国统一司法资格考试制度的实施以及司法制度的改革，为法治事业的科学发展培养、造就了包括律师在内的大批法治生力军。在长期的执业活动中，20多万律师正是通过大量的诉讼、非诉讼工作，通过进学校、进社区、进农村、进厂矿等行动维护着、完善着、发展着中国特色社会主义法律、法治体系。1985年7月1日，彭真同志在接见立法工作干部培训班学员时说：“不要以为立了法，人人都可以依法办事了。打倒军阀，打倒帝国主义，我们党一成立就有这两个口号，打了多少年，才把这三大敌人打倒。健全法制也是一样。必须充分自觉地意识到这个工作是长期的，艰巨的。”③ 所以

① 数据来自2013年《最高人民法院工作报告》。

② 中共中央文献编辑委员会．邓小平文选（第三卷）［M］．北京：人民出版社，1983：263-286.

③ 全国人大常委会办公厅研究室．发展社会主义民主 健全社会主义法制——有关重要论述摘编［M］．北京：法律出版社，1988：201.

《决定》总结经验教训，要求“增强广大律师走中国特色社会主义法治道路的自觉性和坚定性”，“提高律师队伍业务素质，完善职业保障机制”，力戒执业过程中不规范、不严格、不透明、不文明现象。成长、学习于中国特色社会主义道路探索、开拓、发展的各个阶段的当代执业律师们经风雨见世面、遇坎坷练才干，道路越走越宽广。确如《决定》的诚挚论断“法律的权威源自人民的内心拥护和真诚信仰”，而这正是我们坚定信念，脚踏实地、稳步奋进在这条道路上的理由。

贴近群众　诚信执业*

在我国全面深化改革进入新时期，人民群众对小康社会建设、和谐社会构建，对社会公平、公正、公开的要求，对中国梦实现都有很多新期待的背景下，党的群众路线教育实践活动更显得意义重大和深远。律师朋友听学行思，也多感触。

以史为鉴，社会进步有赖物质、精神财富的增进，而人民群众历来是物质、精神财富创造者，是社会发展进步的动力。就法制史的嬗变看，近现代以来，世界范围内封建落后的法律亦在人民群众革命、改革、改良的推动下渐渐打磨掉特权、专制的色釉，揭去了神秘的面纱，成了公意的载体，民众的公器。马克思语："法律是人民自由的圣经。"律师是人民群众民主运动的产儿，不是吗？美国独立战争中，在《独立宣言》上签字的56人中有25人为律师，把法国资产阶级革命推向高潮的雅各宾派领导人罗伯斯皮尔、丹东都是律师。我国民主革命时期，党的创始人之一董必武曾为执业律师，施洋大律师则是领导京汉工人运动的领袖。响应中共抗日主张，与"西安事变"一起促成抗日民族统一战线形成的"七君子"中，沈钧儒、沙千里、史良、王造时都是著名律师。所以，律师和人民群众有自然的亲和力与历史的联系。当然，真正从历史唯物主义高度学习透、认识清、理解准、践行好执业依靠群众，执业为了群众，践行好党的群众路线，我们还得不断学习，不断实践。

我国社会正处在近代以来深刻的变革之际，传统的粗放的工农业生产方式逐渐向现代的科、农、工、商等纵向深入、横向联合发展，科研与生产、

* 2013年春，笔者去银川开庭，时任《天津律师》责任编辑的王莹女士为校对字句，曾把此稿传至我的驻地，与我电话校对。认真做过的事记得牢。

采购与销售、制造与经营等你中有我，我中有你，亦你亦我。千百年来，群众安土重迁的生活习俗、方式向大规模自主迁徙、自主择业状态变化，社会阶层已由工农兵学商衍生出很多新兴阶层，全民、集体相对稳定的社会利益格局也在转变、分解为众多利益集团的竞争消长，社会意识丰富多彩，异常活跃。市场化、城镇化、信息化、现代化、全球化趋势明显。所以，包括中国特色社会主义改革、发展与稳定在内的“历史活动是群众的事业，随着历史活动的深入，必将是群众队伍的扩大”①。我们以当代社会主义市场经济条件下的市场、职场为例，市场是群众及其组织生生不息的所在，“我消费，我存在”，群众是最大的消费群体，群众的需求与利益集中体现在市场，群众衣食住行等全面而健康的需求是市场永恒的话题；职场是群众生产经营、工作活动的所在，是群众创造奉献、按劳获益的所在，也是群众喜怒哀乐的所在。“饮食必有讼”②，从摩天大楼建筑到住户家具、日用品购买，从童车网购到高档轿车选买，从农民工进城务工到飞行员劳动关系都可视为市场中的市场行为，有行为就会有纠纷。执业律师就执业于纠纷多见的社会生活之中。过去纠纷解决途径主要是找长辈亲属，找领导上级。而在当代，法律渗透到社会生活的各个角落，人们选择找律师，通过诉讼解决纠纷渐成习以为常的社会现象。诉讼是人民群众因纠纷而请求国家、社会给予解决的活动，而诉讼活动须依从的时间、空间次序，步骤就是程序，“程序是国家与公民个人之间的纽带”③。将纠纷依法纳入诉讼程序予以解决，即法治社会解决纠纷的主要方法，律师正是这种方法的掌握者，甚或技艺娴熟。围绕市场、职场纠纷，围绕生产、生活矛盾，在律师服务时空、内容及对象间形成了景气、繁忙的法律服务市场，乃至有事问律师、遇纠纷请律师。比较促进学习，借鉴有益工作。享誉世界的社会学家韦伯就认为“民主社会追求的是与具体问题有关的群众利益，强调在具体案件中实现对具体个人的实体正

---

① ［德］马克思，恩格斯．神圣家族［A］．中共中央马克思恩格斯列宁斯大林著作编译局．马克思恩格斯全集（第二卷）［C］．北京：人民出版社，1972.

② 《周易·序卦第十》。

③ 季卫东．法律程序的意义——对中国法制建设的另一种思考［M］．北京：中国法制出版社，2004：28-29.

义"[1]。英国有"律师是公众的仆人"之说。在美国，私人律师大概占百万律师的74%，截至2004年底，全美私人律师约95万人，居议员助理、法官助理、政府助理、公司律师等八个序列之首。[2] 当代欧盟也根据公众利益制定了可规范各国律师跨国执业的行为规范，现在世界上有100多个国家已确立了旨在帮助弱势群体获得司法公正的法律援助制度。2008年到2013年，我国各级人民法院"审结人身损害、劳动就业、社会保险、教育、医疗、住房、消费、物业服务等案件232.9万件，同比上升104.2%；依法保护妇女、儿童、老年人合法权益，审结婚姻、家庭、继承案件738.7万件，同比上升24.5%"[3]；这些案件涉及广大群众最关心、最实际、最直接的利益，其间，或咨询、或代理、参与诉讼活动，为维护这些合法权益，为公正如阳光普照芸芸众生，律师们付出了令人感佩的辛勤劳动……当然，群众的"仨瓜俩枣"小标的、"鸡毛蒜皮"小案件及义务普法、法律援助案件，我们还须积极认真办理，与群众打交道更要乐于就近就便就俭。不对不妥处还须我们学习践行群众路线而改、戒、慎、行。

社会史验证了"群众是真正的英雄，而我们自己往往是幼稚可笑的，不了解这一点，就不能得到起码的知识"[4]。的确，一方面，律师在为群众提供法律服务的过程中常常从群众那里获得很多社会生产、生活的经验甚至法律工作的灵感；另一方面，从长远看，什么花色品种的商品，什么样的职场明星专家，什么样的法律服务品牌，名律大腕都来自群众，须为群众服务，受群众监督，群众的口碑永远是职场中最好的奖杯。新近召开的全国政法工作会议指出"执法需肩扛公平秤，手持正义剑，妥善解决好损害群众权益的突出问题，做到对群众深恶痛绝的事零容忍、对群众急需急盼的事零懈怠，树立惩恶扬善、执法如山的浩然正气，切实让群众感受到公平正义就在身边"，这是激励也是鞭策。社会主义法治建设的实践已经证明并将继续证明执业律师会学好、用好群众工作、法律工作的技能，为法治中国建设贡献自己的才智。

---

① ［德］马克思·韦伯，埃德华·希尔斯马克斯·莱因斯坦．论经济与社会中的法律［M］．张乃根，译．北京：中国大百科全书出版社，1998：356.

② 刘桂明．美国为什么会有这么多律师［N］．法制日报，2005-08-22（11）．

③ 数据来自2013年《最高人民法院工作报告》。

④ 毛泽东．《〈农村调查〉的序言和跋》［A］．中共中央文献编辑委员会．《毛泽东著作选读（下册）》［C］．北京：人民出版社，1986：467.

不忘法治初心，矢志社会公正

一百多年前，《共产党宣言》作者之一、世界公认的思想家马克思曾说“法律是人民自由的圣经”。在沉疴难起的旧中国，为探索国家独立、民族自由、人民解放的真理与道路的中国共产党人迎来马列主义后，在九十五年奋斗史中，在马克思主义中国化的革命、建设与发展道路上，为争取、捍卫、发展人民权利，不忘初心，创制法律，追求法治。党在井冈山、瑞金、陕甘宁边区，在不同时期都曾领导人民制定实施过一系列法律，并在1949年9月制定起临时宪法作用的《中国人民政治协商会议共同纲领》，以迎接新中国的诞生。革命与法制的事业既有号召力、吸引力，也有战斗力，这种力量团结了中华优秀儿女，从山区、边区经苦难辉煌而走向新中国。从“五四宪法”到“八二宪法”，诚如恩格斯所言：“所有通过革命取得政权的政党或阶级，就其本性说，都要求由革命创造的新的法制基础得到绝对承认，并被奉为神圣的东西……”无平不陂，党的十一届三中全会后，在回答如何避免“文化大革命”那样的错误时，小平同志坦言：“我们这个国家有几千年封建社会的历史，缺乏民主和法制，现在我们要认真建立社会主义民主和法制。只有这样，才能解决问题。”21世纪，在社会主义法律体系初步形成之后，在全面推进依法治国之际，习近平总书记强调：“历史是最好的老师。经验和教训使我们党深刻地认识到，法治是治国理政不可或缺的重要手段。法治兴则国家兴，法治衰则国家乱。什么时候重视法治、法治昌明，什么时候就国泰民安；什么时候忽视法治、法治松弛，什么时候就国乱民冤……”

每一位通过司法资格考试，选择律师工作的执业者都离不开法文化、法文明历史与现实的背景。一个选择学习法律，从事律师、侦查、检察、审判等工作的社会生活不可或缺的法律工作者，或推崇主张“刑无等级”的商鞅，或服膺以为“廷尉，天下之平也”而被誉“释之为廷尉，天下无冤民”的张释之，或感佩不因司法向皇亲叩头而被誉“桴鼓不鸣董少平”的“强项令”董宣，或佩服《铡美案》中“清心为治本，直道是身谋”的包龙图，或赞叹“清风两袖去朝天，不带江南一寸绵”、巧断十五贯的况钟，或敬重走群众路线、调查研究、被毛泽东誉为永远站在最大多数人民一边的青天马锡五，或钦佩以法官、检察官身份在远东军事法庭控诉、审判日寇罪魁的梅汝璈、向哲浚、倪征燠……因钦佩历史上一些法治人物的言行史迹而萌动了服务于法治的初心。他们也或因与威尼斯商人夏洛克辩论的谈吐文雅、聪慧干练的鲍西亚的形象；或因安慰勉励简·爱每个人都有为自己的尊严而辩护的权利的谭波尔老师理性、仁慈而优雅的言行；也或因在法庭上说“贼的儿子不一定是贼”，为流浪者拉兹辩护的女律师丽达的美丽善良而滋养了献身法治的初心……法文明是涵养、培植每个包括执业律师在内的法律工作者法治初心的根本。

公正是社会进步的目标，是社会文明的象征。追求人身自由、平等、幸福的公正待遇，追求创造、共享物质、精神财富的公正机会是社会发展的永恒主题。近代以来，文明进步的法律、法治形态概莫能外。但公正从来都是历史的、具体的和发展变化的，也是有民族喜好的。不忘初心、回顾历史，为绝大多数人民群众争取生存权、政治权利及经济、文化社会权利等基本人权，以及把来之不易的权利捍卫、保护好，把绝大多数人民群众为发展、为福祉奋斗的积极性、实际行动引导、规范好，把影响人民群众权利与和谐的纷争、矛盾调处、化解好，无疑是党在不同时期创制、引领的法治建设的目的与归宿，是我们社会最大、最亟须的公正。展望未来，建设法治国家、政府、社会，实现共享繁荣的小康社会目标，自然也离不开对公正的追求。如党的十八届四中全会所判断“公正是法治的生命线，司法公正对社会公正具有重要的引领作用，司法不公对社会具有致命破坏作用”“欲流之远者必浚其泉源，欲木之长者必固其根本”，执业律师与执法司法者不忘学研立法、执法、司法、依法办事之法治初心，矢志以事实为依据、以法律为准绳，为民公正司法，才可滋养、延续、强壮法治的生命力，才可让人民群众在每一个司法案件中感受到公正。

在当代，包括执业律师在内的执法者、司法者不忘法治初心，矢志社会公正就得不断学习。史上不同社会形态的法律制度多是因袭继承，而志在为人类探索更好的社会发展制度提供中国方案的我国社会主义初级阶段的法治，虽须学鉴乃至移植历史上、异域里的优秀法文化，但重在对中国特色社会主义法治实践的探索、研究和总结、发展。我们的实践产生了丰富的经验，但实践仍在呼唤理论的指导，亟须我们不断地从实践中观察、提炼、整理、总结理论并接受实践的检验，去伪存真。这都离不开学习，从法学院课堂书本上学，从实际诉讼案件、司法活动中学，需孜孜不倦地学习。从《尚书》《论语》到汉唐律例，五千多年法文化史，博大精深，从罗马法、查士丁尼汇编到当代欧陆、英美法例，法文化琳琅满目。学习是每个不忘法治初心，矢志社会公正的执法者、司法者的头等大事，是我们抬脚起步，自信于知法、懂法、更好司法的法治征途上的第一步。“凡学之不勤，必其志之尚未笃也。”如不善于学习、研究马克思主义法学理论、当代中国法律体系、法治实践，不能因应对纷繁复杂、日新月异的矛盾纠纷而主动学习，就可能因才疏学浅而难酬法治初心与公正宏愿。

在当代中国，律师等执法者、司法者不忘法治初心，矢志社会公正就得不断提升执业、执法、司法能力。人民群众追求的美好生活和小康社会是法治国家中的生活与社会，在社会生活中婚姻与家庭不可能没有矛盾，合伙、公司不可能没有纠纷，人身、财产不可能都安全无患，生产经营与消费也不会没有问题，法治不能对这些没有说法。所以，矛盾、纠纷比以往任何时候都需要用法治思维来思考，用法律方法来解决，用明确、简易、顺畅的程序把纠纷纳入包括人民法庭在内的多元化解纠纷的组织、场合，用经过纷争各方质证、辩论和认可的，确实而充分的证据、事实，依照法律法规对争议予以裁判评说而定纷止争的司法、准司法能力，是执业律师、法官等法律工作者最重要的能力。文物有穿越时空的能力，美景有让人驻足能力，至论有召唤思想的能力，有能力者有价值。执业能力是初心与志向、法治与公正的保障，执业律师等正是在一件件纠纷被受理、审理、裁决的过程中，发现“病灶”，拿出“药方”，通过回应与能动的代理、辩护活动而发挥能力，药到病除，彰显社会公正。没有执业能力的提升，就不会有案结事了、定分止争的社会结果，就不能为规则疗伤、为社会祛病和满足人民群众对社会公正的基本需求与期盼。

正如习近平总书记在“七一”讲话中所说“历史总是要前进的，历史从不等待一切犹豫者、观望者、懈怠者、软弱者。只有与历史同步伐、与时代共命运的人，才能赢得光明的未来……”正是中国共产党带领一代代、一辈辈法律人不懈努力，才使我们在较短的时间步入法治现代化的征程，才使我们比以往任何时候都更接近社会主义法治国家的目标，但我们仍须不忘法治初心，谦虚学习，戒骄戒躁，矢志社会公正，谨慎司法，砥砺前行。

参谋、助手与监督*

——律师任政府法律顾问的价值与机制

法治社会是以理性规范的条条框框编制起来的社会，似制度编起的笼子，法治社会就是管理者根据法律来管理、治理、控制的社会，就是由法律来管理的社会。代表社会各方的政府及其工作人员都是法律拟制和认可的，因为权利义务规范充斥了由法律法规条款编制起来的社会生活的方方面面，特别是行政人员的大脑，同样，被管理者依据法律生活、学习、工作并处理很多与他们利益有关的事务、纠纷。所以，行政就是执法，执法就是行政，政就是法，法就是政。“谨权量，审法度，修废官，四方之政行焉。”① 想想看，有没有无法之政，有没有无政之法，所以，熟悉法律的律师在依法行政中的作用不可小觑。

一、参谋、助手的价值

圣经有云“你们中间谁愿为大，谁必作你们的仆人”②，恩格斯也言：“所有通过革命取得政权的政党或阶级，就其本性说，都要求由革命创造的新的法制基础得到绝对承认，并被奉为神圣的东西。”③ 当下，在我国法治社会，政府与公民及诸多社会组织的官民关系，可以说就是法律关系。历史上的民视官为父母，官视民如赤子以及鱼水关系的理想状态、拟制伦理现在被以具体的权利和义务为内容的法律关系逐步代替和确定。宪法确定依法治

---

* 本文获2016年北方律师论坛一等奖。

① 《论语·尧曰篇第二十》。

② 《圣经·马太福音23：1—36》。

③ [德] 恩格斯：《致奥·倍倍尔》[A]. 中共中央马克思恩格斯列宁斯大林著作编译局. 马克思恩格斯全集（第三十六卷）[C]. 1956：458.

国以来，规范各级行政机关及其工作人员素质的行政法律法规层出不穷，令人目不暇接，涉及科教文卫城市建设发展，农林牧副渔环境保护等方面。许是因为过去社会生活及其观念的缓慢、停滞、滞后，现在对法律关系的观察、界定、研究尚不清晰，而且这种替代和确定的速度在当今中国速度之快，令人不暇学思，引起思想和行动的不配套、不协调。所以有红头文件的冲突，有文件与法规的差异，有新旧法律法规的不同，部门间、地方间、部门与地方间的法规的矛盾大量存在，这给依法行政带来风险和困难，继国务院发布《关于全面推进依法行政的决定》《全面推进依法行政实施纲要》《关于加强市县政府依法行政的决定》《关于加强法治政府建设的意见》之后，2015 年 12 月，中共中央、国务院联合印发了《法治政府建设实施纲要（2015—2020 年）》。然而“没有价值判断，一个人不可能从形式正义前进到具体正义或实证正义”①。个人如此，一个政府也应如此，只有不折不扣地执行和落实，才能体现这些决定和纲要的价值。

价值是主观感受，是需要的满足，亦有客观承载及其标准。律师以法律为生，生活于政府依法治理的社会政治、经济、文化、环境之中，生活在从事工农商教科文卫工作的普罗大众之中，对社会生活，对具体行政行为在社会生活中的实际情况有直接、具体、明确的认识，感同身受，所以，他们对依法行政的参谋、助手作用不可低估，而律师选择成为法治政府治理法治社会的参谋和助手就不只是律师的价值，而是律师与社会、与政府的共同价值。

二、监督的方法

《宪法》第 41 条规定：“中华人民共和国公民对于任何国家机关和国家工作人员，有提出批评和建议的权利；对于任何国家机关和国家工作人员的违法失职行为，有向有关国家机关提出申诉、控告或者检举的权利……”因宪法是公民政治经济社会文化等权利的大清单，所以在我国尚无宪法法院、违宪审查还不够发达的时候，除却普法讲座、草拟审核行政规章决定，对具体行政行为提供法律意见，我们应特别看中行政诉讼的监督意义。

① 薄振峰．当代西方综合法学思潮［M］．北京：法律出版社，2005：167.

（一）行政诉讼的特点

"法治的一个基石就是法律也统治政府本身。"① "法治诞生于法律机构取得足够独立的权威以对政府权力的行使进行规范约束的时候。"② 笔者认为，行政诉讼可以趣解为诉讼行政，诉讼行政就是起诉状告那些侵犯公民、法人、其他组织源于宪法并被众多部门法、具体法明确、具体规定的合法权利的行政行为。行政诉讼的特点始终是"民"告"官"，"民"即财产权、人身权受到官的侵害的自然人、法人等社会组织，"官"即被"民"认为是侵犯其合法财产权、人身权的政府行政机关及其工作人员。这是"民间"与"衙门"的诉讼，这是"布衣"与"制服"的诉讼，这是纳税人与食税者的诉讼，是监督者与被监督者的诉讼。"谨慎思考过去的事对我们的意义，会帮助我们较清楚地理解它们今日的意义"，③ 行政诉讼是对中国历史经验包括"文化大革命"悲剧总结后的自然选择。因为"任何一个先进的现代民主国家，不论在经济、政治或社会生活方面，批判性思考都是不可或缺的要素"④。因为"一项政策就是一个假说，它必须加以检验，和现实相对照，并通过经验加以修改。比较合理的程序是事先通过批判的考察和讨论，发现错误和内在的危机，而不是一直等待着它们在实践中暴露"⑤。行政诉讼制度是保障"民"通过合理程序在事先⑥或事后批判性考察、思考、讨论、检验、对照、修改、发现官方的错误与危机的制度，是体现民主思想的具体制度。因为行政法律关系的特点是官民关系，是管理者与被管理者的关系，是行政机关及其工作人员与公民、法人间的关系，此其一。监督政府及其工作

① ［美］巴里·海格．法治：决策者概念指南［M］．曼斯菲尔德太平洋事务中心，译．北京：中国政法大学出版社，2005：8.

② ［美］P. 诺内特，P. 塞尔兹尼克．转变中的法律与社会：迈向回应型法［M］．张志铭，译．北京：中国政法大学出版社，2004：59.

③ ［美］C. H. 麦基文．宪政古今［M］．翟小波，译．贵阳：贵州人民出版社，1994：118.

④ ［法］多米尼克·贾尼克．父亲的最后30堂哲学课［M］．张宪润，译．长沙：湖南科技出版社，2010：8.

⑤ ［英］布莱尔·马吉．开放社会之父——波普尔［M］．南砚，译．长沙：湖南人民出版社，1988：88.

⑥ 正在修改的行政诉讼法拟规定公民可对规范性、指导性红头文件的合法性进行诉讼。

人员是否依法行政，是否越“雷池”和底线，是否侵犯了公民、法人合法权利的最直接的是每个清楚自己合法权益的公民、法人。民主是有效的药剂，此其二。全盘否定式的、推倒重来式的、激烈革命式的、宏大叙事式的方式会给社会带来更多的灾难和没完没了的争议和纠缠，基于效益考虑，人们更愿意理性地认可和选择具体的温和的方式达到自己的目的，此其三。否则，在当下国情，特色社会中具体、通畅、便捷、常用的监督方法的确不好选择又不易实行。所以，行政诉讼法得以渐入人心，应运而行，“行政诉讼法颁布实施以来，平均每年受理行政案件10万余件”① 即是明证。行政机关具体行政行为多因主要证据不足，适用法律法规错误，违反法定程序，超越职权，滥用职权，行政处罚显失公正等原因而败诉多、被撤多。主要证据不足是行政行为在其行为的事实依据、根据、凭据方面出了问题，就是作出的具体行政行为与行为应当针对的事实不相符，“沙滩之物”“张冠而李戴”。主要证据不足的原因可能是没有很好地调查研究，没有通过调查研究掌握事实，掌握第一手资料；也可能是因为进行了调查研究，掌握了大量证据，但因主观认识如先入为主，戴着有色眼镜看事物，门缝里看人而有意取舍证据，以致其精心选取的证据并不是具体行政行为完全可以凭靠依据的证据；也可能因为对法律法规认识理解，而对证据的使用发生了问题，以致法庭在对其行为进行合法性审查时，看不出其行为的主要依据是充足的。充足证据的取得与使用取决于行政机关工作人员特别是行政首长的实事求是的思想水平和对事实胜于雄辩这一常识的理解、体会与把握。衙门作风的流弊和现代城堡式的行政办公环境，很容易助长由来已久的官僚主义作风。远离事实，忽视事实，不掌握充分的事实，工作人员不能走出“城堡”，充分的主要证据不能走进“城堡”，具体行政行为主要证据不足的现象就会不断发生，甚至会导致宏观层次上的失范。

（二）行政诉讼益处多

行政诉讼是多益的诉讼，有益于国法的实施适用，因为通过诉讼事件，人们都从正反对错两面学习相关法律；有益于官员学法、懂法、守法而治，因为通过诉讼实践，官民认知、学习、理解相关具体法规条文会感同身受；

① 中华人民共和国国务院新闻办公室．中国特色社会主义法律体系［M］．北京：人民出版社，2011：29.

有益于百姓信任法律，崇尚法治，依法表达诉愿，依法解决纠纷，因为通过诉讼，百姓对官大还是法大，权大还是法大就有了切身体会而由衷地敬法；有益于总结法律实施、行政行为过程中的经验，因为纠纷和诉讼发现和讨论了问题，辨明了是非，告知你什么是真正的行政，什么是真正的法治；有益于我们依法跳出治乱、兴衰的周期律，因为诉讼让人们一“诉”为快，一“判”为快而迅速切除、消弭了社会的痈疽和裂缝，“民告官”的行政诉讼是目前最好的监督，可以回答“下级监督不敢、同级监督乏力、上级监督顾不上时怎么监督”这个问题，这样的监督是有明确法律依据的监督，是有具体的当事双方面对面进行的监督，是可以在法定的时间、法定的地点进行的监督，是容许监督双方摆事实、讲道理、举证、质证、辩论的监督，是有专门审判人员就监督进行审查的监督，是审判人员在充分听取监督方与被监督方证据、意见后可以作出书面结论的监督，是容许监督方与被监督方就监督结论是否正确可进行再审查、再监督的监督。当然，它的不足是事后的监督，是从监督结果到监督过程和原因。“谁能够做到同自己保持距离，能看到自己生活圈子的局限性从而向他人开放，谁就会不断地通过现实纠正自己的生活。”[①] 好在因为社会分工，确实产生了这样不必刻意就自然存在的距离。所以，政府聘请律师代理自己参与行政诉讼活动，是政府与代理行政相对人起诉的律师都应相互承认尊重并保持一定的距离，这样可纠正自己的错误。

三、制度与机制

（一）应当聘用专职法律顾问或项目法律顾问

因为法律的繁复和社会生活的复杂，和政府无意做万能政府一样，律师的专业分工也存在日益分化的趋势。聘用合同中的具体的权利义务是他们合作并相互监督的机制。

（二）应当聘用专职执业律师做政府智库成员

智库建设牵涉方方面面，法治精神、法治策略、法治方法的储备在智库建设中不可或缺，当代社会，国际国内需要应对复杂疑难的行政法律事务，

① ［德］伽达默尔．赞美理论——伽达默尔选集［M］．夏正平，译．上海：生活·读书·新知三联书店，1988：82.

无法律人才的智库不是健全的智库。

（三）科学的遴选程序、标准和退出

聘用专职或项目法律顾问，聘用专职执业律师做政府智库成员应当有科学的遴选程序、标准和退出办法。律师的执业年限与经验，执业职称与水平，特别是对具体个案的诉讼外分析及其诉讼内表现是遴选的核心条件，而知识缺乏更新，意见不实用和长期生病则是退出的基本理由。

律师作为政府法律顾问的参谋、助手，其监督价值的实现是法治政府建设和政府法制工作的“晴雨表”，也是政府依法行政功能强化的“信号灯”，而一个虽然细微但关乎宏观远旨的具体机制的确定和运行又是依法执政、依法行政和建设法治政府、法治社会不可或缺的条件。

律师担当社会责任的新修为*

一、健康发展须自我净化

“律师是社会公众的仆人”，依法为当事人提供法律服务是律师从事社会法律工作的角色定位，律师须认真地对待自己这种因为“法和当事人”，围绕“法和当事人”，通过“法和当事人”而工作、生活的特点。“有利益的地方就有犯罪”“随着财富的增加，大众变得更加容易支配和诱导”，当事人在碰触、惊动法律时，法律就会“说话”“管事”。因重视不够、学习不勤、理解不深、意识不强，一些执业律师也会触犯执业纪律，违背职业道德，因此同样会受惩戒。截至2017年11月，全国律协惩戒委通报因包括会见时传递纸条等在内的行为而被公开谴责的15人；代理与本人有利益冲突的法律事务，伪造授权委托书在内而被处分中止会员资格1月以上1年以内的19人；违规接受委托、违规收取费用、以不正当手段承揽业务、犯危险驾驶罪在内而被处分取消会员资格的5人，这些仅是查处通报的，但这已足以引起依法执业群体的高度重视。

党的十八届四中全会以来，司法行政、律师协会多有举措，当前贯彻党的十九大关于坚持全面依法治国，深化法治实践，厉行法治的精神，以《律师法》《律师事务所管理办法》《关于依法保障律师执业权利的规定》等为中心的律师事务所、执业律师管理法规、道德、纪律监管体系会加快建立、充实、完善。管理的制度、机制更便于操作适用，管理的措施进一步严肃、严格。严管厚爱的氛围正在形成。

---

* 本文获2017年北方律师论坛二等奖。

二、律师修为要与时俱进

环境、外因、他律是条件，自身、内因是根本。法规、纪律等严管的方法、目的体现出的厚爱须通过律师感知、领悟、自觉、践行而获得，执业律师不断增强自身修为，才是其获得厚爱的根本。习近平总书记关于“严于修身，严于用权，严于律己；谋事要实，创业要实，做人要实”的论述，对执业律师也有十分恰当的教益。因为我们办案的故事、经验能展示“三严三实”的价值，告诫我们应有的遵循。执业律师与社会各行各业各阶层的人打交道，和生活中的纠纷、矛盾打交道，以法常识、法技术、法文明、法情怀给社会生活中的迷失者、受伤者、失败者针砭指路，疗伤抚慰，在问题与困惑、利欲与戒律中找平衡、寻出路，开“药方”。

（一）有感有悟

执业律师见过企业设立与鼎盛时的广告海洋、锣鼓喧天，也见过企业赖债与破产时的猥琐、吊诡与落荒；见过亲友的恩仇爱恨和令人感慨的家庭悲欢离合；也见过权柄炙手、神采奕奕的官员却成了戴上手铐、黯然神伤的囚犯；仰望并惊讶冉冉而起的明星倏忽而为陨落的黑灰丑石。确如20世纪的美国大律师丹诺所说：“律师所看到的，往往只是社会的阴暗面，并经常与各种纷扰、不幸、欺诈、误会等打交道，为当事人争得最大的利益。”[①] 也正是这些为我们分析与联想、反思与预见提供了鲜活、生动的素材。人同此心，我们不妨以问题为思考的导向，从“三严三实”的角度看看：有无因“严于修身”而引发夫妻反目婚姻家庭的不合，涉及房产存款的侵占、侵权的争讼？有无因“严于用权”而引发的股东口水攻讦、公职人员渎职贿赂犯罪和重大生产事故？有无因“严于律己”而招致合伙人恶斗，失信、违约的纠纷？有无因“谋事要实”而带来的公司僵局、耕地撂荒、拆迁难安、环境污染的纠纷诉讼案件？有无因“创业要实”而引发的买卖、供销合同难以履行，公司经营业绩泡汤，劳动合同之考勤、计件乃至欠薪纠纷？有无因“做人要实”而带来的生产经营假冒伪劣商品，租借赖债纠纷案件？回观这些具有启示意义的纠纷乃至案件，我们不难看出纠纷各异，然原因却趋

① ［美］丹诺．丹诺自传——世界上最伟大的辩护律师［M］．王炳，译．北京：法律出版社，1995：156.

同即总是因相关利益方或缺乏“三严”，或“三实”不足，甚或不严不实兼而有之而给自己、给社会带来麻烦、损失、不幸及难以化解的恶果。当然，这也给律师带来了诉与非诉的很多活计。

（二）有诚有持

前车指路。“沉舟侧畔千帆过，病树前头万木春”，这就是生活的辩证法。那些严于修身律己的杰出律师自会严用、慎用代理之权，处纠纷而镇定，临是非而清醒，析曲直而援法。执业律师有“三严”的修养，就善于发现和透视纠纷的症结并超然于纠纷之上，执业律师有“三实”的追求，就能抓住案件事实的脉络，捕捉到讼争的焦点，谋划好办案思路，并可引导纠纷、争讼向平等、自由、公正、法治的方向消解……古希腊法律格言“法律产生于事实”（Ex facto jus oritur），中国哲学史名言亦云“有斯事方有斯理”“理在事中”。“现代文明的传人害怕偏离事实，一如他们害怕偏离社会。”① 纠纷源于实际利益的算计而非虚幻价值的自白，从收集事实证据到提出实际请求，从举证、质证、证实、核实到当事人实际利益保护，律师做人办案离不开踏实、实在、实际。事实胜于雄辩，正是具有合法性、真实性、关联性的证据能够证明的案情事实、法律事实，才使律师得以维护当事人合法权益并赢得当事人的认可和尊崇。偏离实际案情的主张、意见只能给自己带来被动、难看、难堪的结论，确如恩格斯所说“根据事实得出的结论常常不免是尖锐的，甚至是无情的”。当然，执业律师干净实在做人、实证办案，那么其实际经验的取得，实际报酬的获得都会正当而稳健。踏实谋事、创业的执业律师会推动律师业乃至法治建设事业茁壮发展。

三、新时代要有新修为

党的十八大以来，中国社会法治建设取得了根本性、历史性的变革与进步，新时代社会主义初级阶段的利益、正义分配不平衡、不充分的矛盾依然会长期存在，中国社会生活方方面面或快或慢地发生着深刻的变化，这使包括我们每个执业律师在内的社会公众在数据、信息、标准、规则及隐身其后

① ［法］阿尔贝特·施维泽．文化哲学［M］．陈泽环，译．上海：上海世纪出版集团，2013：62.

的利益、价值的流动、嬗变中，面临明快与暗涩，平易与艰难、庆幸与后怕的极不简单的考量和抉择。“吾日三省吾身”在当下显示了其前所未有的箴铭规诫价值，是与非、对与错、善与恶、诚信与违约、潜规则与明章法的较量，守法与犯法之变种、非罪与罪之交织从未像现在这么频繁交集于工作、生活的每个桥段与环节。习近平总书记关于“三严三实”的指导无疑有其关切现实、深接地气的意义，司法部领导严管厚爱的要求又是多么及时而明确。我们相信，学习思考和坚持不懈的修为实践会给律师执业、律师行业不断助力，推动法治社会的形成。

谈谈严管与厚爱

司法部长与全国律协领导、刑事专业委员会律师代表举行座谈会后，关于“严管厚爱”的话题引起律师朋友们的广泛关注，笔者结合学习与执业经验观察、思考，想与律师同人就严管厚爱交流两点经验。

一、为什么要严管

（一）法律明文在要求

法律是人的行为规范，是由立法机关制定的，对人的经济社会生活行为具有普遍效力和强制力的规范。《律师法》开宗明义，第一条规定：“为了完善律师制度，规范律师执业行为，保障律师依法执业，发挥律师在社会主义法制建设中的作用，制定本法。”第二条规定：“律师是指依法取得律师执业证书，接受委托或者指定，为当事人提供法律服务的执业人员。律师应当维护当事人合法权益，维护法律正确实施，维护社会公平和正义。”第三条规定：“律师执业必须遵守宪法和法律，恪守律师职业道德和执业纪律。律师执业必须以事实为根据，以法律为准绳。律师执业应当接受国家、社会和当事人的监督……”因法律明确要求，所以律师执业就应当严格遵守并接受监督。

（二）不如人意、不合法的表现在呼吁

依法为当事人提供法律服务是律师从事社会法律工作的角色定位，律师须认真地对待自己这种因为“法和当事人”，围绕“法和当事人”，通过“法和当事人”而工作、生活的特点。因重视不够、学习不勤、理解不深，一些律师触犯了执业纪律，违背了职业道德，当事人在碰触、惊动法律时，法律就会“说话”“管事”，执业律师触犯执业纪律、道德，同样会受惩戒。“有利益的地方就有犯罪。”“随着财富的增加，大众变得更加容易支配和诱

导。”律师也不例外。

1. 截至2017年8月底，天津市律师协会接待群众来访、来信及电话咨询投诉190余次，受理投诉案件54件，结案38件，正在处理中16件。截至2017年8月底，共作出行业处分12件，其中2016年接转案件处分6件，其中公开谴责2件、通报批评2件、训诫2件，2017年受理案件处分6件，其中通报批评4件、训诫2件。一位当事人投诉自己的代理律师收费不开票，代理过程不作为；一位律师代理一老人委托的诉讼案件后六年没有“说法”；一律所管理不善，律师未签合同却持授权委托书出现在法庭。

2. 就全国范围来看，截至2017年11月，全国律协惩戒委统计因包括会见时传递纸条等在内的行为而被公开谴责的有15人；包括代理与本人有利益冲突的法律事务，伪造授权委托书在内而被处分中止会员资格1月以上1年以内的有19人；包括违规接受委托、违规收取费用、以不正当手段承揽业务、犯危险驾驶罪在内而被处分取消会员资格的有5人。

（三）违法、违规、违纪原因分析

前述或由来已久，或随法律服务市场发展而新近出现的现象、行为只是表象，其根本的原因是以下论及的意识、修养问题。

1. 热情、能力源于参与和经验。一些律师不关心律所集体、无意于法律援助等公益活动，俗话说“入行随规矩”，但一些律师不愿学习规章制度，不参加律所业务、事务类学习、交流会议，不参加律协组织的专家专业辅导讲座。不会做关心他人、关注社会的社会良心、良知的追求者、拥有者，遑论为掌握正义之术的律师。

2. 习惯源于生活，意识在于培养。然而一些律师自律意识差，不知“‘举止即人’这句话对于律师界要比任何其他职业都更为真实”。① 衣着不整洁，办公桌上案卷凌乱，低碳、节约意识差，办公纸张、水电浪费严重。不注意卫生，方便后不净手不冲厕径去办公，忘了文化之人当有文明之举。

3. 守时、守信意识差。缺乏及时回复、马上办事的习惯，拖拖拉拉，不催不动，会见当事人延误，出庭、提交法律文书迟延，规矩意识不强，纪律观念淡漠，执业瑕疵、舛误不断。

---

① ［英］丹宁斯．诚实的律师［M］．刘同苏，侯君丽，译．北京：中国政法大学出版社，1992：234.

4. 缺乏团结、务实意识。一些律师不懂得汗水换经验，奉献赚技能，合作添智慧，不谙律师尊师、合作之道，喜欢我行我素，无规矩的自由自在，缺乏群众意识，民主观念；“谋于实故能权与立”，律师是和“实”打交道的人，律师要有踏石有印、抓铁有痕的精神，从收集事实证据到提出实际请求，从举证、质证、证实、核实到当事人实际利益保护，都离不开实干。个别律所、律师不注意宣传纪律，或千案一面，“枣核儿改板——几锯（句）”，或口无遮拦，代建筑企业讨回工程款即是“房地产法律专家”，代银行打个借贷案子，即是“金融法律专家”，包揽、包辩、包打、包胜，让人咋舌唏嘘。

5. 懈怠学习，忽略自己身处信息、知识、学习的时代国度，受小圈子、小气候熏染，不研名著、不读经典，无读书、看报、听新闻的习惯，蜻蜓点水、浅尝辄止于网络信息快餐之中，甚至沉湎网络游戏，热衷麻将扑克，缺乏学养积淀，小视博大精深的法学，忽视修、立、改、废自有体系的变法时代。几个概念“万金油”，不愿深究细问，有经历经验，但不善总结，无执业笔记，无执业案卷，无执业论文，不总结自己，不诲惠泽人，“猴子搬苞谷——边搬边扔”；不注意语言、文字等基本技能培训，不注意思维逻辑，分析方法的训练，缺乏清晰的话语和写作能力、说服力，咨询及法庭语言、法律文书信息量不足，知识点不清，“干货”少、含“金”量不足，对证据的法律意义无明确辨析、认识和判断，这也是诱发违规违纪的重要原因。言谈之间“这个”“那个”“另外还有”“你知道吗”“再有就是”的口头禅多，“业精于勤荒于嬉”，而他却忙于应酬交际；先民有言“文不当，故吉凶生焉”，美国辩护大师 F. 李 · 贝利曾告诫谈吐文雅与文笔流畅，对于成为一流辩护律师而言，必须同时掌握，缺一不可。而一些律师不注意写作技能、不注重文章修养，写不出高质量的法务文书，“言之无文，行而不远”。不注意留心、用心学习语言文字，没有好的言论写作习惯，喜欢下载、乐于复制，无益于事业。

“千里之堤溃于蚁穴。”“祸患常积于忽微，而智勇多困于所溺。”“自知者明”，法律中规矩、规范、引导、调节、鼓励、制裁的含义执业律师是熟悉的。如诗人泰戈尔所说“脱离泥土的束缚并不是树的自由”“没有无义务的权利，没有无权利的义务”，在复杂、繁忙的执业活动中，律师应谙熟、遵守行业的道德、纪律和不可碰触的戒律，谨言慎行、勤勉服务，有规矩、守纪律，认真对待执业法律义务和滥权的戒律与后果，这是我们行业的先行智哲通过长期、大量的代理、辩护活动总结而得的每个执业律师安身立命的根与谱，关系我们的言谈举止、养家糊口，关系法律工作者的使命。

二、如何严管才显现厚爱呢？

律师执业权利来自漫长的中国革命、建设与改革的历史，来自社会主义民主法治不断的探索与实践。从1954年颁布第一部宪法到确立加强社会主义民主、健全社会主义法治的党的十一届三中全会，坎坷波折难忘；从1980年8月26日第五届全国人民代表大会常务委员会第十五次会议通过《律师暂行条例》，到1996年第八届全国人民代表大会常务委员会第十九次会议通过新中国第一部《律师法》，后经三次修订，律师执业权利随着改革开放、依法治国的实践在不断发展。党的十八大以来，党中央全面推进依法治国的决定为律师的执业权利发展创造了前所未有的机遇。律师由起初几十人发展到现在33万多人。历史有自己演进的逻辑，律师执业权利的胚芽、根苗、茎秆、枝叶的生成与茁壮叹遭风吹雨打，喜遇政通人和，多所不易，故应倍加珍惜厚爱。

第一，法治是厚爱的保障。律所是律师依法执业的机构，律师是依法为社会提供法律服务的执业人员，他们都是社会法治元素，是社会竞争丛林中的医生，以规则诊疗社会伤痛。法治在进步，律师在成长，每个律师的自身素质影响和决定着这支队伍的形象与作为。律所是律师素质的土壤，律师可以选择自己成长的土壤，更可以选择和决定自己素质提升的途径。社会学家迪特里希·鲁施迈耶在比较研究美德两国律师执业伦理时说“执业伦理的表现方式在内容、语言表达、约束力来源、合法性在法律执业中的接受上以及在最终可以使用的处罚手段上都大有不同”，但“为律师界划定边界”① 却是共同的。“他山之石可以攻玉”，律师制度发展较早、较快、较成熟的国家和地区也特别注意惩戒违反职业操守的律师，在英国，不同律协、律师监管局和律师案件惩戒法院负责对出庭律师和事务律师的纪律惩处，每年有210件左右相关案件。在美国，律师管理模式是行业管理为主、法院参与监

① ［美］迪特里希·鲁施迈耶．律师与社会：美德两国法律职业比较研究［M］．于霄，译．上海：生活·读书·新知三联书店，2010：120.

督。律协如认为律师错误严重，可向法院提起纪律制裁的诉讼，监督律师，据统计近年有1/10的律师面临客户提出的失职指控。在法国，律协根据律师法负责律师纪律惩戒，程序是谈话、立案、移交纲纪委员会，向社会公开惩戒结果。在德国，地方法院、州法院、联邦法院设立律师纪律法庭，法庭对律师的处罚种类有警告；严重警告；处以25万欧元以下的罚款；1年至5年内禁止从事某一业务；吊销律师资格（在吊销7年至8年后，再进行一次审理，以决定是否予以终身吊销资格）。在日本，截至2014年3月，全国律师总人数为35045人，但当年针对律师的检举数为2348件，检举率之高可见一斑。在中国台湾地区，律师法规定如果执业律师有律师法禁止的行为，有应受刑罚处罚的犯罪行为，有违背律师公会章程，且情节重大的行为，就要受到惩戒，惩戒为警告、申诫、停止执行职务2个月以上至2年以下，除名等4种。在中国香港地区，律师惩戒适用的情形为有犯罪行为；有违反律师执业操守的行为，对故意犯罪的律师实行双重处罚原则，不受一事不再理的司法原则的限制。有这样的规定，必有其司法文化的深渊背景，但严格管理则是不言而喻的。总之，依法管理是律所发展的标准、方向和安全保障。蒙鸠“以羽为巢，而编之以发，系之苇苕，风至苕折，卵破子死。巢非不完也，所系者然也”。如不依法管理律师、律所，护短、遮丑、宽松软，执业就有生存的困难和长治久安的风险，厚爱无从谈起。

第二，加强党建是厚爱的关键。律所的党建离不开党的十一届三中全会以来健全社会主义民主、加强社会主义法制的党建，离不开中国特色社会主义法律体系、法治体系的党建，离不开党在各个时期政法工作形势、政策、策略的党建，所以，不能离开业务搞党建，撇开党建搞业务。没有离开党在社会主义初级阶段基本路线的业务，没有离开党的依法治国策略的业务，没有离开“五位一体”新理念指导的政治、经济、文化、社会、环境建设的业务，没有离开“四个全面”不断推进的业务。我们在帮助、扶持和保障律师业务收入的同时，要积极引导律师拥护党的领导、拥护社会主义法治，这是加强律师队伍思想政治建设，谋求自身发展的途径与保障，也是厚爱的集中体现与根本。

第三，诚信执业获厚爱。“能够酝酿法律的人一定留心生活的道德力量。”[1] 律师具备很多才能，律所管理者也不乏“兴趣、决断性、智慧、控制情绪、付出时间、培训和经验、领导素质、分析能力、使用权力的意愿、与别人交流的能力、获得信息的能力”等多种素质，而讲诚信则是最基本、最重要的素质，人无信不立。“谋事要实，做事要实，做人要实”。切记英国大法官丹宁斯在赞美律师业及其受人尊敬的人物时曾说：“是什么东西使得他们变得如此杰出？这就是他们的正直，他们的诚实，他们的勇气和他们的礼貌。”[2] 只有培养律师诚信执业，才可实现管理的目标，彰显对律师的厚爱，也是律师获得当事人、社会、党和政府厚爱的本分。

第四，善于培养律师好学慎思的品质，是对执业律师一生的厚爱。改革开放、与时俱进、快速发展是当代中国的重要特点，需要律师学习的经济社会法律、政策、科技、文化内容很多，学习是执业的门径，更是进步的阶梯；我思故我在，要培养律师法治思维的能力、方法，把握好每一项业务的“始、中、终”。一些律师不乐于在诉讼起“始”前思考、研究和请教，不善于在程序进行“中”探讨、表达与沟通，也不注意诉讼“终”结后总结、反思和积累。承接事务开“始”，缺乏应有的研判、预判准备，承接事务介入过程“中”，热情、能力、耐力差。比如，顾问单位事务、社会法务项目、法律公益项目等，一年半载还顶得住，时间长了，拿不住、顶不牢、久不了，代理事务“终”结，则给人靠不住的印象；不注意掌握程序正义的精深理念及其生动具体环节，不关注、分析程序进程时日和采取果断举措，如调查申请、阅卷会见、延期举证、反诉、多次开庭，在法理上、证据事实上、具体操作步骤上准备不足，反应不快。1924 年，美国著名律师路易斯·尼察认为律师出庭“无论多么充分的准备都不过分”[3]。2001 年，美国哈佛法学院的教授、律师艾伦·德肖微茨再次告诫青年律师：“准备工作做得

---

① ［美］罗伯特·N. 威尔金. 法律职业的精神［M］. 王俊峰，译. 北京：北京大学出版社，2013：149.

② ［英］丹宁斯. 诚实的律师［M］. 刘同苏，侯君丽，译. 北京：中国政法大学出版社，1992：235.

③ 黄家乐，李炳成编译. 律师取胜的策略与技巧［M］. 北京：中国政法大学出版社，1993：111.

无论多充分都不为过。"[1] 好学慎思的习惯正是最基本和最好的准备，也是执业律师获得厚爱的"金钥匙"。

第五，包容、服务显厚爱。一方面，中国特色社会主义法律法意博大精深，包容着各方利益，多方见解；另一方面，随法治建设不断发展，全国630多所政法院校每年有大量才俊进入律师行业。"律师们都有鲜明的个性，他们喜欢作决定。很多人喜欢争强好胜，而好争论的性格被公认是值得拥有的。"所以，要围绕社会公正和律所、律师队伍发展的正确目的，以海纳百川的气度和胸怀管理律所、律师，包容才有空间、才有自由，否则，"组织化越严密，它对创造和精神的阻碍也就越严重"。理性自觉的，服务于社会公正的律师自由、自治性较强，但也急需提供包括业务机会在内的良好服务。少些命令与指教，多些协商和服务特别是业务机会的推介与帮助，管理幅度、层次要实际，效率就会高一点。服务到位才能促进律所及其队伍的稳健发展，厚德载物方显厚爱博大。

环境、外因是条件，自身内因是根本。严管的方法、目的体现出的厚爱须通过律师感知、领悟而获得，执业律师不断增强自身修为，才是其获得厚爱的根本。习近平总书记关于"严于修身，严于用权，严于律己，谋事要实，创业要实，做人要实"的论述，对执业律师也有十分恰当的教益。因为我们办案的故事、经验能展示"三严三实"的价值，告诫我们应有的遵循。执业律师与社会各行各业各阶层的人打交道，和生活中的纠纷、矛盾打交道，以法常识、法技术、法文明、法情怀给社会生活中的迷失者、受伤者、失败者指路针砭、疗伤抚慰，在问题与困惑、利欲与戒律中找平衡、寻出路，开"药方"。前车指路，那些严以修身律己的杰出律师自会严用、慎用代理之权，处纠纷而镇定，临是非而清醒，析曲直而援法。"沉舟侧畔千帆过，病树前头万木春"，这就是生活的辩证法。您有"三严"的修养，您就善于发现和透视纠纷的症结并超然于纠纷之上，您有"三实"的追求，您就能抓住案件事实的脉络，捕捉到讼争的焦点，谋划好办案思路，并可引导纠纷、争讼向平等、自由、公正、法治的方向消解……古希腊法律格言"法律产生于事实"（Ex facto jus oritur），中国哲学史名言亦云"有斯事方有斯

① ［美］艾伦·德肖微茨．致青年律师的信［M］．王楚明，汤家芳，译．上海：上海人民出版社，2004：112.

理”“理在事中”。“现代文明的传人害怕偏离事实，一如他们害怕偏离社会。”[①] 纠纷源于实际利益的算计而非虚幻价值的自白，从收集事实证据到提出实际请求，从举证、质证、证实、核实到当事人实际利益保护，律师做人办案离不开踏实、实在、实际。事实胜于雄辩，正是具有合法性、真实性、关联性的证据能够证明的案情事实、法律事实，才使律师得以维护当事人合法权益并赢得当事人的认可和尊崇。偏离实际案情的主张、意见则只能给自己带来被动、难堪的结论，的确“根据事实得出的结论常常不免是尖锐的，甚至是无情的”[②]。当然，执业律师干净实在做人、实证办案，那么其实际经验的取得，实际报酬的获得都会正当而稳健。踏实谋事、创业的执业律师就会推动律师业乃至法治建设事业茁壮发展。当代中国社会生活方方面面或快或慢地发生着深刻的变化，这使包括我们每个执业律师在内的社会公众在数据、信息、标准、规则及隐身其后的利益、价值的流动、嬗变中，面临明快与暗涩，平易与艰难、庆幸与后怕的极不简单的考量和抉择。动机与意志，冲动与良知发自身心，却又倒逼反问着我们自己。“吾日三省吾身”在当下显示了其前所未有的箴铭规诫价值，是与非、对与错、善与恶、诚信与违约、潜规则与明章法的较量，守法与犯法之变种、非罪与罪之交织从未像现在这么频繁交集于工作、生活的每个桥段与环节。可见习近平总书记关于“三严三实”的指导无疑有其关切现实，深接地气的意义，司法部领导严管厚爱的要求又是多么及时而明确。笔者相信，学习、思考和不断实践会给律师朋友的执业业绩助力，给法治事业助力。

---

① ［法］阿尔贝特·施维泽．文化哲学［M］．陈泽环，译．上海：上海世纪出版集团，2013：62.

② ［德］恩格斯．反杜林论［A］．中共中央马克思恩格斯列宁斯大林著作编译局．马克思恩格斯选集（第三卷）［C］．北京：人民出版社，1975：364.

纪律挺在前，执业有保障

考取法定资格，依法提供法律服务是律师从事社会法律工作的角色定位特质，律师须认真地对待自己这种“因为法”“围绕法”“通过法”而工作、生活的特点。一方面，我们学习法律，通过了专业职业资格考试，“自知者明”，法律中规矩、规范、引导、调节、鼓励、制裁的含义我们一般是熟悉的，律师执业时固应谨言慎行、细心呵护，认真对待执业法律义务和滥权的戒律与后果，“没有无义务的权利，没有无权利的义务”；另一方面，“随着财富的增加，大众变得更加容易支配和诱导”，律师也不例外，在复杂、繁忙的执业活动中，律师也应谙熟、遵守我们行业的纪律，这些纪律比法律细腻、简明和贴身，关系我们的举手投足、衣食住行。纪律是我们行业的先行智哲通过长期、大量的代理、辩护活动总结而得，律师可不要以为只有像当事人那样只是在碰触、惊动法律时法律才会“说话”“管事”，而对自己执业应予遵守的纪律却学之不勤、知之不多、守之不谨：2015 年天津市律协纪律委员会统计接待投诉 110 件，已立案 42 件，其中“未开票，打白条”等违规收费有 7 件，占投诉率的 6.4%；“转委托、不调查证据”等不尽职责的有 9 件，占投诉率的 8.2%；“制造假证据，妨碍对方律师调查取证，利益冲突不回避”等违反职业道德有 6 件，占投诉率的 5.5%。例如，一位律师业余帮助朋友“了事”，出言不逊，举止粗鲁，招致投诉而被通报批评；一位律师做见证时违背真实、合法原则，不亲历亲见，不负责任被投诉而受公开谴责处分；一律所指派非执业律师出庭代理案件而被投诉受通报批评。“千里之堤溃于蚁穴”“祸患常积于忽微，而智勇多困于所溺”。纪律是防微杜渐的护身法宝，纪律包含、映射着更多道德、伦理的内容，比如“律师不得以个人名义私自接受委托，不得私自收取费用”“律师不应诋毁、损害其他律师的威信和声誉”“不应接受自己不能办理的法律事务”“律师不得以影响案件的审理和裁决为目的，与本案审判人员、检察人员、仲裁员在非办公场所接触，不得向上述人员馈赠钱物，也不得以许诺、回报或提供其他便利等方式与承办案件的执法人员进行交易”。确如诗人泰戈尔所说“脱离泥土的束缚并不是树的自由”。严明的纪律是律师超然于世俗纠纷各方的保障，学习并持守职业道德纪律才能使我们游刃有余于欲念沟壑的讼争中，“自胜者强”。社会学家迪特里希·鲁施迈耶在比较研究美德两国律师执业伦理时说“执业伦理的表现方式在内容、语言表达、约束力来源、合法性在法律执业中的接受上以及在最终可以使用的处罚手段上都大有不同”，但“为律师界划定边界”[①] 却是共同的。“能够酝酿法律的人一定留心生活的道德力量。”[②] 并不是只有我们对职业律师有纪律规范的要求，一些律师制度发展较早、较快、较成熟的国家和地区也特别注意惩戒违反职业操守的律师，“他山之石可以攻玉”。在英国，不同律协，律师监管局和律师案件惩戒法院负责对出庭律师和事务律师的纪律惩处，每年有 210 件左右相关案件。在美国，律师管理模式是行业管理为主、法院参与监督，律协如认为律师错误严重，可向法院提起纪律制裁的诉讼，监督律师，让律师更有效地为公众负责，据统计近年有 1/10 的律师面临客户提出的失职指控，一位哈佛法学院教授对学生说“你们当中更多人可能成为被告人而不是辩护人”。在法国，律协根据律师法负责律师纪律惩戒，程序是谈话、立案、移交纲纪委员会，惩戒有警告、严重警告、直接停止执业、吊销律师资格，可附加禁止 10 年内成为某律师协会的会员，向社会公开惩戒结果。在德国，律协对律师违反职业道德的轻微行为进行处分即训诫，律师不服可向律协的申诉委员会申诉，对复核不服的可向法院起诉。此外在地方法院、州法院、联邦法院设立律师纪律法庭，地方法庭的法官为 3 名执业律师，州法院律师纪律法庭由 3 名执业律师和 2 名职业法官组成，联邦最高法院律师纪律法庭由职业法官组成，法庭对律师的处罚种类有警告、严重警告、处以 25 万欧元以下的罚款、1 年至 5 年内禁止从事某一业务、吊销律师资格（在吊销 7 年至 8 年后，再进行一次审理，以决定是否予以终身吊销资格）。《俄罗斯律师法》规定各

---

① ［美］迪特里希·鲁施迈耶．律师与社会：美德两国法律职业比较研究［M］．于霄，译．上海：生活·读书·新知三联书店，2010：120.

② ［美］罗伯特·N. 威尔金．法律职业的精神［M］．王俊峰，译．北京：北京大学出版社，2013：149.

联邦主体的律协执委会负责处理对律师的投诉，该委员会以投票表决方式作出裁定，如律师有玷污其他律师荣誉和尊严或损害律师声望的行为，不履行或未适当履行其对委托人的职业义务及不履行律师协会机构在其职权范围内作出的决定，法院认定律师实施故意犯罪，那么律协执委会就可作出终止律师执业资格的决定。在日本，对律师个人的职业伦理、素养的监督非常严格，据《2014版律师白皮书》统计，截至2014年3月，日本全国律师总人数为35045人，但当年针对律师的检举数为2348件，检举率之高可见一斑。日本辩护士（律师）联合会主要职责是对律师、律师法人、律师协会等进行指导、联络及监督。《律师职务基本规程》规定，对违反会规、损害所属律师协会的秩序和信用及在职务内外损害职业伦理的律师和律师法人，可依据《律师法》第56条进行处罚。惩戒主要有警告，要求当事律师深刻反省；业务停止，两年内禁止从事律师相关工作；责令退会，即表示丧失律师身份，不能以律师身份开展活动，但并没有丧失再次成为律师的资格；除名，表示不仅丧失律师身份，不能以律师身份活动，而且三年内剥夺其再次成为律师的资格。惩处流程：首先，任何人如果发现或认为某位律师有违反律师协会会规和职业伦理、失责的行为，可以向该律师所属的地方律师协会检举，请求对该律师予以惩戒。律师协会接到检举后责成协会纲纪委员会予以调查。纲纪委员会经调查后，根据调查结果作出是否予以惩戒的判断。在中国台湾地区，律师法规定执业律师如果有律师法禁止的行为，有应受刑罚处罚的犯罪行为，有违背律师公会章程，且情节重大的行为，就要受到惩戒。实施惩戒的机关包括初审的惩戒委员会和复审的惩戒复议委员会，惩戒为警告、申诫、停止执行职务2个月以上至2年以下，除名等4种。在中国香港地区，律师惩戒适用的情形为有犯罪行为；有违反律师执业操守的行为，对故意犯罪的律师实行双重处罚原则，不受一事不再理的司法原则的限制。有这样的规定，必有其需要解析的文化，特别是司法文化的深渊背景，但严格管理则是不言而喻的。总之，比较、交流、学习会使我们增强纪律意识和在“边界”之中依纪依法施展更多才能。

也不是在法律职业中只要求律师如何，法治社会与国家对法官等的要求也是十分精细和严格的，比如2008年10月英国司法委员会发布的《英国司法能力与法官素质之框架标准》规定“保持超然中立，掌握自己在法庭上的反应与情绪”“避免使用可能引起偏见之疑的语言和行为”乃法官能力、素质标准之一。当然，因为律所是律师依法执业的机构，是律师依法为社会提供法律服务的据点、场所，律所是社会法治元素，是以规则诊疗丛林伤痛的医生——律师的“诊疗所”，依法管理是律所、律师发展的安全保障、标准和方向，也是律所和律师的特长、优势、看家本领。“南方有鸟焉，名曰蒙鸠，以羽为巢，而编之以发，系之苇苕，风至苕折，卵破子死。巢非不完也，所系者然也。”① 律师不能依纪依法执业，律所不善依法管理，就会失却安身立命之本。

附：某律师事务所 W 律师、G 律师违规见证案

一、基本案情

投诉人称其母于 2007 年 10 月 20 日病故，2007 年 12 月 8 日，投诉人见其弟提供的原始遗嘱和《律师见证书》，发现遗嘱中其母亲的姓氏错误、身份证号错误。被投诉律师及律师事务所辩称 2007 年 5 月 18 日，投诉人之母因需遗嘱见证与律师事务所签订委托合同，律师事务所指派 W 律师、G 律师为委托人的见证律师。5 月 18 日，二位被投诉律师为投诉人之母代书遗嘱并出具了《律师见证书》。

二、纪律委员会查明的事实

2007 年 5 月 18 日，律师事务所二位被投诉律师在未签订书面委托合同的情况下，为投诉人之母办理遗嘱代书及遗嘱见证业务。在办理该项业务的过程当中，由于律师工作疏忽，导致代书遗嘱中遗嘱人姓氏错误，《律师见证书》中遗嘱人姓氏和身份证号错误，该见证书在只有 G 律师一人签名的情况下发出。纪律委员会接受投诉立案审查后，律师事务所及被投诉律师向纪律委员会提交了后补的委托合同及投诉人之弟签署的与实际收到的补正《律师见证书》时间不符的收条。

① 《荀子·劝学篇》。

三、纪律委员会裁定

被投诉律师事务所的行为违反《律师协会会员违规行为处分规则（试行）》第十四条第五项、第十七项之规定；W律师的行为违反《律师协会会员违规行为处分规则（试行）》第十一条第五项、第二十五项、第二十八项及《律师执业行为规范》第七条之规定；G律师的行为违反《律师协会会员违规行为处分规则（试行）》第十一条第五项、第二十八项及《律师执业行为规范》第七条之规定，故被投诉律师事务所及律师事务所负责人W律师应承担主要责任，G律师在本投诉案中的违规情节轻微，可从轻处分。

四、处分决定

经纪律委员会表决，根据《律师协会会员违规行为处分规则（试行）》第九条，第十一条第五项、第二十五项、第二十八项，第十四条第五项、第十七项之规定决定：给予律师事务所通报批评行业处分；给予W律师通报批评行业处分；给予G律师训诫行业处分。

五、案件评析

法律与事实应是每位律师都应牢牢肩扛的执业大旗，再认真充分的准备都不嫌过分则应是每位职业律师都应谨守不移的戒铭。

律师办理每一项非诉、诉讼业务，先应由律师事务所与委托人订立书面委托合同，而后指派律师办理受托事项。本案见证律师在承办该项见证业务时，律师事务所未按照规定与委托人签订书面的委托合同，承办律师办理见证业务时由于不细心、工作疏忽，未尽法定职责，导致代书遗嘱中遗嘱人姓氏错误，《律师见证书》中遗嘱人姓氏和身份证号码错误，且在只有一名律师签名的情况下发出见证书。其行为违反了《律师法》第二十五条“律师承办业务，由律师事务所统一接受委托，与委托人签订书面委托合同，按照国家规定统一收取费用并如实入账”，以及全国律师协会《律师执业行为规范（试行）》第七条“律师必须诚实守信，勤勉尽责，依照事实和法律，维护委托人利益”和见证细则的有关规定。而被投诉人在立案审查时向纪律委员会提交后补的委托合同及投诉人之弟签署的与实际收到的补正《律师见证书》时间不符的收条的行为，属于提交虚假证明材料、隐瞒重要事实等弄虚作假的行为，与依法诚信执业不符。

律师见证业务是律师非诉讼业务之一，是一项容易引发职业责任风险的业务，律师事务所对此应给予高度重视，依法加强风险防范，劝告律师细心、勤勉，坚持亲自、直接见证原则，通过有效的方法弥补个别律师在执业活动中可能产生的疏漏与隐患。

面对投诉您奈何？*

您在民事代理过程中，在刑事辩护过程中，在提供法律服务过程中，您的当事人——咨询者、原告或被告，可能经与您相识、沟通、理解、合作而研究、论证一起纠纷、一个案件，并在纠纷解决、案件审结后得到自己应当得到的公平、正义或某种内心企求，比如“出气”；当然，也可能因相识之后的沟通误会、交流误解，甚至因您的不慎、失时、失实、失当、失措、失误、失利而与您发生冲突、“内战”，彼时，被您普过法、启发过，被您教会执掌法律这把“双刃剑”的人，今日可能冲您而来——投诉您！您该如何应对关于您自身的纠纷和已陷入告诉旋涡的当事人呢？

* 笔者在天津市第六届、第七届、第八届律协纪律委员会先后任委员、副主任，调查、听证、处理过很多投诉律师的案子，有感于一些律师“当局者迷”，所以根据经验、教训写了这篇文章，愿对同人有所帮助。

笔者在从事律协纪律委员会工作时，和其他委员一道既是中立者、评判者、裁决人，也是关心、爱护律师、律师行业、法治大业的普通律师，我关注、反思曾经参与的一些投诉案件的听证、查处，认为有这样几点，可以帮助我们的律师朋友，正确应对投诉。

一、对执业环境的忧患意识

我国社会正处在社会转型运行震荡期，社会结构、阶层变化调整期、利益格局矛盾冲突纠结期，风险、危险普遍存在。我们固不能精神脆弱、危言耸听地以为“道心惟微、人心惟危”“世乱人聪明”，也不能乐哉悠哉，居安思娱，丢弃忧患意识，没有悲天悯人的情怀，进而不小心谨慎地对待每一位当事人，每一件纠纷，每一个案件，每一个诉讼环节，每一个案件情节，每一份证据事实和每一个不管怀揣什么动机、目的而介入纠纷的人，把老百姓“仨瓜俩枣儿”的事不当大事，这可能会成为纠纷的根源。“智者见于未萌，明者察于未形。”

二、正确的执业态度

人为善，福虽未至，祸已远离，莫以善小而不为；人为恶，祸虽未至，福已远离，莫以恶小而为之。“善行无辙迹，善言无瑕谪；善建者不拔，善抱者不脱。”[①] 律师必须善！善待他人、善擅执业，否则，不善不利！因不善之因素、机缘而发生矛盾、陷入纷争的当事人，对簿公堂的原被告，在受过一些人员的冷言、冷语、冷板凳和不及时、不认真、不解决问题的接待、处理之后，会对您的态度、您的做法十分敏感并有想法、看法，可能因为他请律师而花了钱！您在代理、辩护的过程中给当事人讲了许多如何取证，怎样证“死”对方，如何辩论，让对方无言、失语的方法、知识，当事人经一审、二审、再审诉讼之后，也会逐渐成熟、老练起来，并像律师一样进入“准执业”状态，对您不利于他的言行或有失误的言行，他会像您一样“工作”，留下证据，用以作为投诉您的证据，真可谓学以致用，在“战争”中学会“战争”。所以，您只能以善慎始而敬终，兢兢业业，执业为民，无失

① 《老子》第二十七章、第五十四章。

于当事人。

三、冷静、理性、细致的准备

您遇到的投诉和法院、仲裁机构受理的告诉一样，但不同的是您成为您正在帮助其诉讼、仲裁的当事人的“被告”，这往往使您有些尴尬、难堪，如果您素来勤勉敬业而无大过，那么，您可能会伤心而悲愤，但无论您是怎样的心境，都必须以冷静的态度、理性的方法对待您的当事人对您的投诉，不能吵架，更不能出言不逊，“言，身之文也。”① 您一定得持重您的身份、形象，切记“匹夫见辱，拔剑而起，挺身而斗，此不足为勇也。天下有大勇者，卒然临之而不惊，无故加之而不怒”②。

首先，要注意主动与投诉方沟通、协商、和解。您虽与您的当事人是“一个战壕”的，但不是朋友，也不是同事，你们之间是合作关系，合同是你们的法律，所以应当以合同为标准，尝试运用小范围会晤方式沟通、了解、理解彼此间的因失误、误会、错误产生的分歧，并把嫌隙弥合在萌芽状态、最小范围，别忘了“私了合算”（A lean agreement is better than a fat judgment）。电话、短信方式在发生冲突时，要慎重使用，因为字斟句酌在通话时是有难度的，您不能保证您在交流中句句是金科玉律，而且不被对方录音和发挥想象去解释。

其次，认真、细致准备，乐于接受他人居中调解解决。因为旁观者清，而且“任何人均不得在自己的案件中担任法官（Inpropria causa nemo judex）”。别忘了“出庭自我辩护，必定洋相百出（He that is his own lawyer has a fool for a client）”。所以，您应当乐意接受调解，为调解解决而作准备，应当尊重事务所同事、合伙人、主任、基层党组织的调解，特别是行业协会的居中调解，切忌自以为自己是自由人、自由职业者，不愿第三方介入，不听调解者的规劝，这是非理性和有害的，往往会延误解决问题的时机，使纠纷升级，沸沸扬扬。平和的心态无论是您对待投诉您的当事人，还是解决被投诉的事件都是很重要的，“让人非我弱，得意莫离群”嘛。

最后，证据意识，卷宗意识。我们发现一些被投诉的律师在为当事人梳

① 《左传·介之推不言禄》。

② 苏轼：《留侯论》。

理思路时并没有梳理好自己的思路，在给当事人整理证据时，并没有整理好自己的案卷，在被投诉时拿不出来准备充分、翔实地证明自己服务过程、具体工作不存在失误、哪怕是瑕疵的证据和案卷卷宗，拿不出一份法、理、情融通无碍的书面情况说明、答辩材料。当事人找您、委托您时有那么几张纸，您办完案时有那么几张纸，这无疑为后来的一些纠纷的发生埋下根苗，这可能成为不能限定范围、焦点的信马由缰、胡拉乱扯、争辩纠缠不休的原因。因为确有人会在您服务的瑕疵中去寻找少交、不交、拖赖代理费的比较“体面”的理由，甚至想使您成为他的“出气筒”“受气包”、终于“告赢了”的例子。“害人之心不可有，防人之心不可无”呀！

虽然律师有执业风险保险制度，但这不能成为我们粗心大意、粗枝大叶的执业行为的保护伞、挡箭牌。把职业水平、技能和律师德行寄托在保险制度上，是律师内心对法律科学性的动摇，是对法与司法和巫术与占卜之区别的混淆，是律师自我无智、无力、懈怠、自弃的表现。人们会敬而远之甚至不敬而弃！因为您的做派表现出了您不具法律预见的胆魄和能力！

投诉，是个麻烦，但也会使您在处理关于自己纠纷的过程中增加阅历、了解社会、认识人，并历练自己的承受力和自查、自纠、自臻的能力，甚至是抵御不公正打击的能力，您将有所失而有所得，并裨益于您漫长的执业之路！因为您选择了仗正义之剑，戴荆棘王冠，步履蹒跚于荆棘之路……

案说预判

促使我把长期以来对预判的感触、领悟、思考和哪怕是点滴的经验表达出来的是我亲历的塞上江南银川一案。2014年春节刚过，我的一家顾问单位在银川被起诉了，原因是顾问单位在银川的无法人资格的项目部给施工单位即天津某企业做了租赁合同的担保人，因天津某企业没有如约履行合同，租赁合同的出租方即原告便直接起诉我的顾问单位要求其承担保证责任。接到传票，经验告诉我，原告诉请的事实、理由一般都在状子中，被告反戈一击的抗辩理由、事实关键往往也在状子里。我发现原告应追加天津某企业为被告，我方应为第二被告，但我未马上要求追加，我打算庭前阅卷后再定，因为最后的证据往往才是决定性的。

第一次开庭时，原告方律师宣读诉状并增加了诉讼请求，攻势迅猛。我提出被告乃无法人资格的项目部，担保条款应无效，被担保单位天津某企业应追加为被告到庭，况原告当庭变更诉讼请求，故我要求延期答辩。举证质证后法官认为保证条款无效，但亦应承担相应责任。我方坚持了答辩意见。法官告诉原告庭后递交书面变更请求，等待开庭通知。回到天津后我给法官寄去了追加申请及相关证据，待电话沟通时法官说“申请收到了，有道理，我同意追加，裁定已报批，你们就等开庭通知吧……”

一个月后，我们再次来到了银川。开庭中，原告及新追加的被告发问较多，但又似乎没有弄清发问的目的。在我回答了对方律师十几个诸如“你方印章盖在承租人与保证人中间，应是承租人，就是被告，没追加必要”“你方介绍原告与被追加被告认识，是表见代理”等连续发问后，法庭辩论开始了，我的观点主要从三个方面展开：一是担保条款无效；二是被追加的被告应承担责任；三是原告及两个被告应对因自己过错而致担保无效担责。辩论几轮后，耐心的法官用平和的语气简单阐述了与我的辩论意见大致相仿的几点想法——这显然是预判，法官还提议各方代理人可上网查看一份判决。之后原告及被告突然放弃攻防激辩而致意言和。我感觉他们可能从法官的预判及之前各方辩论观点中体会到了该案的正解。经过一番辩论已是午后，法官宣布休庭，下午继续进行……地僻自静，午饭后的景安庄宾馆格外安静，其后有一片开阔地，草地绿茵，柳柏环绕，春风和煦，天蓝日丽，有布谷鸟在不远处悠闲地叫着。毕业于吉林大学法学院的刘强是顾问单位的法务，我俩在这里散步交流开庭的感受，回到客房后我随意翻阅在银川鼓楼新华书店淘的《赵孟頫书苏东坡〈前后赤壁赋〉》，品茗读帖的习惯可消遣差旅的倦意，也使自己的心绪跳出庭审论辩的波澜……蓦然，电话铃声叫回了我游动于名篇法书的心神，法官说："你们来看调解书吧。"经几轮协商沟通后，调解书的主要内容是被追加的第二被告支付原告设备租金，我方认可拖欠原告的租金数额。这是一个上善结果，法谚云"一个调解胜过一打的判决"。调解的出现在于代理人和法官的预判的契合及其对当事人的影响，法官庭审艺术及公正给我们留下良好的印象。夕阳余晖之下，原告律师、助手同我们也都和颜悦色交谈着缓步逐级走下了法院主楼的台阶，何法官匆匆从我们身后走过时，回头打招呼说去学校接孩子……亲善敬业是相辅相成的呀！

往事如烟，旧案启智。基于公布在先的法律及其安定性、可预测性而对法律活动及其结果的事先预测，我们称之为预判，预判包括裁决者的预判、代理人的预判以及当事人的预判。一名律师的预判水平，不仅代表其知识与经验的积累，还反映了其综合素质能力和积极应对的态度，是对于程序步骤的把握、纠纷实质的感悟和对当事人及法律工作的责任心。想做好预判，律师首先必须具备真才实学与丰富经验，前者须接受法学教育后终身学习，研修不已，运用自如；后者则需注重体会、回顾、感悟、总结自身亲历并验证知识，还需模仿、参考、比照、借鉴其他法律工作者的经历与经验。正确的理论及理论思维、合适的经验及经验运用，是律师正确预判的主要思想因素。在民事、刑事案件代理辩护过程中，我们都关注、思考、探讨、预测着公检法执法人员的预判，因为这关系着我们代理、辩护案件的得失。其实，每遇一案，有责任心的律师都不乏心的感受、脑的思索以及从中形成的预判。

因为“对于绝大多数人来说，法律诉讼都是罕事，是灾难性的经历……”① 委托人探寻的目光、焦急的询问预示着预判的分量，“础润则雨、月晕则风”，所以预判很重要！预判是什么？是先行认识，事先判断，预测性判断。美国著名大法官卡多佐在谈论司法过程的本质时说：法官“对事实、人和事物所作的评价，并不是基于他本人那种不经分析的冲动、成见和癖性，而是基于他对所有能有助于形成深思熟虑的判决的证据所作的宽宏大量和审慎明断的估价。”② “深思熟虑”后的“估价”正是预判。法官在个案的判决生成前，就涉案证据事实的意义与法律规范内涵的逐步探明、最终确定的过程就是预判。律师也一样，咨询倾听、收集证据、反复研究、阅卷沟通，这种心证过程的逐步展开就是预判。

预判是再典型不过的思想活动，“哲人惟刑，无疆之词”③ “谁不利用理性，谁就放弃了他最重要的自尊”④。法律人在纠葛纠集的社会生活中，之所以能够居于调节者、仲裁者，哪怕是俗谓之“和稀泥”的人，达到自尊且令人羡慕的地位，在于他们拥有相对独立和超脱的主体意识，能够理性地观察评判纷争。其间的倾听与审视、询问与回答、辩说与裁决都受思想的支配，须遵守法理原则、经验常识原则，如违约之属实、侵权之成立、犯罪之构成，还有趋利避害、自力救济之自然心性。有矛无盾、有盾无矛，都不叫矛盾，有矛有盾，矛盾作用，才会发现、分析和处理矛盾。“轻听发言，安知非人之谮诉，当忍耐三思；因事相争，安知非我之不是，须平心暗想。”⑤

---

① ［美］本杰明·卡多佐．司法过程的性质［M］．苏力，译．北京：商务印书馆，1998：80.

② ［美］E. 博登海默．法理学——法哲学及其方法［M］．邓正来，姬荣斌，译．北京：华夏出版社，1987：436.

③ 1982年，宁夏大学的茅彭年教授将此翻译为“让明智的人（哲）主持刑狱，会有无穷的善词，传闻于后世，因为他们办案能合乎五常的道理，把案件办理得尽善”。（《吕刑今释》，群众出版社，1984年4月第1版，第30页）。1989年，长期致力于《尚书》研究的中国训诂学会原常务理事、湖南师大中文系周秉钧教授翻译为“治理（哲）百姓要运用刑罚，使无穷无尽的讼词合于五刑，都能公正适当，就有富庆”。（《白话尚书》，岳麓书社，1990年第1版，第232、234页）对“哲”的训诂，说明法律人的特点，也说明中国文化源远流长，色彩斑驳绚烂，而研究者的苦心，更值得律师学习。

④ ［美］威廉·哈迪·麦克尼尔．西方文明史纲［M］．张卫平，胡代聪，等译校．北京：新华出版社，1992：280.

⑤ 朱用纯：《朱子家训》。

而“三思”“暗想”就是预判活动，“凡事预则立，不预则废”。英国专家说“案件的理由应从该案事实，法院作出判决的依据和判决本身推断出来”。[①] 美国学者认为“判决理由是解决法律问题的核心建议”[②]。律师对具体个案之裁判“理由”超前的“推断”“建议”就是律师的预判，如果这些“推断”“建议”能与裁判者的预判不谋而合，或趋同相仿于裁判者的预判，适时恰当回应当事人的期盼，律师执业就非平庸了。

预判虽是思想活动，但其对象是当事人主张的事实与诉求，故超前、前瞻的研判活动应以事实为依据，因为事实这个大石头，不是想绕就绕得过去的。“现代文明的传人害怕偏离事实，一如他们害怕偏离社会。”[③] 真实的法律事实，即具合法性、真实性、关联性的证据能够证明的事实，是律师预判形成、确定的凭据和依赖。我们可以说耳熟能详之“以事实为依据，以法律为准绳”固是司法原则，但也不失为预判的指南，而预判能力的培养、发挥并非易事，现代综合法理学代表人物博登海默就说：“一个法律工作者如果希望正确地预测法官和其他政府官员的行为，那么他就必须能够洞察当前的趋势，看出其所处的社会的发展动向。”[④]

---

① ［英］伊丽莎白·A. 马丁. 牛津法律词典［M］. 蒋一平，赵文伋，译. 余振龙，审校. 上海：上海翻译公司出版社，1991：411.

② ［美］彼得·G. 伦斯特罗姆. 美国法律词典［M］. 贺卫方，范翠华，译. 北京：中国政法大学出版社，1998：311.

③ ［法］阿尔贝特·施维泽. 文化哲学［M］. 陈泽环，译. 上海：上海世纪出版集团，2013：62.

④ ［美］E. 博登海默. 法理学——法哲学及其方法［M］. 邓正来，姬敬武，译. 北京：华夏出版社，1987：491.

林森浩可被感化改造吗？

人生路坎坷，有无跌倒可以爬起的地方？人生路高速，有无可以转向掉头的匝口？关于林森浩死刑之个案的议论，实乃由来已久的关于死刑存废之争鸣的继续……“生与死是个问题”，没有永恒的答案，只有永恒的问题。

泛论死刑去留，一时难得结论，但就个案量刑活动来说却又必得结论于法定审限，且结论并非一死而无权衡空间。学子的信函、律师为辩护而进行的社会调研无可厚非，前者可能是同情，后者则为律师天职，况大家都是法律的用户，感受不同，宜要宽容对待，况“罪不可恕，情有可原”不乏先例。有人求轻、求情与没有人同情、没有人怜悯、没有人求情的罪犯不同，不同还在于林曾节衣缩食给灾民捐款，给农民工义务诊疗，不收红包。如果我们承认人是可变的，教育是有用的，罪犯是可改造的，社会缺医生，监狱里也乏看病给药的，那么，这个毒杀同学舍友的医科研究生似乎又有了些存活的理由，况现《量刑规范》虽对盗窃、抢夺、抢劫、故意杀人等十五种刑事犯罪有量刑规范，而对较常见、多议论的故意杀人却未规定。

生与死，易论而难定，理性而人道的司法者从来都慎重对待。何以见得？一千多年前的一个夜晚，一位加班写判决书的法官与妻子的对话让人浮想联翩：“夜烛治官书，屡废而叹。”妻问夫缘何哀叹，曰：“此死狱也，我求其生不得尔。”其妻又问“生可求乎？”曰：“求其生而不得，则死者与我皆无恨也。矧（如果）求而有得耶？以其有得，则知不求而死者又恨也。夫常求其生，犹失之死，而世常求其死……呜呼，其心厚于仁者也。”这对夫妻培养了后来与民同乐的政治家、诗文大家欧阳修！170位同学的意见表达其来有自……

保留论者认为死刑是民众的报复心理、公平意愿和社会秩序的必须，“这样做的原因是让每一个人都可以认识到自己的言行有应得的报应，也认识到不应该把有血债的人留给人民。如果不这样做，他们将被认为是参与了这次谋杀，是对正义的公开违反”，杀人偿命，天经地义；废除论者认为法的品性既然是善良的，为什么也取人性命，这和被其惩罚的犯罪行为的结果是一样的，若说死刑能制止、预防犯罪特别是夺人性命的犯罪，那么中外古今，死刑之多列，犯罪之继起又当作何解释呢？甚至认为死刑“阻止公民去做杀人犯，却安排一个公共杀人犯”“死刑只不过是整个民族进行的隆重的谋杀行为而已”。生与死、废与留，古今中外实难全。法乎其上，仅得其中，制度选择从来都是社会治理者的头等课题。与死刑繁多，废除死刑不同的是新中国成立以来，党和政府一贯坚持少杀刑事政策，在刑事立法司法中体现为保留死刑，慎用死刑，既适应现实，又不落伍于时代，以特色独显。现行《刑法》第四十八条规定“死刑只适用于罪行极其严重的犯罪分子。对于应当判处死刑的犯罪分子，如果不是必须立即执行的，可以判处死刑同时宣告缓期二年执行。死刑除依法由最高人民法院判决的以外，都应当报请最高人民法院核准。死刑缓期执行的，可以由高级人民法院判决或者核准”。“极其严重”，字少意多，“其”含哪些情形，“严重”到何种程度，都可讨论、考量。民间量刑观点，不应被视为奢谈同情，干扰司法，这当属酌情的“情”况，特别是被告人罪前情节如捐款、如做义工，如拒收红包等证明其良心未泯、未至于人通常理解死刑适用条件之“罪大恶极”及“不杀不足以”如何，因为“极”之含义在于极端、极限和尽头，虽然其所犯之罪大，一些从轻的意见也非空愿徒叹。

应当看到，不只目前，未来多少年内，刑法不会像佛法宣谕的“放下屠刀，立地成佛”！但死刑毕竟在减少，废除亦是趋势，所以，恻隐之流露，善意之表达也不必因现实可能的裁决维持而气馁。法律会因社情民意而被修改，已经如此，并且还会这样。司法者也不会在个案中简单、机械重复粗浅的训诫，摩西十诫之不许杀生在一些国家并无“杀人偿命”的法律无缝对接！被杀者已去，被罚者向谁偿命呢？何偿何得，实无因果关联，逻辑纰漏明显。人是社会关系的产物，人应随社会进步而尽其性命、使命于社会，这是罪犯接受社会改造，服务包括受害者家属在内的社会公众的正解。生难于死，只有生，才可以理解死，才可以认识死，也才可体会罚，才可有恻隐、同情、厚道、善良的愿望与感受，学养与追求。1763 年，25 岁的意大利刑法学家贝卡利亚在轰动世界、至今可叹观止的不足十万字的《犯罪与刑罚》

中说“对人类心灵发生较大影响的不是刑罚的强烈性，而是刑罚的延续性”，法国启蒙思想家伏尔泰曾说阅读此书真感解渴。此书卷首引用了英国法官、哲学家培根的格言——“对于一切事物，尤其是最艰难的事物，人们不应期望播种与收获同时进行，为了使他们逐渐成熟，必须有一个培育的过程”，想必学子、议者都谙熟此理，少杀之少在慎，慎难，事实就是这样演进的。1991 年，国务院新闻办公室发布的《中国的人权状况》白皮书说：“中国同世界上大多数国家一样，保留死刑这一刑罚，但对这一最严厉刑罚的适用，做了极为严格的限制性规定。”1992 年，国务院新闻办公室发布的《中国改造罪犯的状况》白皮书说：“人是可以改造的。绝大多数罪犯也是可以改造的。把消极因素化为积极因素，把罪犯改造成有利于社会的人，这是符合马克思主义解放全人类的伟大理想的。根据这一认识，中国对于罪犯不是单纯进行惩罚，而是着重改造和转化……从司法实践看，被判处死刑缓期二年执行的罪犯，经过改造后，99%以上都被减为无期徒刑或有期徒刑。”白皮书举例：1990 年 4 月，青海省第 13 劳改支队所在地发生 6. 9 级地震，“在余震不断，没有照明的情况下，罪犯没有一人逃跑，而是积极投入到紧张的抢险救灾中，共救出职工及家属 118 人”。广州市某“房建队从 1979 年创办以来，先后吸收失足青年和刑满释放人员 178 人，其中 15 人担任了商店经理、施工队长、工会主席等领导职务，有 118 人受到省、市、区、街道表彰，十几年没有一人重新犯罪”。无独有偶，1841 年，在马萨诸塞州的波士顿市，一名叫约翰 · 奥古斯特斯的鞋匠，向法院申请保释、救助一名酗酒犯，答应负责在狱外帮助犯人改过自新。法院同意其请求。经一个多月的监督和劝导，效果甚好。于是法院以一分钱作为象征性罚金，撤销原来应当执行的监禁刑，此后，奥氏经常出入刑事法院，劝导罪犯弃恶从善，并帮助许多刑满释放的人找工作，至 1858 年，奥氏以这种方式帮助了 1900 多人。1878 年，马萨诸塞州议会肯定奥氏做法，正式制定了把被告人放在狱外加以监督帮助的缓刑法律……人文所在，法理情亦然。

王力军收购玉米案的启示

在乡里开农用车拉着脱粒机收购农家玉米的一个农民经纪人的行为是否犯罪和究竟犯了多大罪的话题，近日由最高人民法院发现并指令内蒙古自治区巴彦淖尔市中级人民法院再审后给出了不出常识预料的答案：王力军无罪。该案不似前一阵的“老太太持枪案”那么受人关注，更不似国外的“干政”“禁穆”案那么热闹有趣，但该案触类旁通的启发意义却让人思议很多……

就刑事司法而言，此案突出了审判监督的价值：

监督要有敏锐的眼光。有道是站得高看得远，高瞻远瞩，明镜高悬，最高人民法院留心媒体消息，及时发现，敏捷判断，迅速指导地方中级人民法院再审纠错显示了监督者应有的眼光。掩饰一个错误等于犯了两个错误。主动认错纠错，这可比几年甚至一二十年后如呼案、聂案、钱案经申诉而被动再审改错好得多。[①] 这避免了没有上诉的“被告人”在“觉悟”后的信访、上访、走访、经官动府的，消除了可能的知错不改，推来搡去踢皮球的时空余地和玉米霉变、价格涨跌、政策变化等不宜的联想。

监督要有明智的思想。“谋于实故能权与立”，关于一个行为是违法还是犯罪？一个行为是有罪还是无罪的思考、讨论、议定，固然要看法律、法条中的名词、概念、定义对这个行为有没有一个合适的说法，这的确是司法的前提，但切记还要看到不仅是刑事司法，而且是刑事立法、执法的即社会生活的基本事实这个更大的前提。社会存在决定社会意识，客观逻辑决定主

① 本书稿在编修过程中，2020 年 8 月 4 日下午 4 点，媒体又爆出江西高级人民法院以“原审判决事实不清，证据不足”宣告被羁押 9778 天（26 年）的故意杀人犯张玉环无罪。

观逻辑，先有恶行，后有刑罚；面对一个被指控的行为，审理者固然须有职业、专业等“经院、经典”的关于该行为构不构成犯罪的要件分析、罪责刑考量，但更应关注的是该行为有什么可感知、可触摸、可计量、难承受的实体、实质性的危害，要看罪名，还要审罪质。危害固然有大小轻重，远近深浅，广义狭义、可预见和难预料之别，但司法更注重眼前当下亦即法谚之“法律关注近因”。所以，眼前当下的实质危害应是人身性命的伤害抑或财富物资的损毁，是坑蒙拐骗偷和假冒伪劣毒。特别是在规则迭出、纷繁复杂的变革年代，追究一个行为的刑事责任，更应该注意对该行为实质、本质的深究、辨识与判别，并由此而牵动全面改革的精深化、科学化。罪质倒逼罪名的方法，不失为一个考量的思路。

监督要有严肃的程序、容许认识错误的发生，更容许对错误认识的纠正，错判及发现、甄别和纠正错判有一个认识过程，这个过程需要由法律程序来要求和规范，这是审级存在与划分的本质含义，也是司法程序中的法治思维与认识科学的正确组合。没有程序，人、案、法三者组合就无依据、无规范，人的工作、法的适用、案的判决就没有运行机制，而没有科学的刑事司法思想水平，程序的运行、审理者的活动、法律的适用又会失去其惩治犯罪，保护人权的基本价值，毕竟如经济学诺贝尔奖得主诺思在《经济史上的结构和变革》中所说：“一个社会的健全的伦理道德准则是使社会稳定、经济制度富有活力的黏合剂。”

案子来自经济社会生活，自然会有更多说法：该案不只是一个可容纳许多法律、法学解释与意义的刑事司法案例，它还是一个由刑事司法案例引发的，可供我们探讨的如何激励与引导、调试与规范民间经济行为，贸易活动的鲜活典型。衣、食、住、行、柴、米（包括金灿灿的玉米）、油、盐、酱、醋、茶，吃、喝、拉、撒、生、养、死、葬等经济在民间，生产经营等经济活动主要是民间活动，此案的启示还在于让我们积极思考法治与经济，管理与经济，城市里的法与农村里的事，法庭中的控辩与农家粮仓前的交易的诸多关系及其适宜的处理方法。什么是经济社会生活中的物尽其用，货畅其流，人尽其才，什么是民事活动中的意思自治，诚实信用。为什么我们一直不好破解一管就死、一放就乱的治理迷局，在这个案子里能找到颇具启发意义的确实的注脚。汉代理财专家桑弘羊主张“开本末之途，通有无之用”，明代改革家张居正则提倡“厚农而资商”“厚商而利农”，德国社会学家韦伯在其名著《论经济与社会中的法律》中指出："许多商品交换的制度，无论是原始的，还是如今技术上日新月异的贸易方式，都是以个人之间的高度信赖为基础的。而且，随着商品交易变得越来越重要，在法律上就很有必要保障这种信赖关系。"思想深邃而文笔风趣、隽永的人文作家房龙在《人类的故事》中发现"经济制度也像外科手术与妇女的时装一样千变万化"。社会科学家巴里·布赞、杰拉德·西盖尔在《时间笔记》中也说："大多数人认为政治秩序和安全是让市场带来经济繁荣的先决条件，而政府的作用就是提供这些条件。""听人劝吃饱饭"，信乎？所以，对于经济可能要如社会学家波普尔所言，我们应用更多的自由代替更多的服从和制裁。20世纪初，一生大多时间里不无计报酬地为他人辩护的美国大律师丹诺曾言："法律应该像衣服一样，是政府制定来适合人民穿的，难道裁缝师傅把裤子做短了，人民就应该把腿砍去适应它吗？"箴言睿语，震撼灵魂。我们有理由相信，因为不忘初心，因为要让人民群众在每一个司法案件中都感受到公平正义的不懈努力，随着司法改革的深入，司法人员适法水平的提升，像能带来收益的金灿灿的玉米一样的财富及其经营者自会在社会主义市场经济的法治环境中实现其应有的价值。

学习民法典的思考与努力

与人民群众生活密切相关而素有“社会生活百科全书”之誉的《民法典》于2021年起实施。在社会主义初级阶段，在中国特色社会主义新时代，在坚持、完善社会主义制度，推进国家治理体系、治理能力现代化的当下，民法典的学习热潮迭起亦必随法典的实施而持续久远。手捧民法典，阅读着简明的法条、领会着文字在生活中的意义，联想法典与我们息息相关的衣食住行、生产经营场景，我们会因学法、懂法、依法办事而有很多的思考和对法典能带给我们美好生活的愿景。

在法律史的长河中认识民法典。如马克思所言“民法不过是所有制发展的一定阶段即生产发展的一定阶段的表现”。和《民法通则》一起向我们挥手渐去的《婚姻法》《合同法》《物权法》《侵权责任法》等单行民事法律并未了断与民法典的不解渊源，恰却把自己进步的精神传递给了新生的法典，这就是历史演进的辩证法。如史学家所说，所有历史都是当代史，民法的历史也随着经济社会跌宕起伏、绵延逶迤。从有恩格斯所说的“商品生产者社会的第一个世界性法律”即罗马法以来，民法既是人类文明的结晶，是人类历史进步的表征，也是人类社会进步的助推器。千百年间，经由罗马法超越罗马法，民法的历史从诞生、发展以至于民法法系蔚然壮观，有继承与嬗变，有隐显与尊卑，有积淀和弘扬，博大精深而又与世俗民生大众不离不弃……吸纳中外民法优秀文化，适应现今社会如人格权、核心价值观、绿色发展理念、网络财富等现代要求，取精用宏于悠久的历史和伟大复兴的民法典，是我们道路、理论、制度和文化自信的充分体现，无疑会给我国的立法史、法治实践史、经济社会发展史带来极其重大的贡献。

以谦虚的态度来学习民法典。习近平总书记指出：“民法典要实施好，就必须让民法典走到群众身边、走进群众心里。”显然以谦虚的态度来学习是民法典“走到群众身边、走进群众心里”的重要途径。因为民法典编纂于世界百年未有之大变局的中国社会里，因为民法典是对日新月异、色彩缤纷的当代经济、社会、文化生活规则的发现与引导、保护与规范、选择与促进，既呵护人的生命、健康、人格和自由，又关注法人等社会生产经营主体的创设与治理，既关注自然人、法人的动产和不动产的物的拥有与使用，又关注物经自然人、法人的合同关系而畅其流、尽其用，围绕人与物，涉及社会生活的方方面面，所以，包括依法司法者、行政执法者在内的每一个民法典语境中的“民”都应是积极而谦虚、认真而踏实的学习者；从156条的《民法通则》到《民法总则》再到1260条皇皇巨著的《民法典》的编纂，就是立足国情、放眼世界、实事求是的学习过程，就是不断学习中外法理、法例的过程，也是不断学习古今法史治道的成果，民法典的制度与内容，规则与法条，都需要不断地学习。荀子曾说“不学问，无正义”，民法典是事关生活正义的法典，无例外是人们终身学用受益的“教科书”，这在社会主义法治体系形成、完善和全面推进依法治国的当代更是如此。

随着改革开放的实践发展民法典。改革历来就是变法，马克思曾说：“法国拿破仑法典并不起源于旧约全书，而是起源于伏尔泰、卢梭、孔多塞、米拉波、孟德斯鸠的思想，起源于法国革命。”中国共产党在革命、建设和发展的各个历史时期都制定过大量的民事法律政策，改革开放以来有《民法通则》《合同法》《物权法》《侵权责任法》《民法总则》，进而有了人们期盼已久的民法典，若无关于真理标准的讨论，若无市场经济导向的改革开放和对营商环境的长期营造，便没有从民法通则到民法典的发展历史。可以说民法典与中国特色社会主义的改革、发展与稳定一路而来、同向奋进，其中充满了改革的智慧和开放借鉴的成果，烙上了国情实际与全球化的印记。法典固有“百科全书”的美誉，但就像没有解决所有问题的工具箱一样，法典也会与时俱进，不断发展。比如法典新增保护胎儿的权利，引导规制了器官移植、遗体捐献，但对有尊严的安乐死并未涉及。比如改革了建筑物大修基金申请表决机制，但还未有为安全起见，先垫付修缮后审计结算的快捷机制安排。法典永远是经济社会生活的反映、“翻译”，会随着不平衡、不充分矛盾的逐步解决而日臻完善。

法典的生命在生活、在实施、在经济社会生活中家喻户晓和广泛使用，接地气的民法典尤为如此。在我国初级阶段的两个一百年目标的奋斗过程中，在以人民为中心的固根本、稳预期、利长远的各项工作中都离不开民法典，也离不开“有权利必有救济”公正、高效、权威的司法。

民法典在呼吸，努力的生活在继续。

重读丹诺

第一次读《丹诺自传》是 1995 年 5 月，彼时，我还在古都西安医科大学党委组织部工作，兼职教研室法律课教师，因 1994 年考过律师资格后一直有做律师的想法，所以就把在母校西北政法大学大门右边小书店里买到的《丹诺自传》拿出来，认认真真、圈圈点点、写写记记地读了起来。书是工作之余在操场边的悬铃木树下读的，“绝胜烟柳满皇都”的时节，天未大热，嫩绿的树叶散着悠悠的木香味……

第二次读《丹诺自传》是 1997 年 5 月 4 日到 7 月 17 日，是利用当时的黄金周和业余时间读的，那时，笔者已辞了学校的差事，在“一片孤城万仞山”的兰州做了执业律师。在那里，天天能看到“黄河落天走东海，奔流到海不复回”。因为初干律师，想找到榜样，学习经验，提升能力，所以再读丹诺。比较而言，第一次读时，毕竟还在“象牙塔”里做教师，搞党务，有静逸的校园，仰视的眼神，一团和气的同事和旱涝保收的工资，收获肤浅，成为社会法律工作者——律师，有人戏称法律个体户后，触景生情，所以再读的欲望和读到的感觉就大不同前了。

再次重读《丹诺自传》已是 2009 年了，我已执业十又二年了，其间办过了很多民事、刑事、行政案件，见过了男女老少工农学商官民贫富好歹很多当事人，既在县乡小法庭开过庭，也去最高人民法院代理过案件，还读了研究生。2003 年，一个偶然的机会，一家三口来到了九河下梢的天津卫，一晃又是六年了，这次重读丹诺，利用了茶余饭后双休日的时间，因有问、有感而读，启发、收获颇多。

我读的《舌战大师丹诺自传》由法律出版社于 1995 年 1 月第 1 次出版，172 千字，售价 7.90 元，责任编辑是彭锦华，装帧设计是聂靖和，由王炳翻译，译文可谓信、达、雅，所以，读起来很通畅、生动，丹诺的形神风采，丹诺的曲折艰辛，丹诺的成功幸福，丹诺关于律师、关于美国法治和社会的博大精深的思考、思想跃然纸上，让人开卷受益，不忍卒读释手。确如胡适先生所说“丹诺自传，是一个最可敬爱的美国人的自传”。丹诺被誉为法律英雄，律师界的“老狮子”。出版社的图书简评则隆重推介说“丹诺，美国有史以来最伟大的律师。少年多艰，青年因辩才而崭露头角。嗣后，唇枪舌剑，成为律师界一颗璀璨之星。其一生出庭为死囚和刑事犯辩护近60载，从他的舌尖上，救回了无数的死囚和冤者。因为丹诺，美国的历史变得更加多彩多姿……”当然，丹诺坦诚地认为“说是自传，但不可能完全是真实的，任何人都不可能毫无保留地剖析自己，每一件事总会被梦幻与意志所渲染”。

1857年4月，科拉伦斯·丹诺出生在俄亥俄州安宁、恬静、风景如画的小镇肯斯曼，那里“地势平坦，土地肥沃，绿荫蔽道，一道溪流舒缓地流向引起孩子们无限遐想的地方……”“每当我回忆起生命的前15年，似乎所有的事情都不外乎上学和玩耍。我从来没有过厌学的时候。学校一开学，我就变得万分高兴，而一放假，我就沮丧万分”。丹诺喜欢打棒球，不喜欢语法课和历史课。他认为：“死记语法规则，只能考验记忆力，而无助于语言的表达能力。”“我们知道许多皇帝、国王、大将，重要战役名称以及世界大事，但毕竟这都是很遥远的事情，与我们的生活没有必然的直接的联系。”然而，他记得他的祖先曾参加过反抗英国的独立战争，他的父母“对书的强烈兴趣，成了家庭生活中的一部分。而我们也就从小就受着书香的熏陶，养成了读书的习惯”。家里的“书架上、桌椅上，甚至地板上，到处都堆放着书”。他们都喜欢民主启蒙者杰克逊、伏尔泰、潘恩等人的作品。毕业于神学院的父亲对宗教极为虔诚，但却从事家具制造和承办镇里的殡葬。父亲有一张严肃中透着和善的脸，闲暇之时总是看书，他给丹诺提出了一个读书准则，那就是怀疑比接受好。母亲聪慧能干、仁慈友爱的美德对丹诺一生有着重大影响。她常常带丹诺去教堂，丹诺还记得新约赞美诗中“我愿做一个天使，头戴皇冠，手拿竖琴……”丹诺并不是科班出身，他从阿利根尼学院毕业后做了中学老师，对学生们很宽容，在教书的日子里他才开始接触法律，因父亲、哥姐相劝，丹诺又去安艾伯学院法律系念了一年，剩下的一年丹诺认为自己可半工半读完成，而且可以给家里省钱，并不影响自己在31岁时参加律师考试。雄心勃勃的丹诺一考通过，成了俄亥俄州的一名律师，并在有2万人的哥伦布镇挂牌开业，父亲认为这给他带来了荣耀，邻居朋友也表示热烈祝贺。

一经执业，丹诺因对事物见解常常别出心裁而锋芒毕露，在芝加哥的一次演讲中，他一鸣惊人，一跃成为市法团顾问。但当他决定为美国有史以来第一次因罢工而被捕的铁路工人在法庭上仗义执言时，他辞去了市府公职。爱达荷州州长被炸，引出丛林枯骨案后，丹诺忍着几乎致命的左耳疾患——乳突炎，在病魔的折磨中为被告辩护。洛杉矶时报大楼被炸案被告被指控犯有21项罪，丹诺为其辩护时却有人指控他犯有贿赂陪审员罪，他心力交瘁。此时，一个叫迪·戈德拉的人致电丹诺说：“听说你一生大多时间里都不计报酬地为他人辩护，而现在你没钱了，还要为自己打官司。我愿意资助你这场官司的全部费用，现在先寄给你一张1000元的支票。”丹诺热泪盈眶。丹诺无罪。众人都说绑架杀死一个十四岁男孩的两个十七八岁的中学生不杀不足以平民愤，丹诺出庭辩护，挽救了他们的生命。在田纳西州，议会通过法案禁止学校教授进化论和反创世纪的学说。忠厚、勤勉、诚实，受小镇代顿之学生和居民爱戴的高中生物课教师斯科伯思因向学生讲述了生命源于某些黏液，然后逐渐演化成今天的生命形态而被控有罪，丹诺则认为“如果承认上帝创造人类，那就是文明和科学在愚昧面前受到了嘲弄”，丹诺收集了全国最优秀科学家对这个问题的意见，终于在州最高法院证明了被告无罪。丹诺的妻子卢比·霍母斯伦陪其四处办案，游历欧洲、埃及、巴勒斯坦，丹诺承认“如果没有她的帮助和照料，我是不可能去做那么多事情的”。长期的辩护活动，使丹诺变得更加仁慈、更能宽厚待人、更善于思考，他思考战争，认为战争消耗国家财力、物力，加剧了世界的动荡和不安；他看透政坛黑幕，认为为正义而战未必有好报；他反对不管出于什么动机黑人杀白人都要判处死刑的法律；他不赞成严刑峻法，认为人类行为动机往往有潜意识的动机，必须细细探讨。刑事犯罪的原因是复杂的，那些绑在电椅上的穷人，至死都在为社会的不公而抗争……丹诺感叹："人生无常，谁又能够毫无颠簸地驾驶自己这条生命之舟呢？"他愿"永远站在弱者一边"。

我初读丹诺，喜获于丹诺对律师执业经验的介绍。他说："我从来不挑剔案件，凡是有求于我的，我总是尽自己的能力去帮助。受聘在公司或者商号的律师，大多都是精通法律条文的，他们各有一套自圆其说的技巧，其技巧的熟练就像蜘蛛在织网上捕捉猎物那样灵巧。通常他们办的都是经济案子，找出一些法律条文作为辩论的依据。这些律师聪明伶俐，反应敏捷。他们承办的案子，或许只需要耍些手腕就能获得成功。但是我不喜欢耍手腕。我相信，很少有案子是靠耍手腕来获得成功的。我喜欢收集有力的证据，然后尽量利用这些证据来作为辩论的基础，这是我办案的方式，而且，几乎每一次，我都用这种方法圆满地获得成功。""我知道，人生的一切，只有通过时间的检验，才能明确孰是孰非。""我相信，宇宙之间，万事总是事出有因。"

再读丹诺，我更加敬佩、惊叹于其震撼灵魂，启蒙思想的箴言睿语："法律并不是为惩处人的不诚实而设立的。""法律应该像衣服一样，是政府制定来适合人民穿的，难道裁缝师傅把裤子做短了，人民就应该把腿砍去适应它吗？""年龄相仿的两个小孩，在一开始时，喜好或许都差不多，但是若干年后，其中一个可能身陷囹圄，而另一个则可能成了国会议员。是什么原因造成这种天壤之别的呢？""人无法自己选择父母，而且在出生时就已经决定了早年的环境。有人生于糟糠贫困之寒门，有的人则长于钟鸣鼎食之贵府，有的人父母天生聪明，有的人则双亲生性笨拙。""富人们一掷千金而面不改色，奢侈得让那些辛劳工作只求最起码需要的人羡慕不已，甚至嫉妒憎恨。五花八门的赚钱方式也刺激起各阶层人们的欲望，使得一些无法用正常方式赚到大钱的人们跃跃欲试，他们不停地反问自己：为什么要活得这样拘谨？为什么不冲破法律的藩篱去拼搏一下呢？难道别人能成为令人仰慕的富翁，我就一辈子规规矩矩地受穷。……唯有在百姓生活富裕，安居乐业之时，举国上下才能太平无事，人与人才能和睦相处。"他恨罪恶，但从不恨罪人。丹诺勇敢地以一个执业半个多世纪的律师身份郑重地宣布“未来世界的发展，是靠科学而非依赖法律”！

丹诺在他的照片上傍白：“兄弟，别洗掉皱纹，我太认真工作，才获得了这些皱纹。”我想告诉读者诸君，唯有认真仔细地拜读丹诺，您才会认识和理解这些皱纹，并以之为理想社会的通道或天梯。

法门前的思索

——卡夫卡《在法的门前》读后感

美国的一个法官霍姆斯说："法律是一面魔镜。从这面镜子里，我们不仅能看到我们自己的生活，而且能看到我们的前人的生活。"① 此言不虚，因为法律源于生活，法律这面魔镜是生活打磨出来的，是活生生的人和许多麻烦、纠纷、冲突和许多案件打磨出来的……

一个"乡下人"想进入据说是专为他敞开着的法的门，一个"强大"的门卫挡住了他，还说里面每层都有比自己还要"强大"的守卫人员，让他断了试着闯进去的念想，"乡下人"拿出了自己从家乡带来的贵重的礼物想"买通"门卫，但却一次次买而未通，以至于"乡下人"和守门人所穿大皮衣领子上的"跳蚤"都混熟了，但可怜的"乡下人"还被拒门外，虽然他能忘记周围的"黑暗"并坚信"法应该为所有的人敞开着大门"，且直看见从法之门内射出的耀眼光芒似乎在召唤他"进来吧、进来吧、进来吧"！一年又一年，许多年过去了，弥留之际，"乡下人"化约经验为问题，问守门人："人人不都在追求着法吗？""这许多年来，除我之外，怎么就不见一个人来要求踏进法的大门呢？"守门人颇不耐烦地说这门就是为你开的，但在"乡下人"闭眼之际，关上了这扇"乡下人"一生巴望进去而最终倒毙其前的大门……这是1883年生于奥地利布拉格一个犹太商人家庭，成长在奥匈帝国法制环境下的作家弗兰茨·卡夫卡的作品——《在法的门前》②的近乎荒诞的情节。卡夫卡自幼喜爱文学，可父亲要求他学法律，他23岁

---

① [美] 伯纳德·施瓦茨．美国法律史 [M]．王军，译．北京：中国政法大学出版社，1990：4.

② [美] 卡夫卡．卡夫卡中短篇小说选 [M]．韩瑞祥，译．北京：人民文学出版社，2003：112-114.

获得法学博士学位，却又先后在一家意大利保险公司和一家半官方劳工保险公司做职员（这经历有点像歌德，歌德学法律，曾在帝国高等法院实习过），他没成为保险业的大亨和公司的老板，却利用业余时间写出了关于生活正在“变形”“扭曲”“怪异”“异化”而充满“隐喻”的小说，写出好多卑微的小人物的故事，但在生前他又未成为著名作家，他立遗嘱让他的朋友在他死后焚了他的作品，而遗嘱执行人竟又顶着违法的责任让世人知道这位重要的作家，这些经历就很“不靠谱”。美国诗人奥登认为其于我们时代的关系，就如但丁、莎士比亚、歌德和他们时代的关系一样。生活的变数左右着人生的道路。法如生活，人縻于法，文如其人。

1000余字小说中的“乡下人”的问题和困惑涉及法与程序法的目的与价值。法是为规范、引导、调节社会生活而被立法机关通过立法程序制定，抑或是发现、发掘、整理出来的，是在人们有求于它时可派上用场、发挥定分止争作用的，用场、作用就是法的价值。价值是潜在的。由潜在到显在需要一个启动的程序，这个程序也是由程序法来规定的，如起诉、受理、开庭，程序法的价值同样需要有维权意识的人来开启和发挥，如同小说中的“乡下人”要求进“门”。“门”是供找门的人进的。能进去人，“门”的价值就彰显了，然而小说中的“乡下人”因为不能进入看似专为人进而设立的门，所以，虽然他周围越来越黑暗，他能看见从法的门内射出来的光，他却进不去，不能体验进去后的感觉，望“门”纳闷、嘀咕而不能沐浴在法之门内的象征正义与公正的永恒的光芒之中，终不得其解。这一切又源于“强大”的守门人制止和警诫。守门人忠于职守吗？不，他得了“乡下人”的好处；守门人实现了自己的价值吗？没有，因为这扇门从没有人进入，这哪里是门呀？简直是堵墙！守门人及其行为无异于“此门不通”的告示，多余。足见“法律的命运掌握在法律从业者手中”①。那么，从业者的动机、意念、思想、好恶、意志、素质、品德、素养、品格、情操就有极其重要的意义了。春秋时“尊法隆礼”，集儒法大成的荀子就认为：“法者，治之端也，君子者，法之原也。故有君子，则法虽省，

① ［美］约翰·麦·赞恩．法律的故事［M］．刘昕，胡凝，译．姜渭渔，校．南京：江苏人民出版社，1998：421.

足以遍矣；无君子，则法虽具，失先后之施，不能应事之变，足以乱矣。”[①] 小说中的守门人不是一个良好的法律从业者，不属君子。法入其手，何其悲哀！难怪“1921年，著名的汉德法官作出了为人们大加引用的宣告：‘作为一个诉讼当事人，除了病魔缠身和一命呜呼外，我最怕的就是打官司。’”[②]。所以，虽然有“法的门”，可见到法的光，但“乡下人”的悲剧还是发生了，不惊心动魄，但极耐人寻味！卡夫卡的笔调是阴暗、晦涩、抽象的，但文以载道，他的批判态度是可想见的，让我们对略早于卡夫卡的马克斯·韦伯关于“实际上，一个国家本身，从它具有一部合乎理性的成文宪法，有着一套合乎理性的法律，并有着一个对法律规章严肃负责且由一批经受过训练的官员予以执行的行政班子这一总的意义上来说，也只有西方才有”[③] 的说法有了更深刻的思考。真知灼见穿越时空。当代“法律帝国”的法律人则坦率地认为“无论法律本身多么明智或公平，腐败、自私、放纵或愚蠢均为人类的弱点，能够导致对法律的错误应用。事实上，即使是西方的法治体系也极为强调必须建立机制，辨识‘适当’的人选来领导政治及法律系统的每个部分，即立法、行政和司法部门”[④]。

2011年10月，国务院新闻办《中国特色社会主义法律体系》白皮书发布：“中国处于并将长期处于社会主义初级阶段，整个国家还将处于体制改革和社会转型时期，社会主义制度还将需要不断自我完善和发展，这就决定了中国特色社会主义法律体系必然具有稳定性与变动性、阶段性与联系性、现实性与前瞻性相统一的特点，决定了中国特色社会主义法律体系必然是动态的、开放的、发展的，而不是静止的、封闭的、固定的，必将伴随中国经济社会发展和法治国家建设的实践而不断发展完善。”[⑤] 无

---

① 《荀子》。

② [美] 伯纳德·施瓦茨．美国法律史 [M]．王军，译．北京：中国政法大学，1990：326.

③ [美] 马克斯·韦伯．韦伯文集·文明的脚步 [M]．黄宪起，张晓琳，译．曹铁珊，校．上海：生活·读书·新知三联书店，1997：4.

④ [美] 巴里·海格．法治：决策者概念指南 [M]．曼斯菲尔德太平洋事务中心，译．北京：中国政法大学出版社，2005：25.

⑤ 《中国特色社会主义法律体系》，2011年10月政府报告。

疑，这认识关乎已有的和未有的，现在的和将来的，拥有的和期望的，能想的和能做的，是辩证的，是科学的，也是符合我国实际情况的。体系犹如大厦，必有门径，是正义的大厦吗？我们是大厦的守门人吗？我们又会区别于卡夫卡笔下的哪个人呢？是一个什么样的法律从业者呢？告状无门，门难进的现象还有新解吗？真如卡夫卡名言“目的虽有，却无路可寻”吗？已故的费孝通先生在《乡土中国》指出“法治秩序的建立不能单靠制定若干法律条文和设立若干法庭，重要的还得看人民怎样去应用这些设备”①。律师更像是掌灯的、领路人。迷途未远，今是昨非？以往不谏，来者可追？还是与时俱进，拥有执法为民的当代社会主义法治理念，做优秀的法律实施者呢？开卷掩卷，益莫离思呀……

① 费孝通．乡土中国［M］．北京：北京出版社，2005：83-84.

磨坊讼事或传说

——《国王的官司》榷疑

2012年7月出版的《天津律师》第3期法制趣闻栏目转载法制网一篇法律故事，说的是德皇威廉一世与小磨坊主的拆迁纠纷，自20世纪90年代以来，这个故事经知名法学家作品①引入后，便广为流布，然故事好听，实乃传说!

信史载：公元1745年1月13日，身材矮小，有一双明亮的蓝眼睛和一个狭长鼻子，希望能无忧无虑的“开明的暴君”腓特列大帝弗里德里希下旨在波茨坦建造行宫——无忧宫②。建筑师克诺伯斯多夫完成了洛可可式小型夏日宫殿的设计图，并根据把自己看作是“国家的第一公仆”的腓特列大帝的旨意进行了重新设计和预算。开工后，习惯每天六时前起床，专心公务的腓特列大帝时常亲自监工，在细节上不断强调那些和建筑师们意见分歧之处。1747年5月1日，在有些房间尚未完工的情况下，无忧宫还是举行了落成典礼并衍生了一些传说。

一说：“德国前皇威廉一世在位时，离宫之前有磨坊，欲登高远览一切景象，为所障碍。德皇厌之，传语磨坊主人曰：‘此房价值几何，汝自言之，可售之于我。’孰意磨坊主人殊强项，应之曰：‘我之房基，无价值可言。’德皇闻之赫然怒，令人将磨坊毁去。磨坊主人袖手任其拆毁，从容曰：‘为帝王者或可为此事，然吾德尚有法律在，此不平事，我必诉之法庭。’彼竟与德皇构讼。法庭依法判决德皇重将磨坊建筑，并赔偿其损失。德皇为法律屈，为人民屈，竟如法庭所判。事后且与人曰：‘吾国法官正直如此，我之

① 贺卫方.《“钉子户”与“拔钉子”》[N]. 经济日报，1992（11）.

② 亦称桑苏西宫（Schloss Sanssouci），源自法文，意译为“无忧宫”。

大错，彼竟有胆识毅然判决之，此吾国至可喜之事也。’ ”① 一说更似翔实生动：1866 年 10 月 13 日，当年腓特列大帝的后代，保守的、笃信宗教，有坚强意志和军事爱好，为人诚实而信任大臣，有铁血宰相俾斯麦辅佐的声名显赫的国王威廉一世，从维也纳凯旋，在大队御林军的簇拥下，兴致勃勃地来到无忧宫，在先祖腓特列大帝宫殿的窗台上眺望着远处美丽的风景。一座破旧的大风车磨坊，映入了他的眼帘，威廉兴致顿消，便下令拆除。接下来就发生趣闻中的若干生动细致的情节。

① 杨昌济：《静观室札记》。

传说毕竟是传说！因为，宫殿还是那个宫殿，磨坊还是那个磨坊，在宫殿与磨坊间，在一百多年间即1747年至1866年，没有文献资料证明有这一史实，特别是没有文献资料转载记述那份震古烁今的判决！①

因为，支持人们喜闻乐见的一个历史故事同样需要证据，此即历史学、考古学、考据学、法律历史学、证据学的基本，这似乎与律师法律工作并无二致。

有研究者揭示真相说：磨坊主和弗里德里希二世间确有法律纠纷，但纠纷不是因为国王想拆掉磨坊，恰好相反，弗里德里希二世很喜欢那座磨坊，把它看作是无忧宫的装饰。纠纷的起因是无忧宫的院墙太高挡住了磨坊的风，因而磨坊主要求国王批准他到另一个地方兴建一座新磨坊，当然要求国王出钱。由于弗里德里希二世喜欢那座磨坊，所以最后他虽然批准了磨坊主另外兴建一座磨坊，却不允许原来的磨坊停止运营，为此他还减了磨坊的租税。磨坊后来的一系列修缮几乎全都由普鲁士王室出钱，包括前面提到的拆除并重建，全都源于此。在同一时期，在普鲁士另外一个地方也曾因一座水磨发生过诉讼：由于磨坊主不交租金，磨坊被法院判决拍卖。磨坊主向这位弗里德里希二世申诉，这位“亲民”的国王先间接后直接地干预了从一审到复审到上诉审直至最高法院的审理。由于各级法院都未按他的旨意判案，而老弗里茨想当然地认为那些法官勾结起来欺压百姓，结果涉案法官一股脑被扔进了军事要塞监禁起来。到了21世纪，研究者发现事实证明法官是委屈的，老弗里茨上了磨坊主的当。

“阳光想渗透所有的语言，风儿把天下的故事传说”，当然，有些传说荒诞不经，有些传说以讹传讹，“一犬吠形，百犬吠声，一人传虚，万人传实。”②“闻三人成虎，十夫揉椎。众口所移，毋翼而飞。”③不过，也有美丽的传说。为什么围绕无忧宫的这个传说能被人传、被人说呢？传说中的普世价值、核心理念或是这个传说所以被传被说的根本原因！诸如法治一体，民权保障，权贵守法，司法独立等。传说北宋时状元驸马陈世美与前妻秦香莲婚姻纠纷的戏剧《铡美案》也传了几百年，这个传说又蕴含了多少现代法

① 不独笔者有这样怀疑性的分析，一些专家对此传说也有进一步的考察。

② 《潜夫论·贤难》。

③ 《战国策·秦策三》。

治的意义：是法律面前一律平等吗？是司法独立于权贵吗？是妇女婚姻家庭之合法权益应当得到保障吗？是罚当其罪，罪行相适应吗？传什么，说什么往往反映了社会缺什么、多什么，人们好什么、学什么，风俗所向是什么。当然，这也是相对的。[1] 如果盛传磨坊主因抗议而被抓、被囚，甚至被杀，如果纷说磨坊主为反对国王的强权而自焚、自经于无忧宫之庭院门楼或旁侧什么地方，那么，住在无忧宫就可能不会无忧，可能死无葬身之地[2]。1990年联合国教科文组织将无忧宫建筑与其宽广的公园列为世界文化遗产！

① 即便近代已步入民主法治社会的德国，在20世纪也曾遭到希特勒法西斯的洗劫，公平正义荡然无存。

② 创建普鲁士帝国，为人民福利做了许多事情的弗里德里希大帝的灵柩至今还安放在美丽的无忧宫。

胜败之间学为师

纠纷有对错，官司有胜败，当事人打官司愿胜不愿败。律师执业帮当事人打官司同样想胜不想败，老输官司，就成不了大律师，可能会没饭吃！所以，胜败之间，关乎律师执业的心态，律师常常为此诚惶诚恐，关乎律师的执业水平，常识认为律师的水平就显在胜败上。因此，胜败之间，如何做好律师之“师”十分重要，律师，特别是年轻的执业律师常常为此颇费思考，甚至平添忧愁，深感师之难为，难为人师。

“一是一，二是二”，“白的黑不了，黑的白不了”，“事实胜于雄辩”。这些通俗易懂、熠熠生辉的熟语俗谚的存在决定意识、实事求是的唯物主义认识论道理相通无隔，与证据裁判主义的司法技术理念相容无碍。律师工作——代理原告主张权利，代理被告抗辩，胜败虽于你如何用法律理论、法律技术、执业经验去揭示事实，寻找法律，解释法意，评价事实有关，但我们应客观自抑地承认事实才是胜败的根本，承认当事人的动机、意志、行为及其结果、价值独立的客观存在才是胜败的根本，所以，问题不只是你想如何胜诉，问题在于你的当事人的行为！确如英国著名律师麦克米兰的论文《关于辩护艺术》所说：“我曾经听一位辩护大师说过，他从来不辩论一个案子，而仅仅是在陈述一个案子。”① 因为“支配说话者的真正的思辨运动不是主观意识活动，而是事物本身的活动”②，所以，我们当理性自谦地承认我们仅可在民事、行政、刑事三大诉讼中，在普及法律常识的诸如送法下乡、送法进社区、送法进企业，甚至进军营的活动中启发、引导当事人的思

① ［印］米尔思．律师的艺术——如何赢得你的案子［M］．刘同苏，侯君丽，译．北京：中国政法大学出版社，1992：55.

② 张汝伦．意义的探究——当代西方释义学［M］．沈阳：辽宁人民出版社，1986：224.

想，影响他们的意图乃至动机，而更多的时候是木已成舟，生米成饭。我们改变不了什么，特别是事实。严肃、冷峻、残酷的事实，不容随意添减，恣欲更张，因为实至名归。那么，我们能做的主要就是解释和评价始作俑者——当事人行为及行为带来的方方面面的客观存在的或者完整，或者破碎的事实。所以，律师应好自谦抑，把自己的专业的能力、影响力放在一个恰当的地位，切记“毋意（己意度人）、毋必（必定必然）、毋固（固执己见）、毋我（唯我正确）”①，勿使自己“独上高楼，望尽天涯路……”②，须知“儒者所争，在于名实，名实已明，天下之理得矣”③。这可能是心态平和、理性思考的前提。而且我们还当了然法治国理念并不支持万律万能论，诉讼中的胜败并非解析、评判、褒贬进而调解、调控社会纷争现象、事实的唯一手段和终极的价值标准。

万事有因，不是吗？“胜败岂无缘，离合总关情。”官司败有败的原因。发现致败的因素、找到致败的理由，这就是律师的工作。“吃一堑长一智”，“失败乃成功之母”，“一智”之长需师长指点，母亲分娩也需专业的助产士。这就是律师代理一些必然败诉的案件的理由。介入一个必败的官司，一方面可为当事人提供法律程序的帮助，让其顺当平稳地在程序中实施自己的法律行为，另一方面可通过调查、展示证据和进行必要的辩驳使全部事实得到法律的充分评价，并保障当事人不被过度归责、重复评判甚至权益受损。当事人通过诉讼接触法律人，法律知识得以增加，法治也渐养成。“一种广告风景在组织着我们的现实世界。”④ 透视言过其实的广告，其实是对自己判断事实、影响事实能力的过度包装和夸张宣泄，是超出理性边界的狂妄之举，所以我们不可为凡案必胜的广告承诺注入如“今年二十明年十八”等神话元素。

功非成于成之日，诉讼胜有胜的道理。胜的道理有哪些，如何把握这些道理，同样需要老师的指点、帮助和把握，所以律师也肯定出现在必胜的案件中。而且我们当预见当代社会文明的现代化和其法治进程互为表里，法治

① 孔子：《论语·子罕》。

② 晏殊：《蝶恋花》。

③ 王安石：《答司马谏议书》。

④ [法] 米歇尔·德·塞尔托. 多元文化素养 [M]. 李树芬，译. 张智庭，审校. 天津：天津人民出版社，2002：27.

观念、法律意识将逐渐像风俗习惯一样被越来越多的人心领神会，胜诉将成为常态，胜诉将被依法办事者提前预设在社会生活的方方面面，以至于不诉而胜，不胜而胜！胜诉将不会因或然因素而过分显示律师的特异功夫。胜诉将会发展为非诉性的、事务性的、形式性的社会技术分工和结果而去神秘化、去赌博化、去侥幸化、去职业化，此乃大势所趋。

古希腊哲学家赫拉克利特曾言：“人不能两次踏进同一条河流。”“哀民生之多艰”的屈原也感叹：“时缤纷其变异兮，又何可以淹留？兰芷变而不芳兮，荃蕙化而为茅。何昔日之芳草兮，今直为此萧艾也？岂其有他故兮，莫好修之害也！”[①] 凡事在变，无物长住，利益及其表征——胜败是相对的、变化的。所以，要修正凡案必胜的心态和法庭竞争技术胜利第一、正义实现第二的糊涂认识，放弃为论证凡案必胜，招揽客户而进行的玄虚承诺，摒绝为实现凡案必胜而采取的打关系、拼消费的做法，回归事实证据、回归道德良知，回归法理技术，这样会自然点、踏实点、轻松点、长久点，才可胜不骄，败不馁。“道之所存，师之所存也。”[②] 律师师道于中于西，受地域、民族、时代、文化影响，也随文明、科学进步，千百年来流传嬗变，其微观细节处的体现是律师对胜理败因的认识与理解、解构和解释以及说明与说服。律师师道是随时代传承流变的，能在胜诉败诉之间做好律师的学问也是不断丰富，变化发展的，也需执业律师不断学习、孜孜以求。如若单以胜诉为目的，殚精竭虑于无所不用其极的胜诉之术，使该败的没败、不该败的却败了，那么，律师师道就会因为片面、狭隘和极端而失去发展变化的前途！师德之源、师德之泉亦将枯竭。

① 屈原：《离骚》。

② 韩愈：《师说》。

坐在中间的感觉

执业之前，有十多年，我坐着小学、中学的板凳，听着、看着讲台上的老师的言行；会听会看的时候就上大学了，大学亦然。大学毕业当年我也站上了讲台，那是 1989 年。看着教室里比自己小几岁的同学，我讲起宪法、民法……不知他们听到、看到的老师是怎样的？是坐在学生坐的凳椅上，还是站在讲台上，交流的双方是相对单一的、有限的。执业之后，做代理人还是做辩护人，也是坐在一边。后来，在律协做了纪律委员会委员，受聘做了两届六年的天津仲裁委员会的仲裁员，还有人民调解员，就有了坐在中间的机会，这机会带来的感觉和坐在下面、站在上面、坐在两边的大不一样啊！的确如哲学家狄尔泰所言，体验是获取精神知识的第一步，它是直接的感受，整个精神科学大厦就建立在这个基石上①……

有兼听两难之感。俗谚云“一手独拍，虽疾无声。单面锣打不响。事有两面，河有两岸”。专家讲得好：“法官平等对待控辩和当事双方最具职业特点的形式和方法就是耐心倾听。法官审案又叫听讼，‘非听不能审’，可见一个‘听’字了得……”中世纪日耳曼法庭裁判格言亦说：“诉讼一方的陈述等于无陈述；裁判者应听取双方的陈述。”坐在中间可和坐在两边不一样，坐在中间听一边说完另一边说，两边争着说、抢着说的情况也是有的。也不乏一边自话自说，一边不知所云。抓不住纠纷的中心和重点，摆不出与纠纷争点和焦点相关的证据和事实，虽非谎词立状，但也多浮言虚语。虽然基于情理法德，你可能有些感触，但此时，坐在中间的你就体会到古人“不以物喜，不以己悲”，中道、公允的恒久魅力，用现代法治思维的话说就是要保持公民的客观性即“乐于不带偏见地权衡互相冲突的不同层次的利益，尤其是把较大社会的

① 谢地坤．走向精神科学之路［M］．南京：凤凰出版传媒集团，2008：68.

利益按其本身价值视为重要的考虑”① 就愈显重要了。坐在中间，你就会注意到自己还应学习很多，“有的人不出声，是因为他不知所答；有的人不出声，是因为他知道何时该说话”②。你也会发现坐在两边的辩说与证明的优点和不足，进而提醒、敦促自己以后执业注意，开庭更应特别注意。

有把秤挑担之感。“言贵于有物，无物，非言也。”③ 坐在中间，你会听到原告、申请人、投诉人一方的陈述与主张，你还会听到被告、被申请人、被投诉人一方的反驳与辩解，关乎人身与财产、不离自由与幸福，难免辛酸、悲摧，言之有物，都沉甸甸的，如秤盘沉大、似秤砣硕重，前后左右筐笼压得担子吱吱扭扭作响，而你则像挑着担子，汗流浃背的挑夫，时间长了，你就体会到裁决是个苦差事。“争轻重者，至衡而息；争短长者，至度而息；争多寡者，至量而息；争是非者，至圣人而息。”④ 美国哲学家法兰克福在《论扯淡》这本享誉世界的哲学小论文中曾说“当我们称一个人在‘讲空话’时，我们的意思是他嘴上所喷出的只不过是股热风，他的言辞是空洞的，没有实质内容，也就是说，他使用语言不是为了要达成言谈内容该达成的目的”，所以，明智的律师都知道打官司就是打证据，就是摆事实讲法理，什么时候都要牢牢扛举事实与法律这两面大旗，不管风吹雨打，胜似闲庭信步。以为口若悬河、天花乱坠、云里雾里就是口才，那是荒唐可笑的。法律固需信仰，但唯有事实才让你坚定。我坐在中间，两耳、双眼都在寻找事实、发现证据，一有所获，便觉案情了然，纠纷释然，裁判思路显然。不单“法官必须依据陈述和证据进行判决”，⑤ 所有坐在中间者的决断、结论和说法都会向沉甸甸的证据倾斜，而不是相反。1986 年 1 月 28 日，“挑战者号”发射惨剧震惊世界，美国国家航空航天局（NASA）的专家被唤至调查委员会作证。“他们被问道‘冰冷的空气温度有没有可能冻裂连接火箭各级的‘O 环’橡胶圈，从而造成坠毁？’航空航天局的官员回答说：‘不知道，还没有做过有关实验。’这时，诺贝尔奖获得者、物理学家理查德·费曼开口说：‘请允许我做一下。’他拿起放在证人席上的这种‘O 环’橡胶圈的材料，投入他面前的冰水中，过一会儿拿出来，

① ［美］科恩．论民主［M］．聂崇信，朱秀贤，译．北京：商务印书馆，1988：192.

② 《圣经·德训篇 20：5—8》。

③ 魏了翁语。

④ 尹会一：《吕语集粹》。

⑤ 陈忠诚．法窗译话［M］．北京：中国对外翻译出版公司，1992：267.

'呯'的一声甩在桌子上，大家看着它碎裂开来——在以后的几年中，航空航天局的声誉也连同一起破碎了。"[①] 法庭、仲裁庭、调解委员会里也是如此，坐在两边的当事人及其代理人辩说热闹，坐在中间的裁决者则喜欢看清事实，听到确证，通过事实证据辨析、辩论而形成自己的判断，职能使然，责任如此，执法如山者的感觉与比喻岂虚语哉！

有距离、超然之感。因为社会分工，产生了这样不必刻意就自然存在的距离，人们为了身心、动静、习惯的自由而保持着应有的距离，距离保证了观察需要的空间，思考需要的时间和避免混同的生活、分工的特点。当代控、辩式诉讼结构是控、辩、裁三方"△"等腰三角形结构。居于上方而与另两方有相同距离的是裁决者，也算高高在上了。控、辩、裁三方结构符合兼听则明的朴素而科学的认识论，容易得到参与者对其过程的理性认可和对其结果的承受，并适合作为解决纠纷的程序。坐在中间，听争议双方的辩说有很强的对象性、地点性、时间性，大部分的辩说发生于法律程序之中，在法庭等可因案、因事、因证而说理的地方，辩说的参与人，辩说的主持人，辩说的主要问题等都在程序之中，较线性纠问式程序，当事人在这种程序进行中的权利更大一些，更主动一些，也便于穷尽证据和事实，但坐在中间的裁决者确需满足：①与双方利益无涉，保持中立，即拉丁法谚之"任何人均不得在自己案件中担任法官"[②]；②应听取双方意见；③定论应论及双方提出的论点和证据。这种公正的程序要求你不能与任一方靠近、亲昵、密切而产生形式上的误解或实质上的偏斜。距离不独产生美，也有助于公正。环境的、心理的、行为的超然状态不但可让坐在两边的人仰视和信服，而且可控制坐在中间者的言行失范、放肆甚至对他人利益的侵蚀。"不识庐山真面目，只缘身在此山中"，而超然一点却又"会当凌绝顶，一览众山小"了。鱼儿们在干涸的车辙里拥挤热闹、相濡以沫，何如在汪洋大海中自由啊？的确，"谁能够做到同自己保持距离，能看到自己生活圈子的局限性从而向他人开放，谁就会不断地通过现实纠正自己的生活"[③]。

---

① ［美］戴维·赫尔德．驯服全球化［M］．童新耕，译．上海：上海世纪出版社，2005：47.

② 陈忠诚．法窗译话［M］．北京：中国对外翻译出版公司，1992：265.

③ ［德］伽达默尔．赞美理论——伽达默尔选集［M］．夏正平，译．上海：生活·读书·新知三联书店，1988：82.

观《立秋》后的感悟

2008年5月22日傍晚，天津华盛理律师事务所部分律师应顾问单位建设银行天津市分行之邀来到天津大剧院观看了山西话剧团排演的话剧《立秋》。我所律师为演员真挚感人的表情、丰富睿智的语言、精湛严谨的演技感叹之余，多有遐思和感悟。

《立秋》反映了民国初年，晋商德丰票号总经理马洪翰、许凌翔面对军阀混战、列强凌辱、洋行打压、客商挤兑的丛生险象如何处理剪不断、理还乱的亲情、恋情、友情的矛盾与无奈。话剧以其独特的叙事场景、语音、语色和矛盾叠加冲突的剧情和一句“问天问地问古问今问自己：我究竟输在哪里？”台词，引领着观众、律师想起很多很多……

“票号发展靠什么？良心、人品固然很重要，但制度更重要，否则，就要在竞争中败下来。律师事务所的管理制度，模式在竞争日益激烈的法律服务市场中也如逆水行舟，不进则退。”合伙创建和管理事务所的才华主任如此感悟。

“要与时俱进。时代变了，财主当家的钱庄跟不上了，你说马洪翰为什么不让自己的儿子、闺女去留学呢？”王西平律师认真地说着自己的感受。

办公室主任，律师们的王姐对德丰票号以“诚信敬业”为核心的祖训“天生一人，一人当有一人之事……”感触颇深。

“从《大宅门》《乔家大院》《大染坊》到《立秋》，从《林家铺子》到《子夜》都反映了清末以来到民国年间，民族工商业艰难困苦的兴衰史与重农抑商的历史传统有关，与君子喻义、小人喻利的文化背景有关，与集权专制下腐败吏治关系更大。国家处在列强虎视鹰瞵、瓜分豆剖的境地，况大宅大院钱庄票号。当然，从微观上看一个团体的生存之道，也有很多值得研究的东西，比如，马、许召集股东、各店掌柜议事，似是民主形式，但因并无正当程序制度之保障，实际上是老板马洪翰说了算。乱局当前，议事会成了散伙会，一言堂，一堂哄。没有民主，没有智慧……”执业之余，喜欢研读的笔者感叹良久。

文化即人。高品位的艺术享受，对我们每个人的教益那么真切而持久。

云川琐忆

一、纳西族法文化点滴

金风送爽的季节，笔者有幸参加了由天津市律师协会纪律委员会组织的赴云南、四川律师协会，考察律师执业环境、纪律的活动。

9月19日下午，飞机降落在当年曾与日寇空战，保护驼峰航线的飞虎队用过的昆明巫家坝机场，那里天蓝日丽云白，空气清新，下午三时，由律师协会副秘书长杨联营和纪律委员会主任杨玉芙带队，我们在西昌路26号见到了已在楼下等待的云南律师协会王副秘书长。座谈会上，孔楠（女）副秘书长介绍十六个山地州市的律师执业情况时谈到云南少数民族多，法律服务很有特色，笔者很感兴趣。

9月21日，我们参观了东巴谷纳西民族村落，看到了生活在云天山水之间的民族，看到了他们衣食住行自有一套的生活方式，特别是笔者阅读了在东巴谷书摊上买到的《东巴常用字典》后，先前的兴趣就愈加浓烈了。字典由供职于云南社会科学院研究东巴文化29年的纳西族人和品正编著，云南美术出版社2004年出版，字典所载970个用竹笔和蒿秆笔蘸墨手写的东巴字，过目难忘。东巴图画象形文字源于纳西族的原始宗教——东巴教，祭司和经师为了记载宗教仪式，发明了主要在祭师——东巴之间使用的图画象形文字，因纳西族人祭祀、占卜、祈祷、求育、婚丧嫁娶都需请东巴教徒作法，所以这种文字得以在民间传播。被称为“司究鲁究”的东巴文字在发展阶段上比已发现的最古老的汉字还要原始。清代余庆远在《维西见闻录》中说东巴文字“专象形，人则图人，物则图物，以书为契”。律师是文化人，是法律文化人，专注法律文化现象的热情是不言而喻的，探究字典中蕴含法律意义的图形的思想活动也是有趣有益的。例如“踢”：两个抬起脚的人，“匪”：一个拿着刀的鬼鬼祟祟的人，“手铐”：一个人的双手被一个长方形的框圈住……这些图形字简明而又极富动感，不管识不识字，看图画便通情会意，不必烦琐诠释。字如画，意如画，法如画，原始吗？十分现代，像现代人驾车在公路上看到的交通标志——前方有学校，我们会看到画有小朋友手牵手的路牌等，它们都是对事物本质的表达。这不禁使笔者想起中国法制史上关于象刑的记载：“悬后象之法，使民观之，”[①] “画象以愧其心，”[②] “画象而示民以墨、劓、剕、宫、大辟五等肉刑之常法也。”[③] 日本近代法学家穗积陈重在倾其毕生心血和精力的法律进化论中谈到“形象之法，宛若佛家绘地狱永劫之图，示未来之罚，以威信徒，用以制御无智识之人，最为切实”[④]。的确，看到图形字中的强制械具，我们不得不承认“在任何社会，不论原始社会还是文明社会，法律存在的真正的基本的必备的条件是

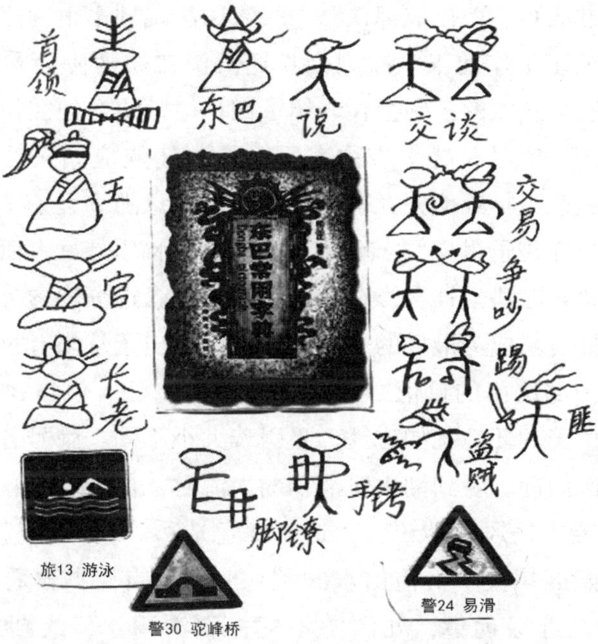

① 《周礼·司圜》。

② 《唐律疏议》。

③ 《玉海》。

④ ［日］穗积陈重．法律进化论［M］．黄尊三，萨孟武，译．北京：中国政法大学出版社，1997：117.

社会授权的当权者合法地使用物质强制。法律有牙齿，必要时会伤人，虽则并不时时使用”①。历史上，中原汉族法文化在夏商周时期也有这样的特点，随着文字的统一、规范，绘图象形文字渐少，但也有“返祖”现象！这是文化理性的表现，而不是文化基因的病变，因为人们发现虽然文字符号形式不同，表意与解读方式不同，但文字和图画都是承情载意的符号，可心领神会。这可说是法的移植和继承。当然，文化不是土围子，我们由古城丽江返回昆明时，偶遇习画采风、文雅而开朗的贵阳女子闺臣，她与我和见多识广、平易近人的韩秀琪律师还讨论起字典中的美术话题……

二、环保法的价值

9月23日当我们拜访四川省律师协会时，20世纪80年代初毕业于西南政法学院、当过法官、曾任成都铁路中级人民法院刑事审判庭庭长的四川省律师协会主管纪律工作的王宗旗副会长还沉浸在律师协会乔迁新址的喜悦中。热情、健谈、幽默的王副会长介绍了四川律师协会纪委执纪的经验和遇到的新问题，譬如实习人员（或称实习律师）违规应如何处理。严肃话题之后，王副会长谈起早年他去九寨沟办案，不经意随手丢了个烟头，当地村主任迅速捡起装在袋子里！“仁者爱山，智者爱水”是亘古话题，但爱的表达方式见仁见智。在法治社会，在低碳和绿色观念逐渐渗透人心时，环境保护的法律制度就自然成为最好的方式，它也就显出了从未有过的价值。不身临其境，谈论一部法律的价值，会感觉无证而空泛。但当我们去往九寨沟时，你会看到优美的环境犹如磁铁，吸引着大小不同、牌号各异的车辆；当我们站在九寨沟门前，看到潮水般涌动的人流时，你会感叹自然美景的魅力和价值，杨玉芙主任风趣地说：“这是绿色造币厂！”环境就是生产力呀；而当我们看到熙熙攘攘、怡情山水的游人时，也自感九寨看不尽，寨寨绿色，或竹或松，近绿远黛，九沟游不完，沟沟碧水，或湖或泊，沟曲流转……在自然美面前，言辞何其贫乏，但对自然大美的呵护，唯有人的思想、人的力量、人的办法才有特别积极的意义。因为只有人类的低碳思想、环保理念、绿色追求，制度保障才能赔偿、消弭、恢复我们以往曾经给自然

① ［美］E. 霍贝尔．原始人的法［M］．严存生，译．贵阳：贵州人民出版社，1992：23.

的伤害！1863年，马克思致信恩格斯要他注意1847年卡·弗腊斯的《各个时代的气候和植物界》，后来，恩格斯在其名著《自然辩证法》中指出："我们不要过分陶醉于我们对自然界的胜利。对于每一次这样的胜利，自然界都对我们进行了报复……美索不达米亚、希腊、小亚细亚以及其他各地的居民，为了想得到耕地，把森林都砍完了，但是他们梦想不到，这些地方今天竟因此成为荒芜不毛之地，因为他们使这些地方失去了森林，也失去了积蓄和贮存水分的中心……到目前为止，存在过的一切生产方式，都只在于取得劳动的最近的、最直接的有益效果。"① 1962年身患癌症的美国海洋生物学家蕾切尔·卡逊写成家喻户晓的环境科普读物《寂静的春天》，她惊世地发问："是什么东西使得美国无以数计的城镇的春天之音沉寂下来了呢？"她骇俗地回答："不是魔法，也不是敌人的活动使这个受损害的世界的生命无法复生，而是人们自己使自己受害。"志士仁人莫嗟叹，古来大才难为用！两年后，瘦弱的卡逊受到空前的诋毁和攻击，心力交瘁而逝……但她点燃了启蒙人类环境意识的明灯，促使联合国于1972年6月5日至16日在斯德哥尔摩召开人类环境会议，会议宣布"由于无知或不关心，我们可能给我们的生活和幸福所依靠的地球环境造成了巨大的无法挽回的损害。……改善环境的质量和创造美好生活的前景是广阔的。我们需要的是热烈而镇定的情绪，紧张而有秩序的工作。为了在自然界里取得自由，人类必须利用知识在同自然合作的情况下建设一个较好的环境。为了这一代和将来的世世代代，保护和改善人类环境已经成为人类一个紧迫的目标，这个目标将同争取和平、全世界的经济与社会发展这两个既定的基本目标共同和协调地实现"。宣言良好，但较之于人类对自然的掠夺与对同类的杀戮，人类还做得太少太少……一路上，或在机舱，或在列车走廊台阶上，细心研读《道德经》的高级律师何云选感叹："道法自然，治大国如烹小鲜，环境也不容许折腾！"

---

① 中共中央马克思恩格斯列宁斯大林著作编译局．马克思恩格斯选集（第三卷）[M]．北京：人民出版社，1972：517-519.

律师向总理学什么？

——一次特殊党课后的感想

为纪念党的八十七周岁生日，2008年7月6日，天津市律师协会党工委组织律师事务所党员和积极分子由党工委组织委员陈红带队参观了周恩来、邓颖超纪念馆，一堂生动而教益深刻的党课由此展开。

走进庄重、肃穆的纪念馆，丰富多彩的文图实物史料让我们的记忆、思绪很快回到了中国风云激荡的革命年代和波澜壮阔的建设时代，周恩来的音容笑貌、光辉著述、领袖风采、丰功伟绩，给我们带来了很多的启示……来过纪念馆的人每年都有很多很多，川流不息；参观学习的人每天都有很多很多，各行各业。带着崇敬而来，带着思考而去。伟人之伟，在于给后世留下了博大精深的教益。

不同职业的人们从周恩来的优点中汲取着政治家的品格、军事家的谋略、外交家的风范、社会活动家的艺术……在反映中国人民及其优秀儿女艰苦奋斗的革命和建设的史实面前，在横跨近现代两个世纪的伟人面前，党员律师在注视、在聆听、在思考。毛泽东曾说："周恩来的最大优点之一，就是同党内外都有广泛的联系，善于团结一切可以团结的人。"① 周恩来的朋友很多，其中包括"七君子"之中的沈钧儒、沙千里、史良等律师朋友。我们党员律师应该从周恩来的哪些优点？有人说律师要学习周恩来社交的艺术、谈判的艺术，有人说要学习周恩来语言的艺术、为人处世的修养……

看到周恩来1943年3月18日所写《我的修养要则》，联想抗日烽火，戎马倥偬，延安整风，联想到外国元首关于"就周而言，伟大是注意小节的

① 石仲泉. 周恩来研究若干问题辨析［J］. 党的文献，2008，3（59）.

积累这句箴言几乎确实有几分道理”[①] 的回忆。我们找到了答案，找到了目标。“一、加紧学习，抓住中心，宁精勿杂，宁专勿多。二、努力工作，要有计划，有重点，有条理。三、习作合一，要注意时间、空间和条件，使之配合适当，要注意检讨和整理，要有发现和创造……”虽经岁月沧桑，这些修养要则仍然熠熠生辉，给我们深刻的教益。

有社会即有社会问题，解决社会问题是历史上的社会治理集团的任务与使命。可以这样说，你想不想执政，看你想不想解决问题，你会不会执政，看你会不会解决问题。有人在问题中兴，有人在问题中衰。“大江歌罢掉头东，邃密群科济世穷。”周恩来为其优秀领导之一的中国共产党正是解决了近代中国面临的民族解放问题、国家独立问题、人民生存问题，所以，中国共产党就成为解决社会问题、治理中国社会的执政党。解决社会问题的方法历来有别，有人治的方法，有法治的方法。法律是社会治理者与社会问题的媒介，是控制、治理、调节社会的方法，是解决社会问题的基本方法之一。正如周恩来同志一贯器重和支持的邓小平同志在会见日本公明党访华团时所说：“民主和法制这两个方面都应该加强，过去我们都不足。要加强民主就要加强法制。没有广泛的民主是不行的，没有健全的法制也是不行的。我们吃够了动乱的苦头。”[②] 改革开放以来，随着我国民主法制事业的进步，很多人民群众最关注、最直接、最实际的与他们生活密切相关的社会问题已逐渐被立法机关划分、区别和定义为不同的法律问题并通过法律法规规定的程序而被逐步解决，这是我们党执政方式和能力的转变与提高。

“法律的历史表明，没有职业律师阶层就不可能存在法治。”[③] 但“律师所看到的，往往只是社会的阴暗面，并经常与各种纷扰、不幸、欺诈、误会等打交道，为当事人争得最大的利益”[④]。执业律师和社会生活中各阶层、

---

① ［美］里查德·尼克松．领导者［M］．尤勰，张企程，译．北京：世界知识出版社，1983：265.

② 中共中央文献编辑委员会．邓小平文选（第二卷）［M］．北京：人民出版社，1983：189.

③ ［美］约翰·麦·赞恩．法律的故事［M］．刘昕，胡凝，译．姜渭渔，审校．南京：江苏人民出版社，1998：114.

④ ［美］丹诺．丹诺自传——世界上最伟大的辩护律师［M］．王炳，译．北京：法律出版社，1995：156.

各层次、方方面面的人打交道，和纠纷、矛盾打交道，在纷繁复杂的社会问题与困惑、利益与欲望中找答案，既见过企业的设立与鼎盛，也见过企业的赖债与破产；既见过百姓的恩仇爱恨、家庭的悲欢离合，也见过权柄炙手的官员、戴上手铐的领导……律师工作繁忙，时间紧张。面对诸多的社会问题和现象，一个党员律师能否牢记党的宗旨，能否保持党员本色，坚持学习党的十一届三中全会以来的基本路线、基本方针、基本政策，坚持学习党的创新理论，学习借鉴中外优秀法律文化呢？不断学习经济、科技、外语知识呢？有律师会说太忙、太累，没时间、没精力，甚至没有用。但是，再忙再累，我们还是处在和平的环境中，和周恩来同志提出的修养要则时相比，我们远离了硝烟和危险、艰苦与紧迫。参观周恩来、邓颖超纪念馆，学习周恩来 1943 年 3 月 18 日所写《我的修养要则》，我们会觉得惭愧，会有动力，会有方向。

虽然律师学历高，知识层次较高，但我们需要学习的东西很多，学习任务很重，党员律师是否能"加紧学习，抓住中心"，是否能"习作合一，要注意时间、空间和条件，使之配合适当，要注意检讨和整理，要有发现和创造"呢？我们是否有这样的修养呢？

井冈山精神与我们的执业信念

在举国上下撸起袖子加油干，认真工作、以优异成绩迎接党的十九大召开之际，天津律师协会党工委组织市律师事务所党支部书记党员律师一行27人来到了有“中国革命第一山”“中国革命的摇篮”之誉的井冈山。

2016年深秋我来过井冈山，回忆、思考未停歇，井冈山的雨云山色，井冈山的竹树山路，井冈山的清新空气，井冈山的绿意红色，井冈山的传说，井冈山的故事，中国共产党在井冈山奋斗的历程及其在井冈山的革命精神，使我依然那样思慕，2017年映山红盛开的时节再来井冈山欣喜难已，车行愈近、聆听愈细、山行愈远、凭吊、拜谒愈恭敬，史诗的波涛、英烈的形象，让我和我的同行者们心情激动、思绪起伏。

历史的辉煌需要精神信念，时代的进步需要精神信念

“欲明大义必先知史。”探究研习井冈山革命历史及其精神，我们会意识到，信念是重要的精神活动，是重要的精神力量，它集中体现为自信。没有自信，年轻的共产党人不会召开决定武装反抗的八七会议；没有自信，年轻的共产党人不会领导八一起义、秋收起义；没有自信，共产党不会坚持艰苦卓绝的井冈山武装斗争；没有自信，共产党不会高瞻远瞩可以燎原的星星之火，走出农村包围城市、武装夺取政权的道路。井冈山红旗谱，群星荟萃，有喝过洋墨水的“海归”，有出类拔萃的秀才，有衣食无忧、也可飞黄腾达的“富二代”“官二代”，但他们都有着国家要独立、民族要解放、人民要幸福的共同理想。正是自信，党领导中国人民从山区、边区走向全国胜利，也是因为自信，党领导了自我完善的改革，道路自信、理论自信、制度自信、文化自信源于苦难辉煌的历史，也必将领导革命建设与发展的现实，而现在正是我们最接近中华民族伟大复兴的时候，当然也应是我们最自信的

时候。

社会主义法治事业是前无古人的事业，也是我们应当学习借鉴但不能照抄照搬的事业，党在早期、在这里领导根据地军民创制和遵守与当代行政法、民商法精神相通的三大纪律、八项注意，如买卖公平、不拿群众一针一线等，领导军民制定和遵守现在看来也不落后的土地法，领导军民建立民主司法制度，提出改革司法制度，废除死刑……从1949年的共同纲领到1954年的新中国第一部《宪法》，从健全社会主义法制，加强社会主义民主的党的十一届三中全会到1982年《宪法》的制定与完善，从依法治国的提出到社会主义法律体系的形成，我们应有建设社会主义法治国家的自信。这种自信是我们在执业过程中拥护党的领导，拥护社会主义，维护社会主义法治，维护当事人合法权益的感情基础、思想保证。党和红军在井冈山的时间不是很长，两年八个月，但其历史所蕴含的精神却丰富多彩、历久弥新，让我们当代执业律师钦佩感叹……

知行合一，加强律师行业党的建设，发挥党员作用

从1965年到2016年，从开国领袖毛泽东到习近平总书记，对井冈山精神都有很好的概括，井冈山精神是精神的“富矿”，习近平总书记的概括，与时俱进，对党员律师的执业活动有十分重要的指导作用。

坚定执着追理想：社会主义法治道路的探索、社会主义法治国家的建设，需要包括我们执业律师在内的法律工作者在党的领导下，坚定执着为之奋斗，理想信念要坚定，在代理各类案件，从事各种法律事务过程中，让人民群众在每一起司法案件中感受到公平正义的理想信念不能为非法利益所惑，不能为非法诉求所惑，不能为“西化”“分化”错误观点所惑。

实事求是闯新路：创新是民族进步发展的灵魂，井冈山的道路就是不同于俄国革命道路的创新。在新的历史条件下，在社会主义初级阶段，在全面深化改革、全面加强党的建设、全面推进依法治国的今天，在“创新、协调、绿色、开放、共享”五大新发展理念指导经济社会的今天，在供给侧改革、“一带一路”开放的今天，执业律师的法律服务的创新面临前所未有的课题、难题。所以，实事求是闯新路在变革的当下显得尤为重要。

艰苦奋斗攻难关：律师工作要适合国情，要满足初级阶段经济社会人民群众的需求，艰苦奋斗是井冈山精神，是党的优良传统，党员律师在代理重大疑难复杂案件中，取证、阅卷，从事代理工作要艰苦奋斗，代理经济不发达地区处于贫困线以下人民群众的案件过程中，能否继承和发扬艰苦奋斗的精神，显得尤为必要和重要。创新服务方式方法、探索法治建设、社会治理难题，发现纠正冤狱错案同样离不开艰苦奋斗。

依靠群众求胜利：井冈山时期，党依靠群众，以少胜多，战胜多次“会剿”。群众的眼睛是雪亮的，律师执业的过程，司法活动的过程，既是专业精英合作的过程，也是依靠群众发现事实、重现真相的过程。专业办案与群众路线相结合，是政法工作的好传统，井冈山时期就有人民陪审制度。社会主义社会是人民主权的社会，法治社会是人民群众的社会，律师在执业为民的活动中得到群众的供养、支持和鼓励。

两年多的井冈山斗争时期，党就领导了法治建设，这是我们党员律师的骄傲。是知易行难还是知难行易？我们应坚持实践的观点，如欧洲谚语所云“真理的长河里流淌的是实践的汗水”，哲学家王阳明说“知之真切笃实处即是行，行之明觉精察处即是知”，列宁则指出“为了理解，必须从经验上开始理解、研究，从经验升到一般。为了学会游泳，必须钻到水中”。致力于把马列主义中国化的毛泽东在《实践论》中指出：“实践、认识、再实践、再认识，这种形式，循环往复以至无穷……这就是辩证唯物论的知行统一观。”学习井冈山精神，加强律师行业党的建设，我们的体会和领悟必将和学党章、学习近平同志系列讲话，做合格党员的实践活动融合升华为我们不忘初心、投身社会主义法治事业的强大动力。

狼牙山随想

什么是“人杰地灵”[①]？什么是“是气所磅礴，凛烈万古存。当其贯日月，生死安足论！地维赖以立，天柱赖以尊”[②]？什么是“激昂大义，蹈死不顾”[③]？什么是“江山也要伟人扶”[④]？什么是“生的伟大，死的光荣”？在“七一”到来之际，在中国共产党建党九十周年纪念活动逐渐进入高潮之时，当由天津司法局党委政治部、市律师协会党工委组织的全市律师事务所党支部书记们赴河北易县红色教育基地参观培训所乘的客车离山势陡峭、林木榛莽、雨后新晴的狼牙山越来越近的时候，我心潮起伏，思绪萦怀……

狼牙山属太行山支脉，在河北省易县西南40公里处，因山势险峻如狼牙而得名，虽说也是儒释道的名山，但令她在今天闻名遐迩的原因却是这里诞生了让共和国的红领巾、劳动者、元帅们亦歌亦泣的马宝玉、葛正林、宋学义、胡德林、胡福才五位抗日烈士。1941年秋，五位烈士为掩护大部队转移，诱敌至棋盘陀上绝峰处，杀敌至弹、石、路尽绝时纵身跃下悬崖，崇山峻岭中回响起他们高呼的口号……“人固有一死，或重于泰山，或轻于鸿毛”[⑤] 在这里有了最好的注解！也是在这里的黄土岭之战中，三名普通的八路军迫击炮手一弹击中正在指挥进攻的日寇山地战专家、中将之花阿部规秀头胸部，使日本朝野震惊！这是日寇自“九一八”以来在中国战场上被打死的日寇最高级别的指挥官！夜里，我外出散步时，山高月小，安详静谧，清新的空气中，习习凉风送来阵阵沁人心脾的草木醇香，间或听到农家院落

① 王勃：《滕王阁序》。
② 文天祥：《正气歌》。
③ 张溥：《五人墓碑记》。
④ 袁枚：《谒岳王墓》。
⑤ 司马迁：《太史公自序》。

的犬吠和附近公路上的鸣笛……

自刺秦的壮士荆轲高歌“风萧萧兮易水寒，壮士一去兮不复还”之后，人们多认同“燕赵古称多慷慨悲歌之士”①。想起小时看过的连环画、小说和在露天场院看过的黑白故事片《小兵张嘎》《雁翎队》《风云初记》《敌后武工队》《平原枪声》《地道战》《地雷战》……想起那些抗战英雄的音容笑貌，看到英雄们战斗、牺牲、保卫之地的高速公路、起伏的金黄色麦浪，农家乐院落里宽裕自如的生活，谁还会否认我们更加认同和坚信的：战争教育了人民，人民赢得了战争，人民是真正的铜墙铁壁，是历史的主人！当44位支部书记与天津市局政治部沉稳宽厚的李立华主任和领着书记们齐声重温入党誓词，一路上热情周到地关心大家的徐伟华同志一同登山参观、瞻仰归来时，狼牙山宾馆前歌舞台上红色教育基地歌舞团的演员们正在演出红色歌舞：“解放区的天是晴朗的天，解放区的人民好喜欢，民主政府爱人民呀，共产党的恩情说不完……”书记们兴趣盎然，纷纷围拢欣赏，热烈鼓掌，津建保企所儒雅谦和的张冲甫书记神情专注，十分专业地为大家录像，一时间，大家都沉浸在这片山谷间、开阔平地上的欢歌笑语和无限联想之中。

“在每一个国家里，历史的教学总是要赞美国家：儿童学习和相信他们自己的国家永远是对的，几乎永远是胜利的，差不多一切伟大的人物都是产生于他的国家里，而且在一切方面都比其他国家优越。”② 显然，哲人罗素的观点有失偏颇。近代中国，风吹过，雨打过，铁蹄践踏过，火烧过，刀砍过，列强分割过的历史是生动而令人落泪的教科书，没有共产党就没有新中国同样也是近现代史实演绎出的确切结论。孟子认为“天将降大任于斯人也，必先苦其心志，劳其筋骨，饿其体肤，空乏其身，行拂乱其所为，所以动心忍性，曾益其所不能。人恒过，然后能改……入则无法家拂士，出则无敌国外患者，国恒亡。然后知生于忧患，而死于安乐也”③。显然，经历过长征（美国著名传记作家索尔兹伯里称这是“前所未闻的故事”）奔赴抗日前线的共产党人是历史选择的大任的担当者。6月9日，在出发赴狼牙山

① 韩愈：《送董邵南序》。

② [英] 柏特兰．社会改造原理 [M]．上海：上海人民出版社，1959：87.

③ 《孟子·告子下》。

前，在培训班上，天津市委党校党建部的赵主任就讲到史料反映在中共建党时，中国有 300 多个政党，然而历史选择了中国共产党，选择了三百分之一！

孟子所言“入则无法家拂士，出则无敌国外患者，国恒亡”中的“法家”可能就是我们今天所说的法律人吧？在赴狼牙山之前的 6 月 10 日，支部书记们由司法局主管律师工作、热衷律师权益的傅立英副局长带队，参观了北京盈科律师事务所、金杜律师事务所，这两个所党支部一班人以党建促所建发展形势很好，金杜所律师还远赴井冈山，走朱毛红军挑粮小道，再寻理想信念，天津律所的支部书记们很受启发，多有感触……

狼牙山渐渐远去，《十送红军》《在希望的田野上》《我们走进新时代》等红歌在我们乘坐的客车里回响，书记们回想着培训班的课程和两天来的活动，交流着自己感受，华灯初上时，我们回到了奔波于兹、服务于兹的热土都市。

2012 记学

2012 年 3 月，张冲甫律师告诉我，他在南开大学读哲学专业时的老师、博士生导师周德丰先生给研究生讲中国近代思想史，有意找两名有工作经历、喜欢读书的人与研究生一同上课，这样有助于沟通交流，增进教学效果。我与张冲甫律师相尚以书，业余都喜淘书、阅读和交流，我就答应了。上课的地点在南大范孙楼，时间是周三晚七时到九时。

一直忙在都市城区、楼宇、单位、交通等钢筋水泥、噪声、拥挤、污染和评是论非之中的执业律师，欣然决定忙中偷闲，听课读书，似乎有些离谱，但当进入南大校园，扑面而来的春色绿意、朝气蓬勃的面孔和或矫健或轻盈的身影，我的倦疲和些微的自满就被迅速地消解和剥离了。学然后而知不足……之后，每到周三跟我上学的儿子，就随邻居小朋友叮当妈妈的车往东回家，我则驱车向西去南大上课。到校泊车后，先到大学之道美膳广场吃晚饭，说是广场，实为一栋四层楼，每层中间是就餐的桌椅，周边都是东、西、南、北各地菜肴，远比笔者 1985—1989 年在古都西安西北政法大学读书时吃得丰盛。同学们熙熙攘攘购餐用饭，还能看到不少外国留学生也来享用中餐："水——饺""麻——辣——烫"，说不好，吃得好，舌尖上的中国呀！我买了一张有注册商标的餐卡，卡上印着"大学之道，在明明德，在亲民，在止于至善……"还有"食者性也"。大学大在文化气息的弥漫吧。

赭红色的范孙楼①环境整洁，上课时间也感静谧。我们学习的方式是先阅读预习周教授的著作和他推荐的经典论文、如中国社会科学杂志社研究院庞朴先生的《文化结构与近代中国》、武汉大学博士生导师郭齐勇先生的《孙中山的文化思想述评》、中国人民大学哲学系教授宋志明的《现代中国哲学的主要问题》等，共有十二篇之多。上课时，重点文章由每位同学先后逐段诵读，再由同学们发表自学及听读后的认识，最后由圆额阔目、华发稀疏、目光炯炯、精神矍铄、谈峰犀利、言辞丰富的周教授评点、启发、议论、联想……三个月下来，中国近代风云激荡，仁人志士的思想潮流让我眼界大开，"很明显，要理解一个运动缓慢的社会，一个跌入了持续几个世纪的贫困、传统、疾病和愚昧的循环社会，我们就得研究其历史根源，研究它在自己的历史上跌入这个可怕陷阱的历史机制"，② 我们的学习大都是这样的研究。课上，张律师和我的发言，常引起同学的讨论和老师的关注、点评。我拿到周教授所著的《中国近代哲学研究》，阅读扉页作者介绍时注意到周教授1949年生于天津，毕业、执教于南开大学哲学系，主要从事中国近现代文化与哲学的教研工作，合著、独著有《中国现代文化哲学》《中国哲学大辞典》等。有趣的是其中获天津市哲学社会科学二等奖的《从孔夫子到孙中山——中国哲学小史》我曾在西北政法大学图书馆借阅过，是它激发了我学习中国哲学史的兴趣，之后陆续读了冯友兰、任继愈、张岱年等大师的作品。一日下课，我同周老师谈起那本书文字简明，叙史多趣，插图人物栩栩如生，读后难忘，可我多年淘书也没得到。周老师谦和地笑着说："当年哲学史大家方克立先生带我们几位青年学者编著了那本书，我给你找一本。"后来一日下课后，我与冲甫陪老师下楼到了院里，暮春月夜，惠风

① 为纪念中国现代教育的先驱、南开大学早期创办人严范孙先生，由教育部和天津市政府投资兴建，1999年南开大学八十华诞之际，投入使用。

② ［美］C. 赖特·米尔斯. 社会学的想象力［M］. 陈强，译. 上海：生活·读书·新知三联书店，2005：167.

和畅，周老师从他的包里掏出一本书给我说："这本书是1984年出版的，市面上找不到了，我的藏书里也没有了，因为你对这本书印象那么深，我到南大资料库给你找了一本。"我特别激动，一再道谢，老师欣慰地笑了笑，我和冲甫目送周老师骑车消失在校园的夜幕里。到家洗手后我轻轻打开包装，欣喜地翻阅起这本二十多年前自己认真读过的书，发现在封底上写着"魏涛先生：亲切交谈中，知先生大学时代曾于图书馆阅及此书，于文中细节及插图等皆能娓娓道来；知先生喜爱此书，是知音者，特搜寻一册，敬赠先生惠存，周德丰敬上"。沛然师德，诲益后生。

六月中旬天已大热了。天津市律师协会通知我随市司法局、市律师协会领导去保定中央司法警官学院①参加由司法部举办的全国律师工作培训班学习。去往保定的路上，远眺华北平原，天蓝云白，绿色无垠，丰收在望。6月15日早，艳阳高照，集体合影后，司法部领导主持开班式并发表了讲话，培训班有各省、区、市分管律师工作的领导，律师协会会会长，部分律所主任、党支书记等164人参加。来自全国人大、国务院发展研究中心、中央党校、国家行政学院、全国政协、中国军事科学院世界军事研究部的专家、学者，先后就强化依法行政提高依法行政能力、加强和创新社会管理、当前经济形势、周边安全、社会主义法治理念和政法干警核心价值观、舆情引导与危机应对策略、学习贯彻修改后的《刑事诉讼法》作了精彩纷呈的专题演讲，内容丰富，思想性、知识性、趣味性动人，既关涉经济、政治、社会、军事、古今中外，又切合我国当代经济社会发展，民主法治建设和律师工作的主题，学习时看到、听到了各个方面的资料数据，情况现象、分析研究、预判展望、讨论思考，所以受益匪浅……我们忙碌于民商事权益的计较、纠纷、争斗、诉讼的调判，可能会忽略国家间的利益博弈，而罗援少将关于周边环境安全的演讲使人深思，感慨良久；长期执业，容易使我们集中思想和注意力于法律、法条，证据、事实，当事人取舍，自身效益等繁杂纠结的具体事务之中，看似异彩纷呈，忙碌不闲，实则刻板单一，思维惯性、惰性都容易产生，而"闭关"一段时间听课，会被领导、专家、学者的思路、论点、论据及分析与论证所启发、所激励，从而回顾我们从事的工作，总结实

① 2012年11月20日，经中央编办批准，在中央司法警官学院加挂国家律师学院牌子，国家律师学院成立。

践，提炼经验、获取新知。

一日课余午休时间，我抽空去离学院两站远的河北大学校园书店淘书。2009年5月，我和程秀先律师在学院参加全国律师党建工作培训班时就曾转过河大那家书店。在校门左侧，大树绿荫下的一间屋子，店面不大，文、史、哲、经、法、考研、考公务员类书品繁多，码放如墙，时有学生出入购书，我俩仔细淘了很久，我记得程律买了本马可·奥勒留著的《沉思录》，还给要做律师的儿子买了本《世界著名演讲集》，我买了厉以宁著的《经济·文化与发展》，梁小明著的《经济学的开放》，张隆溪著的《二十世纪西方文论评述》，阿尔温·托夫勒、海勒·托夫勒夫妇著的《创造一个新的文明——第三次浪潮的政治》[①]，这几本书都是大家写的小册子，精当、耐读、堪藏。我俩各得其所，乐得聊了一路，情景如昨。今天，书店锁着门，鸟儿在屋旁大树的浓密树冠中叽叽喳喳，我在那儿停了一会儿，若有所失……

为学日进，学如逆水行舟，载舟覆舟，所益甚慎。身处信息、知识时代的律师，自觉、持久地学习应是我们一刻也不能倦怠疏忽的作为。

---

① 美国著名未来学家阿尔温·托夫勒、海勒·托夫勒夫妇著的《创造一个新的文明——第三次浪潮的政治》阐述了由科学技术发展所引起的社会各方面的变化与趋势。在本书中作者将人类社会划分为三次文明浪潮：第一次为农业阶段，从约1万年前开始；第二次为工业阶段，从17世纪末开始；第三次为信息化或服务业阶段，从20世纪50年代后期开始。作者认为人类社会正进入一个崭新的时期。20世纪改革开放之初，此书翻译出版后，知识界十分熟悉，其影响至今连绵不绝。

赴韩交流琐忆

金秋十月，受素有良好交流关系的韩国仁川辩护士协会邀请，天津市律师协会纪律委员会及民商、金融专业委员会代表团赴韩国仁川访问交流，笔者有幸随团。2014 年 10 月 10 日上午，机场能见度大于 500 米时，大家就被招呼登机了，虽然晚点，但当飞机冲出雾霾，经些微颠簸而平稳时，平视目力所尽之处碧空静净，无纤细障碍，俯视云涛卷舒或断或续，隐约见如芥船舰，曳带着一丝白波游弋沧海，视野逸兴……

仁川市位于朝鲜半岛的中西部，原为一渔港，名济物浦，1883 年辟为商埠，是 19 世纪末韩国最早走上近代化道路的城市，而仁川国际机场、仁川大桥、经济自由区——松岛国际城市等大型建筑，则展现了仁川市全新的现代化面貌。热情周到的仁川辩护士协会便把我们安顿在松岛希尔顿酒店。

第二天的交流会议充实、活泼、有趣而紧凑。早上有中韩律师分别就中国公司制度新亮点、中韩公司制度比较、公司僵局的法律要件、司法认定与处理等先后发言交流。与我国新近取消年检制度不同，韩国只有税务报告制度，笔者认为这更接近政府与市场经营主体关系之本质，与我国关于公司僵局之“经营严重困难”的判别标准不同，韩国关于股东两年不能开会，开会不能作出决议之判别标准，这更符合法律特别是商法表见主义特质。下午则是律师执业纪律方面的交流，仁川地方律师协会的裴勇哲律师以《韩国律师界对违反职业道德的处分规定》为题，作了简要明晰的演讲。笔者仔细阅读了其给每位随团律师准备的纲目内容详明、逻辑结构整洁的演讲稿，讲稿依次分为：1. 律师惩戒的意义和特性。2. 律师惩戒的沿革。3. 对律师惩戒的请求程序。4. 大韩律师协会惩戒委员会的惩戒程序。5. 惩戒的种类和事由。6. 法务部惩戒委员会的异议申请程序。7. 结论。听读结合，笔者很有收获启发：如关于惩戒的意义和特性，他们一方面认为“律师有维护公民权利和实现社会正义的使命”所以“应该被要求具有更高的‘伦理意识’（道德标准）”。另一方面认为对律师的惩戒不应对“律师忠实地履行人权保护使命方面”构成威胁。其惩戒沿革始于1949年制定律师法，后经1973年、1993年、1996年、2000年、2007年修改完善，在程序、惩戒种类与事由上与时俱进、渐臻完备，这无疑是历史积淀的价值。裴勇哲律师总结同行们比较关心的韩国仁川律师近10年常见违反职业道德案件情况为：违反业务广告4%；办事员管理疏忽4.5%；违反委托的限制事项7.2%；不当受托案件13.2%；与委托人金钱纷争14.3%；业务上的过错19.4%；违反选举法等其他事项20.5%；驳回请求16.4%。[①] 最后，裴勇哲律师还谈到因律师人数增加、竞争激烈、违规行为增多且多样，所以在对以后的展望和对策中，律师法的惩戒正向着更严格的方向改进，大韩律师协会也将强化伦理教育。与仁川同行有过多次交流的纪律委员会主任杨玉芙律师就我国律师管理制度及天津市律师协会纪律委员会惩戒工作情况作了发言，并回答了仁川律师的提问。正如美国布朗大学社会学家迪特里希·鲁施迈耶在比较研究美、德两国律师执业伦理时所说“执业伦理的表现方式在内容、语言表达、约束力来源、合法性在法律执业真的接受上以及在最终可以使用的处罚手段上都大有不同”，但“为律师界划定边界”却是共同的。[②] 如英国规定“大律师在执行业务中不得广告或招揽业务”，美国规定“律师未经准备不得处理案件”，日本规定“禁止同非律师合作”，奥地利规定“律师在同一案件中不能同时兼做证人”等，所以有这样的规定，必有其需要解析的文化，特别是司法文化的系统背景。总之，比较、交流、学习则会使我们的边界更加明确和在边界之中发挥更大的作用，因为“能够酝酿法律的人一定留心生活的道德力量”[③]。

傍晚时分，适逢仁川市政府为迎秋季到来举办焰火晚会，仁川同人安排我们坐在宾馆草坪上一面欣赏远处的焰火，一面继续尚未尽兴的交谈。此刻海风习习，凉爽宜人，大家的话题自由轻松了许多，我问此地哪些刑事案件

---

① 参考裴勇哲律师发表的《韩国律师界对违反职业道德的处分规定》.

② ［美］迪特里希·鲁施迈耶. 律师与社会：美德两国法律职业比较研究［M］. 于霄，译. 上海：生活·读书·新知三联书店，2010：120.

③ ［美］罗伯特·N. 威尔金. 法律职业的精神［M］. 王俊峰，译. 北京：北京大学出版社，2013：149.

常见，一位刘律师说以诈骗、毒品居多，轻微刑事案件和解很多。一位毕业于首尔大学的李律师曾做过多年的检察官，我问他想过回去做检察官吗，他说机会是有的，但还是干律师自由些。有位姓安的律师还给我看他手机上的全家福，我问他的两个孩子怎么都戴眼镜了，他说他们很爱读书，他家今年五月获得仁川市府及市图书馆如我国“书香之家”类的荣誉称号……次日晌午阳光明媚，我们要离别时，个头不高，精神矍铄、谦和热情、有学者风范的仁川辩护士协会金会长提议带大家步行去离住地不远的中央公园看看，公园是韩国最早的海水公园，水路旁有草地、芦苇地和动物园，草木繁茂、空气清新，不被惊扰的鹿儿嚼着草，静静地看着行人……金会长介绍说国际绿色气候基金事务局（GCF）选址松岛国际城带来的积极影响，超过前一阵儿举办的亚运会。沿着干净整洁的湖水街漫步，可见公园旁边耸立着充满未来感的联合国专用大厦“I-Tower”和颠覆了建筑设计正常思路的 Tri-bowl 等各种建筑物，马路上粉红色的醒目交通标线似乎能缓解人的交通压力，高出路面一厘米左右的斑马线好像暗示着对步行者的关怀，洁净的指路标志上没有自贬其值的广告……这都让人深切地体会到松岛因科技和环境而受青睐。

告别时，金会长、黄委员、姜委员，协会干事、博士、律师兼翻译徐银美女士等和我们一一握手，互道祝愿。代表团的车子徐徐开动，我们回首致意时，发现仁川辩护士协会同人还在向我们鞠躬，挥手……

调研感想点滴

2017年10月，细雨微风的秋季，天津市律师协会组织青年委、惩戒委等专门、专业委员会的同人先后到江苏、浙江律师协会及其推荐的律师事务所调研学习，虽行程紧凑但思考颇多。

一、大所是啥样呢?

“湖广熟天下足”“钱塘自古繁华”。改革开放以来，江浙一带经济、社会的发展自不待言，为经济、社会服务的律师业自然也是水涨船高。在江苏南京我们参观了泰和律师事务所，在杭州，热情周到的杭州市律师协会办公室主任罗庆带我们参观拜访了金道律师事务所、厚启律师事务所。发展较好的大所比较注重所在位置，都在经济、社会发展、发达、成熟的区域，所容给人影响较深。“师者所以传道授业解惑也”，律师应属社会中的文人，文人有人文，人文表现为以法律图书居多的书柜书籍和最能代表文化意蕴的笔墨字画。文化的氛围让经旅途而来的来访者顿感静谧、安适。律师是与时俱进的群体，现代法律网络服务的机器也是随处可见，成套健身设备也有配置。从华为转来效力泰和律师事务所的网络专家给我们演示了她帮律师事务所开发的法律服务软件。这些律所的业绩都很好，也不乏行业翘楚，如20世纪80年代就先后在美国、英国、中国香港学习工作的马群律师，如20世纪80年代我还在读法学本科时就耳闻的胡祥甫等律师。吕俊律师和妹妹及她俩的先生都是父亲的思源昆仑律师事务所的律师，这个“家族”式的律所因受李德生将军题词“江南一怪，矢志护法”褒奖的吕思源律师而出名……发展是我们社会的共同话题，发展模式、平台常为人们思考和研究。幸福的家庭都是一样的，发展好的律师事务所也都有相同的优点。树高高不过天，笔者以为发展总离不开质、量、度，人才的素质与数量，必要的法度自然是核心了，因为什么样的平台、舞台都因律师的工作而显其价值……

二、大律师在干什么?

大律师在干什么呢？办大案子可能曾经是他们成为大律师的主要营生和资本，但这次访学过程中，经交流沟通，我注意到大所里真才实学的大律师都注意自己合伙团队的建设，特别是律师事务所的人才吸纳，注意团队的学历（特别是继续教育），他们和律协、律协专业委员会注意构建律协培训、专业委员会培训、律所培训三级培训的联动深入和细化，注意通过大律师沙龙、会长沙龙等轻松、便宜的方式传授经验。“慈不掌兵”，他们选拔人才注重“硬功夫”，如选拔“一带一路”领军人才，他们强调语言关过不了免谈，十分注意吸纳培养有语言特长的涉外法律人才；曾两任律协副会长的胡祥甫律师和我们座谈时畅谈浙江近年来经济社会发展，并回忆起随时任浙江省委书记习近平同志去基层调研、接访的情景，让大家感触颇深，意味深长。

三、业务有啥特点?

人类从“猎人”到“农人”再到“工人”的发展就是分工的过程，分工是社会发展的方式，社会越发展行业越发达，分工则越丰富和精细，律师业不可能例外。这些优秀大所注意专业分工，团队建设，有个所甚至有业务负面清单，就是一个律师、一个团队必须明确你不能做的业务，但这不排除律所就负面清单中的业务调剂余缺，协调发展，发展的层次、水平催生了服务于这种发展的标准乃至戒律、规矩，这些规矩戒律可能是一些发展初期的律师及其团队难能理解的……以刑事辩护为主业的厚启律师事务所专攻商事犯罪研究与辩护，“术业有专攻”，因我受惩戒委委托调研，所以我就特别注意这方面的做法经验，江苏惩戒委在受理投诉后由律协惩戒委组成调查组全面调查，并向惩戒委惩戒组“投诉”被客户投诉的律师，是职权主义的究问模式，天津市律协惩戒委则是当事人主义模式。十里不同俗，百里不同风。地域、法域不同所以有比较法，比较法的研究很有趣，其间不同及其原因的探究对促进法治的进步有积极的意义。我和检察官出身的江苏律协惩戒委主任鲁民律师交流说这样的模式与律师权益保障的关系得慎重把握，他说严管厚爱，是得注意……

动身返程的周日早上，韩士队副会长约我抓紧时间一同去地处西湖边的五四宪法历史资料陈列馆参观学习。陈列馆依山而建，绿树掩映，安静、整洁而肃穆，我们怀着敬仰和探究的心绪赶到了历史资料陈列馆，看到了新中国五四宪法起草会议记录、草案修改稿原件等很多珍贵史料，看到了戊戌变法、辛亥革命以来关于中国宪法发展史的很多史料。沉甸甸的史料让人思绪徜徉。读史很受启发，特别当参观很多律所与很多律师交流后，这种在史料中的阅读、思考更有了一些交融、激荡、升华，丰富的收获感……

第三部分

“飞来横祸”怎么办?*

《兰州晚报》第四版1997年11月18日刊登了题为“飞来横祸：风吹招牌落，砸伤过路人”的社会新闻。新闻中称解放门附近兰州物资集团大楼上悬挂的“黑龙江省阿刚集团兰州经销处”巨幅招牌因风吹落砸伤行人，法律归责有说法。

《中华人民共和国民法通则》第一百二十六条规定：“建筑物或者其他设施以及建筑物上的搁置物、悬挂物发生倒塌、脱落、坠落造成他人损害的，它的所有人或者管理人应当承担民事责任，但能够证明自己没有过错的除外。”

据此条法意与本事件情况，现分析一下损害责任的归属。

第一，须有在建筑物上悬挂单位招牌、广告牌的行为。是谁在兰州物资集团大楼上悬挂了“巨幅”招牌呢?

第二，须有在建筑物上悬挂的招牌脱落、坠落砸伤人的客观事实。据报道，“巨幅”招牌因大风吹下，使两人受伤，一轻一重，轻者带伤而去，重者由他人护送入院。有目击者和照片为证。

第三，损害与行为间有因果关系。两行人被何处、几层楼上、由谁竖立、归谁所有、管理的招牌落下所击伤，可由目击者、法医外科医师鉴定及招牌所有人登记注册的有关机关为证。

第四，行为人不能证明损害结果的发生不是由自己的过错所致。此即推定过错原则。行为人先前在高楼上竖立招牌必然要求行为人负有检修和加固的义务，这是法定义务，旨在防止高层建筑物上物件落下伤人。如果行为人不能举出自己对其所有或管理的高悬招牌经常检修、加固尽到了所有者、管

---

* 刊发于《兰州晚报》第11版《法制园地》，1997年12月9日。

理者善良管理之义务的充分事实证据，则法律推定认为行为人即有疏忽于经常检修、加固的主观过失。

当然，如果招牌所有人、管理者能举出自己检修、加固高悬招牌的事实证据和招牌扣件质量好的证据，说明自己并无主观疏忽、管理瑕疵，而招牌坠落纯系不可抗之风力所致，那么招牌所有人、管理者可减轻责任。

基于上述评析，可以将此不幸事件责任归责于招牌所有人、管理者，而使无辜行人得以赔偿、慰藉。当然，其他在高楼大厦上竖立招牌的单位也应以此为戒，对自己的招牌应不时勤检修、勤加固，提防风吹日晒扣杆松，招牌坠落伤行人。

打官司凭什么*

“打官司凭什么”是一个学术理论问题，也是一个常碰到的具体实际的问题，更是一个关乎每一个步入法治社会公民的切身利益问题。人们根据历史文化、传统习俗、自己的经验对这一问题的回答历来是见仁见智的：“忿争辩讼，非钱不胜”，打官司凭的是钱；“官司一进门，上下托熟人”，打官司凭关系；官吏管法律，打官司凭权力；“吃徽饭靠的是菜，打官司凭的是赖”。如此等等的舛误与由此引导的行为是同社会主义法律意识及法律规定相抵触的。那么，打官司凭什么呢？

打官司凭的是事实与法律，相似于我们平常讲的摆事实讲道理。事实包括事件与行为，均于时空间客观存在，法律既是部分事件与行为发生的依据，也是对这些事件与行为的一种评价。评价是以涵载于法条文字中的社会公民意志为依据的，是以司法机关的强制力为保障的，不同于一般道德纪律的评价。例如，某件影响合同的履行的事实是意外事件，情势变迁抑或是故意过失行为，当拿出事实并用法律剖析评价；又如，某一行为是正当防卫还是防卫过当、故意伤害，也应视行为时具体情状，并援刑法有关条文予以审理、评价。我国《宪法》规定，人民法院、人民检察院依法独立行使审判权、检察权，《刑事诉讼法》《民事诉讼法》都规定了回避制度，《刑法》中还规定了司法人员渎职罪，所以，以为打官司凭钱、凭权、凭关系，甚至凭赖是不合法理、于法无据的。

所以，公民、法人、机关单位在自己合法权益受到侵害而决意打官司、要说法、讨公道时，应思考回答好打官司凭什么这个问题进而充分准备、打赢官司。

---

* 刊发于《兰州晚报》第11版《法制园地》，1997年10月21日。

法庭是什么？*

法庭是什么？崇尚和为贵少争讼的寻常百姓多认为法庭就是衙门、公堂，且常常觉其庄严而神秘。现今流行的认识则以为法庭是摆事实讲道理的地方。

历史上虽时不时地有硬脖子、黑脸盘、不媚贵的青天大老爷为民请命，主持公道，但“我的衙门朝南开，有理无钱莫进来”却为大势。所以，尚不能说或不能完全说那时的法庭是讲理的地方。笑话上说旧时衙门唯闻三声：打板子声、点银子声、拨算盘声。虽是笑话，倒也入骨。

人民当家做主后，法庭自也应是人民摆事实讲道理的地方了。特别是随着近几年司法程序的改革，有纠纷找法庭、有证据摆上法庭、有道理辩在法庭、有判决宣诸法庭，法庭所特有的摆事实讲道理的色彩越来越浓。这是改革的结果、发展的趋势，这是诉讼程序的科学化，是法律法治意识的通俗、深入化。

陕甘宁边区的法官马锡五在一棵树下倾听刘巧儿诉说委屈，后在农家庭院进行法庭审理，法庭确实简易，但丝毫不失其摆事实讲道理的本质特色。现今法庭均颇有规模气派，法庭之上摆事实讲道理的难度却如社会生活一样波恶浪诡，但理越辩越明乃是规律。所以，法庭是摆事实讲道理的地方这一认识当是揭示法庭本质的认识。

---

* 刊发于《兰州晚报》第10版《法制园地》，1997年5月26日。

古代法律笑话三则*

糊涂

一青盲人涉诉，自诉眼瞎。官曰：“你明明一双清白眼，如何炸瞎？”答曰：“老爷看小人是清白的，小人看老爷却是糊涂得紧。”

注：青盲：眼病。“远视不明”“目中淫肤白幕覆瞳子”。（唐·孙思邈《千金方》）

评：此官先入为主，同忘记了以事实为依据，以法律为准绳，重证据、重调查研究、不轻信口供等重要原则的司法人员一样，他忘记了那个时代司法官员断案应遵循的“五听”。“五听”即辞听、色听、气听、耳听、目听①，是中国古代在审判活动中，审判官吏观察当事人表情、心理活动，以助断案的五种方法。

有理

一官最贪。一日，拘两造对，原告馈以五十金，被告闻知，加倍贿托。及审时，不问情由，抽签竟打原告。原告将手做五数势曰：“小的是有理的。”官亦以手覆曰：“奴才，你讲有理。”又以手一仰曰：“他比你更有理哩。”

注：两造：诉讼中的原被告；

---

* 刊发于《兰州晚报》第11版《法制园地·闲情偶拾》，1998年10月20日。

① 《周礼·秋官·小司寇》

评：此官贪赃卖法，端以原被告馈金多少，反覆云雨，判断是非，是目下一些“大盖帽两头翘，吃了原告吃被告，原告被告都吃过，还说法律不完善”者的前辈先贤。确属教育整顿的对象，当依《中华人民共和国刑法》第三百九十九条所规定的司法工作人员徇私枉法罪论处。

扛欠户

有欠债屡索不还者，主人怒，命仆辈伺其出，扛之以归。至中途，仆暂歇息，其人曰：“快走吧，歇在这里，又被别人扛去，不关我事。”

注：欠户：债务人；主人：债权人。

评：虱多不痒、债多不愁，此人欠债太多，成了过街之鼠。时下，一些商行为者食言而肥，所以，虽然《中华人民共和国民事诉讼法》第一百零六条规定“任何单位和个人采取非法拘禁他人或者非法私自扣押他人财产追索债务的，应当依法追究刑事责任，或者予以拘留、罚款”，但一些公民为主张合法债权采取非法措施及一些机关介入经济纠纷的现象仍屡见不鲜，这是一个值得立法者与执法者深思的问题。

关于法定代表人*

与头儿、老板、老总、负责人、领导等称呼相比，法定代表人是法律给法人取的正名。法律面前人人平等。所以，不管是企业法人还是非企业法人，不论是大机关还是小企业，是国有还是私营，其负责人都叫法定代表人。《民法通则》第三十八条规定："依照法律或者法人组织章程规定，代表法人行使职权的负责人，是法人的法定代表人。"设立法人须具备一定的条件，那么充任法定代表人应有什么条件呢？

循名责实，法定代表人首先应依法办事。法是经济生活的"翻译"，"一定的经济制度要和谐运转，就要有一些使占有和使用生产要素、产品或服务得到保证的法规"。显然，凭传统计划经济时期的方法，沾沾自喜于市场经济初期所取得的点滴经验，而对初具规模的市场经济法律不学习、不知道、不会用的法定代表人显然是不够格的。

法定代表人必须遵循法人的组织章程。法人即法律拟制人，是人格化的社会组织，该组织的生存、发展和壮大依赖于其组织章程对法人内部财产、权力关系的科学规范及实际运作。法定代表人如违反这些章程，就会使法律拟制人"口眼歪斜""手足无措"。当然，"一言堂"、家天下，视法人如自家后院作坊的做法更是与法人内部治理结构的科学化、民主化的要求大相径庭。

法定代表人应忠实法人的意思。代表指"由行政区、团体机关等选举出来替选举人办事或表达意见的人""受委托或指代替个人、团体、政府办事

---

* 刊发于《兰州晚报》第11版《法制园地》，1998年8月4日。有一次笔者去一家客车厂与领导谈案子，递上名片后，领导看过名片后又看了办公桌一下，然后指着其办公桌玻璃板下压着的从报纸上剪下的这篇文章，问是一个人吗，我表示我是作者，这位领导很高兴地与我谈妥了委托代理事宜。

或表达意见的人”和“代替个人或集体办事或表达意见”①。可见，法定代表人无论是代为意思表示还是代为法律行为，都必须明确自己在法人内部财产关系、权力机构中的位置，自己所表示的意思是法人内部经合法程序而产生的意思，自己的职权源于法人权力机关的授予，自己应受制于法人。视自己为智慧真理的化身，一意孤行，甚至对法人意思巧取所需的法人代表会带来很多隐患，“城楼失火，殃及池鱼”是也。

实例告诉我们，法定代表人并不都已达标够格，所以，用上述基本条件来选择、制约、废弃法定代表人是十分必要的。

① 中国社会科学院语言研究所词典编辑室. 现代汉语词典［M］. 北京：商务印书馆，1997：240.

关于诉讼时机*

时机是具有时间性的客观有利条件，诉讼时机则是进行诉讼、诉讼过程中具有时间性的一些客观有利条件。“机不可失，时不再来。”时机是相当重要的，如物证可能因风吹日晒、事变境迁、急检抢修、伪装掩盖而失去其原有直接的证明意义；人证可能因关系活动、势力左右、金钱收买而使先前眼明心热的证人变得躲躲闪闪、言语不详，甚至缄口如瓶。“兵无常势，水无常形。”债权人如眠于权力之上，碍于不合时宜的情面，富于幻想，也可能眼见着债务人力不从心、无产可破、亡命天涯，使自己的合法债权成为抽象的概念，法律的强制力失去了其本应征服的对象。所以，一定要善于抓住诉讼时机。时机在时效之内，在除斥期间之内。如一般诉讼时效为 2 年，2 年之内你应该抓住收集调查取证、进行诉讼的有利时机。又如，邮政企业对自交寄给据邮件或者交汇汇款之日起满 1 年未查询又未提出赔偿要求的用户不负赔偿责任，这里的 1 年即为除斥期限，如不在除斥期限内抓住查询、取证的时机提出权利主张，你就会丧失索赔的实体权利。

当然，如何抓住诉讼时机，也是一个较为复杂的问题。“月晕则风、础润则雨。”意欲通过诉讼途径及时、准确、完整地使自身权益得以维护者，必须认真研究考察对方，从社会经济形势、行业景气、对方资本运营状况、债权债务老底、法定代表人德行操守等多方面进行分析，在事实、证据、时间上充分准备，运用谁主张谁举证、督促程序、诉讼保全、先予执行等诉讼制度，才可切实维护自己的合法权益。

如同和平需要军备一样，为使诚实信用的民事活动的基本原则成为市场竞争主体的共同规则，为使自身权益得以切实保护，我们就应注意抓住诉讼的时机。

---

* 刊发于《兰州晚报》第 11 版《法制园地》，1998 年 4 月 21 日。

解释法律的必要与方法*

如美国法学家伯纳德·施瓦茨所言："法律并不是一切完美之物的真实体现。它总带着缺陷和瑕疵。"尽管立法者十分注重法律条文的严谨、周密和具体，但条文中缺陷与瑕疵还是存在的。这种存在常见于百姓、律师、警官、检察官、法官等对同一法律条文的不同说明、理解及运用。这一方面因为描述、表达立法者意图的文字含义多义、笼统、抽象，另一方面则因为立法者的技术和执法者的素质不同。这种存在影响着人们对法律的正确理解与运用，影响着法律的统一与被普遍遵守。因此，在法律的研究、实践中便产生了对法律进行科学解释的学问。

解释一般指分析、阐明、说明含义、原因、理由等。法律上的解释即是指对法律条文中字、词、概念含义的阐明，是用一些科学方法确定法规具体、精确、真实含义的过程。因为解释者文化水平、法律意识、思想立场不同，解释的结果往往不同。断章取义、曲解法律的现象在依法论理、法庭辩论中屡见不鲜。这样，科学的解释方法对于弥补、充实、确定法律条文的意义之作用就十分突出了。一般的解释方法有文字解释方法、系统解释方法、历史解释方法、法意解释方法（即目的解释方法）等。

文字解释方法也叫字义字面解释，是从法律条文文字的文意、文法来解其含义，是诸方法中最基本的方法。文字解释一般应按词句通常含义解释。譬如，《刑事诉讼法》第五十三条规定："人民法院、人民检察院和公安机关决定对犯罪嫌疑人、被告人提出保证人或者交纳保证金。"或者系"连

* 刊发于《兰州晚报》第11版《法制园地》，1998年5月11日、19日。

词，用在叙述句里表示选择关系”[①]。所以，这里的或者指可提出保证人，可交纳保证金，两者缺一不可的做法是违背法律规定的行为。

系统解释方法就是把法典中的各章条款项联系起来作为一系统视之，从联系比较、参照中把握某一法条的精确含义，并鉴别该法条运用恰当与否。例如，某工厂在与一位曾在厂中工作十多年的女工签订劳动合同时，因女工多病，虽经几次调换工种亦不能全勤上岗，故单位只同意与其签订为期3年的合同，否则将解除劳动合同关系。若仅依《劳动法》第三章第二十六条第一款“劳动者患病或非因工负伤，医疗期满后不能从事原工作，也不能从事由用人单位另行安排的工作等”用人单位可以解除劳动关系的规定来看，工厂做法似近情理并无不妥，但联系《劳动法》第三章第十七条“订立和变更劳动合同应当遵行平等自愿协商一致的原则，不得违反法律、行政法的规定”及第二十条第二款“劳动者在同一单位连续工作满十年以上，当事人双方同意续延劳动合同的，应当订立无固定期限的劳动合同”之规定来分析，工厂做法确已违法：单位给订立合同附加了不平等的前提条件；单位剥夺了女工可提出订立无固定期限的劳动合同的权利。

历史解释的方法即从某一法律规定的历史背景和立法史着眼来解释法律条文的正确意义。例如，1979年《刑法》、新《刑法》都规定了非法侵入住宅罪，那么是否凡未经宅主允许而进入他人住宅的行为都构成非法侵入他人住宅罪呢？并非如此，从制定刑法的历史背景来看，立法者是总结十年动乱中一些人随意闯入他人住宅为所欲为的行为而规定该罪名的。至于一般的亲友、同事串门，记者采访，因与宅主确有合法事由未经主人允许进入住宅或进入住宅后主人责令退出而稍有纠缠的，虽属非法侵入他人住宅的行为，但并不构成非法侵入他人住宅罪。

目的解释方法则是通过上述方法探究立法目的，以把握法律的精神，并运用此种精神阐明法律条文含义的方法。立法目的一般明确体现于立法理由中。如《消费者权益保护法》第一条规定：“为保护消费者的合法权益，维护社会经济秩序，促进社会主义市场经济健康发展，制定本法。”所以，该法第四十一条规定：“经营者提供商品或者服务，造成消费者或者其他受害

① 中国社会科学院语言研究所词典编辑室. 现代汉语词典［M］. 北京：商务印书馆，1996：577.

人人身伤害、残疾而承担的责任应理解为无过错责任。”因为让消费者人人成为内行，人人能证明厂家、商家在提供商品或服务时有主观上的过错，不可能也不现实。若理解为过错责任即有主观过错才承担责任的话，消费者则会因举证不能而使权益主张无由成立和受到保护。这势必使“为保护消费者的合法权益”的立法目的落空，商品生产者、服务提供者的质量意识将更为稀薄。

没有适合于一切标准的工具。法律，人们视为简明、权威的标准却有解释的必要，但只有用科学的解释方法，我们才可正确地学习、理解、运用法律，而不至于误解、曲解法律。

明理与守法*

明理就是明白道理，道理即事物的规律，俗语说“酒要少吃，事要多知”，即讲人要知晓明了事理。社会生活中的内容形式与时世而已、发展嬗变。但一经扬弃和发生成某一社会形态中的基本道理则是一种相对稳定的思想行为规范。理大如做人要好学上进、诚实信用，待人要敬老爱幼，经商应童叟无欺，当官要以身作则，小如倒垃圾应倒入垃圾箱、上汽车应知先来后到排个队等。法乃行为规范，源于人们生活行为的习惯、社会风俗及公民意愿与领导阶级的权力。它是由国家制定并具有普遍约束力的一种行为规范。守法就要公民在民事、经济、政治活动中遵守国家的宪法、民法、经济法、刑法等。

理往往更贴近人的生活实际，在生活中的细小处得以反映，法则系于国计民生的重大权益。明理与守法的关系极为密切。明理利于守法，守法能保障明理。理防患于未萌，法禁恶于已然。古人说去礼则入刑，实际中悖于理者也多违于法。不明买卖公平之理的商人往往被人斥为奸商并成为刑法打击的制售假劣犯、诈骗犯，不明“吃人的嘴软、拿人的手短”之理的干部也常成为反贪贿赂的对象……

明白道理遵守法律都需要学习。“人不学，不知道”，人不学，不懂法。但道理不像法列于法典，理需要学习、思考、观察、揣摩、反省、实践、修养而后可明理；法的学习则需要阅读法典、熟悉条文，理解法律这种特殊“文本”的含义并用以规范行为。当然，明理是为了为人处事讲理而不蛮横，学法是为了依法办事而不违法犯罪。

---

* 刊发于《兰州晚报》第11版《法制园地》，1997年9月9日。

商家强卖　究竟啥法管*

苟建华律师因麻先生夫妇在精品店遭遇强卖而在《兰州晚报》1997 年 9 月 9 日所做咨询回答（第 11 版《商家强卖有没有办法管》）有误。笔者恐麻先生权益受损，故提意见如下。

一、苟律师建议麻先生“您可以非诉讼方式不能解决的情况下，待新刑法施行后，诉请人民法院对其予以惩处”。此处忽略了新《刑法》对麻先生所遇强卖行为无溯及力的问题。所谓溯及力，是指新制定的刑法是否适用于它生效前的未经审判或者判决尚未确定的行为。我国刑法在溯及力问题上采取从旧兼从轻的原则，此均明列于 1979 年《刑法》及新《刑法》。新《刑法》第十二条规定：“中华人民共和国成立以后本法施行以前的行为，如果当时的法律不认为是犯罪的适用当时的法律。”此乃《刑法》定制原则之具体体现！苟律师虽对新《刑法》第二百六十六条解释正确，但用于麻先生夫妇遭遇之案确有不妥。因现行 1979 年《刑法》并不认为强卖为犯罪行为，而新《刑法》虽认为暴力威胁之强卖行为是犯罪行为，但新《刑法》对自己生效前的行为并无溯及力，也就是说麻先生夫妇及司法机关不可援用新《刑法》处理 1997 年 10 月 1 日前确实构成犯罪的强卖行为。

二、因为从案情上看，精品店店主行为显然侵犯了麻先生夫妇的公平交易的权利。所以，麻先生应尽快据《民法通则》第四条关于民事活动应遵循自愿原则及《消费者权益保护法》第十条第二款关于消费者在购买商品时，有权获得质量保障、价格合理、计量正确等公平交易条件，有权拒绝经营者的强制交易行为的规定和该法第三十四条的规定，可与店主协商调解；可请求消费者协会调解；可向有关行政部门申诉；也可根据民事诉讼法向被告侵权行为地人民法院提起民事侵权之诉，以期使自己的合法权益得到有效的保护。切不可在“今年四季度”才去主张法律赋予你的权利。

---

* 刊发于《兰州晚报》第 11 版《法制园地 · 释法争议》，1997 年 9 月 30 日。

宋清经营药材的启示*

宋清是唐代长安城西一个很善经营的药商。大作家柳宗元写了篇《宋清传》褒扬了宋清的生意经，借讽唐末封建官场“炎而附，寒而弃”的黑暗现实。

宋清经营的药材质量好。长安的医务人员用宋清的药材配制方剂治疗疾病便很灵验。药材质量好的原因是，他对采药者从山泽之中带来的药材，总是要认真筛选，然后出售。他不收红包，不拿回扣，不卖假药、劣药，没有患者上官府“投诉”。

宋清的医德好。他经营药材，以患者为上帝。柳宗元记载说，患者如果经济困难，他也给好药。后来患者的债券堆积如山。这些债券，对于其中实在还不起药钱的，他便烧掉。人们对这种做法感到诧异。的确，宋清的做法，对于今天搞市场经济的人来说恐怕也想不通。难怪当时有人叫他“妄”，即今天所说的“傻瓜”。照他这种做法，恐怕药店要倒闭。结果他后来成为巨商大贾，即今天所说的“大款”。这是什么原因？柳宗元认为宋清的做法为他赢得了长远的利益。而那些只贪图眼前利益的小商人失去了众多的顾客，没有了顾客如何去赚钱？

* 刊发于《西安医科大学报》第4版，1995年4月15日。

消费者 请注意证据*

3月15日是消费者权益日，“保护消费者的合法权益”这句话在日益繁荣的市场中是句敏感的话，因为它意味着权利与义务，也是句走俏的话，因为公民的法律意识在不断增强。然而切实保护好消费者的人身权、财产权和知悉真实情况权等合法权益在实际生活，特别是诉讼实践中又是一件颇费周章的事情。

例如，您买了双“鹏程”牌皮鞋，没穿几日未走百里，鞋就裂帮断底了，虽投诉有门，您却拿不出您在哪个商场、几号柜台、哪位售货员出售的这双皮鞋的发票，即使您拿到了发票，发票上要求的内容又填写不祥，如此等等，那么，您的合法权益的保护将使您花费更多的时间、金钱，甚至要恼火生气。为什么呢？因为没有证据或证据不充分。

证据是证明案件事实的一切材料。它们是您所购货物的内容翔实的发票，是有关机构的质量鉴定书，是维修部的维修证明，是厂家商家的“三包”合同等。在消费者权益受到侵犯这一事件中，常常隐含着多个为什么，客观的、真实的，彼此关联且充分的反映事件原貌本质的证据就能很好地回答解释这些个为什么。这样，保护您的合法权益就有了稳当、厚实的基础，消费者协会、律师、法官也就好拿起法律的准绳，衡量您与商家的是非曲直，进而给一个能使您心平气和的说法。

“捉贼捉赃”虽是古谚，确是耐用的道理。律师给您提个醒：在消费过程中，请注意证据。

---

* 刊发于《兰州晚报》第10版《法制园地》，1997年4月14日。

学习一点法制史*

法律制度的历史源远流长，博大精深，文献可考。如果我们特别是领导干部能挤时间学习一点儿，其中可资借鉴的经验是相当丰富和有用的。

读史可以明智。法律制度对社会生活诸多方面的作用重大、不可或缺。以政权建设为例，“秦失其政、陈涉首难，豪杰蜂起，相与并争，不可胜数”。刘邦率军入关，废秦苛法，与秦父老约法三章，赢得民心，建立政权。英美资产阶级革命中也制颁了《独立宣言》《人权宣言》成文宪法等一系列法律制度以保卫胜利成果，发展经济文化。俄国十月革命的第二天，列宁领导的全俄工人、士兵、农民代表苏维埃通过和颁布了《和平法令》《土地法令》。中国共产党在井冈山、瑞金苏区，在陕甘宁边区，在革命的不同历史时期都曾领导人民制定实施过一系列法律，并在 1949 年 9 月制定起临时宪法作用的《中国人民政治协商会议共同纲领》以迎接新中国的诞生。就改革而言，春秋战国时期的百家争鸣，各诸侯国纷纷变法图强，秦“内立法度，务耕织，修守战之具”而统一中国。近代彼得大帝改革、美国废除奴隶制、日本明治维新也莫不以法制的形式推行呵护政改方略。可以说改革就是变法。

以经济发展为例，恩格斯认为“以私有制为基础的法律的最完备形式”的《罗马法》，拿破仑认为比自己一生所打的 40 次胜仗更值得自豪的是由自己主持制定的《法国民法典》，该民法典对当时乃至现今世界民商经济活动及其规则都起到了推动引导作用。时移世易、逝者如斯，然《罗马法》《法国民法典》中许多法条概念严谨科学，条文简明流畅，所蕴法意生动鲜活，常使后来学者拍案而立法者以为典范。对于文化交流发展来说，唐高宗时颁

* 刊发于《兰州晚报》第 11 版《法制园地》，1997 年 11 月 25 日。

布的《唐律疏议》影响远及东南亚，当时很多日本人漂洋过海到长安学习法律文化。当今世界，国际公约、条约的签署与履行及对各国法律制度的比较研究与学习，使包括法制在内的文化交流更加广泛而深刻。以史为鉴，可以这样讲：一朝一代一国走向其政治、经济、文化的鼎盛，不能没有较为先进发达的法律制度！当然，奸吏弄法，纲纪废弛，也曾使许多王朝大国成败异变，功业相反，悲恨相续！

"欲明大义，必先知史"，读一点法制史，对学习理解党的十五大所确定的依法治国的基本方略，对在实际工作中遵法守法、建章立制促进事业是不无裨益的。

医患市场·扁鹊*

自有了病人和医生就有了医患市场，历史上在医患市场不乏施展仁术、治病救人、妙手回春的天使。饭后茶余，笔者喜翻《史记》，读了《扁鹊仓公列传》，联系医患市场之现状，偶得感悟。

扁鹊以患者为上帝。他“过邯郸，闻贵妇人，即为带下医；过洛阳，闻周人爱老人，即为耳目痹医”。医患市场与其他市场一样，顾客的需求喜好，影响着市场供求和生产经营。邯郸人最贵妇人，扁鹊即做妇科大夫；周地人敬爱老人，扁鹊便开专科医耳目弊病。可见，扁鹊是跟着市场走，围着患者转的。

扁鹊医术精湛全面。他为齐桓侯所做“病入膏肓”的诊断家喻户晓。他在邯郸开妇科，到洛阳又开耳目痹科，“来入咸阳，闻秦人爱小儿，即为小儿医”。若扁鹊的医术不精湛、不全面的话，怕是看不了这么多病症。“秦太医令李醯自知技不如扁鹊也，使人刺杀之。”扁鹊医术真高，以致卑鄙凶恶的小人搞了个“不正当竞争”，悲剧呀！

扁鹊重信息。扁鹊来咸阳、过洛阳、在邯郸，闻秦人爱小孩，闻周人爱老人，闻赵人贵妇人，便随俗为变，因病施医。孤陋寡闻，闻而不改是不行的。搞市场竞争的时代，不做市场调查，不重视市场信息，将会失利于激烈的市场。

“扁鹊名闻天下……至今天下言脉者，扁鹊也。”医患市场永远存在。无疑，扁鹊在医患市场中的经验对今日“言脉者”是不无裨益的。

---

* 刊发于《西安医科大学学报》第4版，1994年5月30日。

医生的女儿与变法*

淳于意是西汉时的名医。有一年，这位老名医因“医疗纠纷”吃上了官司，官吏要把他从山东押到长安受审。临行前，他的五个女儿哭哭啼啼。老名医长吁短叹，怨愤地说：“我生了五个女儿，没有儿子，现在遇上了危难，无人能帮我排忧解难。”他的小女儿缇萦听了这话拭去泪水，说她决意随父进京，帮助父亲打官司。

到了京城，名医淳于意被关在牢里。缇萦探监时见到监狱里因受肉刑的犯人通路绝望的情形，也听到父亲可能被处以肉刑，便奋笔疾书“妾切痛死者不可复生，而刑者不可复续，虽欲改过自新，其道莫出，终不可得。妾愿入皂为官婢，以赎父刑罪，使得改行自新也”，上书皇帝。

汉文帝时代，正值秦的暴政和楚汉战乱之后不久，劳动力缺少，社会经济凋敝。当朝为振兴经济，正在实行休养生息的政策，很想有所作为的文帝看了缇萦的“变法意见书”，听了几位大臣的看法，便果断下令废除了自夏商以来长期施行的肉刑。

废除肉刑和几项配套改革措施实施后不久，西汉王朝便逐渐出现了我国历史上有名的国富民殷的“文景之治”。缇萦，这个医生的女儿，因救父和倡言变法有功也被载入了史册。

---

* 刊发于《西安医科大学学报》第4版，1994年9月10日。

怎个“忍”字了得*

“诉讼”这个以前陌生的词现在逐渐为人所熟知。随着我国法制建设的进展、公民法律意识的不断增强，法律赋予公民为维护自己合法权益而通过司法程序解决纠纷的诉讼权利渐为公民所重视。然因传统观念、现实条件的影响，也常遇到这样一些事情：法律保护公民合法财产所有权，但面对犷悍无赖、为非作歹之徒的强拿硬要、敲诈勒索，享有诉讼权利的当事人却自嘲自慰地认为，强龙不压地头蛇，忍一忍吧。受法律保护的婚姻家庭因第三者入侵而家乱人散，享有诉讼权利的受害人却自叹家丑不可外扬，忍一忍吧。法律规定负有保护公民人身财产安全、依法承担行政义务的行政机关未及时、有效地履行义务，享有诉讼权利的公民却认为民不与官斗，古今一样，忍一忍吧，不胜枚举。

“法者，所以定分止争也。”法律有预防纠纷解决矛盾的功能。怎样发挥这一功能，与享有诉讼权利的公民个人解决矛盾纠纷的习惯态度和方法关系很大。有人善仗法直言，敢当庭论理，维护权益，有人逆来顺受，忍气吞声。可以说权利由法律规定，但享有、行使权利的能力却需文化水平、法权意识、品格胆魄等方面素质的培养与积累。

社会生活中光明与黑暗、正义与邪恶、善良与凶残彼此斗争消长乃是规律。试想公民若对涉及生命财产幸福等重大法律权益的纠纷一味地采取忍的态度，法律利剑匣中徒鸣，其结果是，被非法侵害的公民暗自哀怜，刁蛮违法之徒却因受害人忍让而逃身法外。所以，唯有公民充分运用法律赋予自己的诉讼权利，才可固道德之基本，保公民之权益，达到综合治理、邪不压正的境界。

---

* 刊发于《兰州晚报》第11版《法制园地》，1997年8月5日。

找找法律依据*

有没有法律依据？这个问题在法律制度日益详备、依法办事渐成国家政治、经济、文化生活规则的社会里越来越受到人们的重视。水有源、树有根。依据即根据，法律依据就是鼓励、制裁、允许、禁止等规范行为的根据。即便是制定我们办事所依照的法律也须有法律依据，这个法律依据就是被人们称为母法、根本法的《宪法》。法律法规若不符合宪法，则属违宪，应予修废。政府行为的目的、方式乃至结果，企业、公司的设立、经营、纳税、债权债务、清算破产亦由法律来规范引导。百姓生活生产的权利与义务也为法律明列和保护。

所以，遇有利益冲突、矛盾纠纷，自问、问人这行为那做法有没有法律依据，进而努力找找我们认为应有该有的法律依据以衡量是非曲直的思想行为是一种进步。虽然，有人因找到依据而欣喜，有人因找不到而沮丧。但找找法律依据较找找清官的传统人治意识是一种进步，因为史实上是是非曲直寻常事，清官老爷不常见；找找法律依据较找找领导批条子也是一种进步，因为后者是以权凌法的表现，是滋生腐败的土壤。

党的十一届三中全会以来，全国人民代表大会、全国人民代表大会常务委员会立法有 322 件，国务院颁布的行政规章有 750 多件，地方人民代表大会制定的地方性法规有 5360 多件（到 2011 年十一届人大四次会议宣布社会主义法律体系形成时，我国已制定现行有效法律 236 件，行政法规 690 多件，地方性法规 8600 多件），现已基本形成了以 1982 年《宪法》为中心的社会主义市场经济法律体系。还有更多的法规陆续出台。行政部门、企事业法人、公民，可能较多地了解本行业及有关切身利益的一些法律，对其他部

* 刊发于《兰州晚报》第 11 版《法制园地》，1998 年 1 月 6 日。

门的法律则可能知之甚少。所以，遇事需找找法律依据时有人去找律师咨询，也有好学者找找法规汇编类的书认真地读几页、啃几条，以备“上阵”之用。可谓经一事，学一法。

“法律是人民自由的圣经”（马克思语），社会主义法律是人民意志的体现，找到了法律依据，依据将声明穿什么制服、亮什么做派并非合法的全部含义；依据还将揭露名目巧妙的“三乱”无异于欺诈与掠夺；依据会为被吞噬的财产呐喊；依据还会为疏忽权益者敲响警钟。

制度与人*

制度是要求大家共同遵守的办事规程或行动准则，是社会在一定历史条件下为适应它的基本需要而用合法化方式建立起来的政治、经济、文化等方面的体系，也是解决社会问题的标准化方式。如一夫一妻的婚姻家庭制度、人事用工劳动报酬制度、两审终审的诉讼法律制度、联产承包制度、租赁承包制度等。

制度文明是社会文明的一个重要方面。制度从其在社会生活中孕育、规章法典化到不断沿革都离不开作为生活之主体的人的意识、思想、意志及参与，离不开人对制度的习惯、理解和操作。所以，制度文明与人的文明是相辅相成的，自然也是以人为主的。可以说没有无文明人活动其间的空洞的文明制度、体制框架；也没有不以文明制度为其行为规范而产生生活着的所谓文明的人。

改革是兴利除弊。兴利需创新制度、制定适应生产力发展要求的制度，除弊则需要修废阻碍生产力发展要求的制度。所以，以制度创新为特色的改革观念近些年来已为人们所熟知和实践。但业经创新改革的一些制度在实际工作中并未实现其初衷与本意的事例又让人们颇费思索。耕地承包旨在联产计酬、多劳多得，但强榨地力、撂荒土地的现象时有发生；租赁承包，意在使企业的权责明确、自主经营、自负盈亏、自我发展、自我约束，但拼设备、拼消耗、高投入、低产出、短期内捞一把、穷庙富方丈的事例也不少见。可见，制度文明、制度创新不能离开作为“邦本”的人的文明、人的进步。制度固有根本性、全局性、稳定性和长期性之优点，但制度不会自在地发生这些功用价值，而为“万物之灵”的人才具主动性、创造性、灵活

* 刊发于《兰州晚报》第 11 版《法制园地》，1998 年 1 月 13 日。

性，且才真正地运作着制度，使制度从静态走向动态，如从法制走向法治。

所以，搞活国有小型企业，进行制度创新，无论采取改组、联合、兼并、租赁，还是采取承包经营、股份合作制出售等形式，都不可轻视忽略了人的因素，都应注重领导班子、广大职工的自身素质的培养与提高。

朱熹上当悔赠诗*

朱熹是北宋著名哲学家、理学大师。《龙文鞭影》里记有他的一则趣闻：朱熹得了脚病，有位道人为他做了针疗，朱熹一会儿便感觉病轻神安，大喜厚谢之，且赠诗云："几载相扶藉瘦筇，一针还觉有奇功。出门放杖儿童笑，不是从前跛足翁。"道人拿着诗去了。但没过几日，朱熹的脚病又发作了，比未针疗时还厉害，朱熹忙派人去寻找道人，道人却不知去向。朱熹叹息说："我没有责怪他的意思，只是想把诗要回来，我怕道人拿着诗去误人啊。"

这则趣闻很有些现实意义，为朱熹做针疗的道人是否是云游庸医，姑且置于一边。朱熹对自己的"广告"积极负责的精神确实值得褒扬。时下，有文人墨客为得丰厚稿酬而给伪劣产品"吹喇叭""抬轿子"，有明星名人依名卖名，为欺世盗名者涂脂抹粉，也有医护工作者为牟回扣而将伪劣药品用于患者，也有党政干部收受贿赂而为不法分子乱发"通行证"。与此类相比，一千多年前的哲人朱熹的精神的确是可敬可效的啊！

---

* 刊发于《西安医科大学学报》第4版，1994年3月28日。

装修户：别打扰别人*

安居乐业是普通公民的一种生活追求。居室安全、安宁应当是安居的应有含义。有居民诉说他们的邻居大兴土木，搞得居室内叮叮咚咚，楼道内灰尘弥漫，他们难以忍受，问法律上有没有说法。

《中华人民共和国宪法》规定公民享有休息的权利，公民的生命健康权利受法律保护。休息不应被噪声所扰，健康须有安全保障也是普通道理。楼房之中、上下左右住户中你要居室安静而休息，他为住宅阔气却伤楼的筋动楼的骨，叮叮咚咚热闹红火。公民对自己所有的财产享有占有、使用受益和处置的权利，包括用自己的合法收入使自己的住房豪华气派的权利，此固为不争之理。但“己所不欲，勿施于人”。自己权利的行使不得以损害他人的权利为代价！您可对新房大装特修，但不可因此侵扰剥夺他人的安全、宁静和清洁，因为后者也是法律所保护的权利。

沉浸在乔迁之喜中且确有改变贫困房貌实力的朋友，请莫忘《民法通则》中有条规定：“不动产的相邻各方，应当按照有利生产、方便生活、团结互助、公平合理的精神正确处理截水、排水、通行、通风、采光等方面的关系。给相邻方造成妨碍或损失的，应该停止侵害，排除妨碍，赔偿损失。”所以，在装修房屋时为免妨碍邻居应享之安静、安全清洁卫生权益，您应先询问一下上下左右邻居们的作息时间，尽量在其工作或不在家时抓紧装修，且注意不应制造住宅潜伏之危险，竣工后还应把铲刮下的废弃物收拾干净。否则，您的房子装修如意之时，也就是您失去好邻居之日了，说不定还有民事权利诉状揿响您家的门铃。

---

* 刊发于《兰州晚报》第10版《法制园地》，1997年7月7日。

自律、他律和法律*

自律就是自己约束自己。自律源于作为社会生活之主体的人对社会活动中兴衰成败、沉船病树的反思和总结，其本质是人的理性对自身活动的批判。他律是自律的对称，是自己以外他人或规章制度对自己的约束，是对自律的检讨、究诘、保障和超越。人无完人、事有利弊，自律存在层次、优劣不一之患，他律有随意存废、人亡政息之弊。相比之下，法律既是内在的期待、意志，也是外在的要求、命令，是行为、秩序的规范，是自律的产物、他律的基本。就法的创制而言，代表民意的立法机关把公民内心思想中的公平、正义等自律意识转变为全社会公民具有他律性的规范即为法。就依法办事而言，政府行政、法人活动和公民通过各种途径管理国家各种事务不仅应以社会主义法律意识、法律规定来自律，还应该受司法机关的他律。

因现代法律以体现公正、平等的权利与义务对等规范为其核心，兼具自律性、他律性，且以公开、普遍、强制为特质，所以法治作为治国方略已为各文明进步国家所择取。我国是世界最大的发展中国家，也不例外。自党的十一届三中全会确定加强社会主义民主、健全社会主义法制方针和有法可依、有法必依、执法必严、违法必究的法制原则以来，我国法制的进步举世瞩目。党的十五大继往开来，首次郑重宣布依法治国是党领导人民治理国家的基本方略，这将对把我国建设成为富强、民主、文明的社会主义国家起到历史性的推进作用。

---

* 刊发于《兰州日报》第11版《法制园地》，1997年11月11日。

兵士俑的眼睛*

年终整理一年的报纸杂志，又看到《党风与廉政》1994 年第 4 期的封面——《面对历史的审视》。和前几次一样，我总凝神定气，静静地看一会儿兵士俑那双明亮、镇定、充满审视一切的神情的眼睛。

每次看到兵士俑的眼睛，我都感觉他在审视着历史。他审视过“灭六国者，六国也”的七雄成败；也审视过“秦爱纷奢，人亦念其家”“楚人一炬，可怜焦土”的秦帝国兴亡。他的眼光让人想起东汉杨震拒礼的故事：送礼金的人说此间夜深人静，收受礼金无人知晓，杨震却说你知我知天知地知。他的眼光也让人想起元末，农民起义前夕，流传市面的“石人一只眼，挑动黄河天下反”……兵士俑的眼睛见惯了刀光剑影，看熟了“燕入谁家”“竞豪奢”“叹门外楼头，悲恨相继”“誓天断发，泣下沾襟”，却依然明亮清澈。兵士俑的眼睛审视着历史，审视着今天，审视着未来，也审视着每一个人民公仆，审视着你、我、他，审视着谁是“居安思危，戒奢以俭”者。斗转星移，逝者如水。兵士俑的眼光却无倦意，还是那样明亮、镇定，审视着一切。

---

* 刊发于 1995 年总第 51 期《党风与廉政》。彼时，作者在西安医科大学（现西安交大医学部）党委组织部工作，部里有很多可供阅读、学习的报纸杂志。

提升七大能力　担当公正使命*

（代跋）

金秋十月，习近平总书记在中青年干部培训班上号召提升中青年干部的七种能力。这七种能力包括政治能力、调查研究能力、科学决策能力、改革攻坚能力、应急处突能力、群众工作能力、抓落实能力。这些能力也是司法者担当公正使命，保障实现第十四个五年规划和二〇三五年远景目标的重要能力。

社会治理者的能力从来都是经济社会文明更替、演进的重要因素。因为社会分工不同，能力也有区分，但“百家殊业而皆务于治”。“公正是法治的生命线”，公正司法能力的拥有、提升至关重要。司法者的政治能力是捍卫我国社会主义宪法法律尊严权威、捍卫社会主义法治尊严权威的能力。宪法法律是党的领导、人民当家作主与依法治国的历史总结，是坚持和完善中国特色社会主义制度、推进国家治理体系和治理能力现代化的总章程，司法者的理想、方向、立场、纪律和回答为谁司法、为什么司法的能力是司法者的政治能力，因其思想灵魂的决定性而居诸能力之首，是保障依法治国、依法执政、实现经济社会发展目标和长治久安的重要能力。

司法者的调查研究能力就是熟悉、掌握社情民意和案情事实的能力，就是侦查、检察、监察、法庭调查中“查”与“察”的能力。没有调查就没有发言权，就发现不了现场，就寻找不到线索，就掌握不了证据，关于证据与事实的司法认识就无源、无根。民事、行政、刑事诉讼过程就是调查证

---

* 刊发于《人民法院报》第 2 版，2020 年 11 月 12 日。这篇文章发表不久，法治社会、法治国家纲要（2020—2025 年）先后发布。法律人职责光荣而任重道远，能力建设尤为重要，以此篇为跋理据恰当。

据、研究案情的过程，诉讼法中的庭前准备与会议及法庭调查阶段的举证质证、审核认证都是调查能力的体现，重大疑难、复杂新型、热议网红类案件审理时，调查研究更显重要。卓越的调研能力是优良司法的保障。

司法者的科学决策能力就是依法全面、客观、公正地核实证据后科学审慎决策和判断的能力。“珍策重计，古今所尚。”科学决策必须实事求是，公正的判决一定是讼听两造，兼听隆卑，审视双方证据，倾听各方意见，经正当程序后以事实为依据、以法律为准绳形成的判断、决策；一定是遵守程序规则，经司法者科学、经验、常识思维而决策的结果。法槌落下，决策伊始，判决就是决策。司法决策关乎人民群众的人身、财产和幸福，关乎社会基层的“末梢神经”。所以，判决不可不审慎。

司法者的改革攻坚能力是党的十一届三中全会以来我国民主法制建设长足进步的最好诠释。以问题为导向改革攻坚，在解决矛盾纠纷中生存发展是司法活动的功能秉性。问题给我们赋能，司法者是与问题打交道的群体，调解、判决化解一个纠纷就是给问题一个答案，给诉求者一个“说法”，给改革一个推进。为担当公正使命，守牢公正防线，从审判方式改革，到“让审理者裁判，由裁判者负责”的改革；从以审判为中心的改革，到司法责任制改革，司法改革攻坚克难，与经济社会的改革相伴而行，风雨兼程。

司法者的应急处突能力就是居安思危和应对处理风险危机的能力，就是见微知著，防微杜渐，医未病、治未乱的能力，就是遇有紧急突发事件及争讼冷静理性、沉着应对的能力，就是通过大数据研判纷繁复杂争议、争讼案件而总结司法参与社会治理的特有规律，分析预测、预防管控社会生活矛盾冲突的能力，就是构建社群平安、和谐，为群众安居乐业、为经济社会发展保驾护航的能力。

司法者的群众工作能力就是司法者与诉讼参加、参与人等群众打交道的能力，既有法律关系，又有血肉联系。人民是历史的主人，群众是智慧的立法者，雪亮的眼睛亦可助司法者明察秋毫、纠缪绳违。司法者查证办案、履职尽责离不开衣食父母人民群众，“吏知民心则明，民知吏心则信”，所以，在每一起事关民生的民商、行政、刑事案件中，用人民群众认可欢迎的、公开公正的程序，喜闻乐见的法言法语、法律文书，让不法给法让步，让人民群众感受到公平正义，改善法治微循环的能力在司法者的关乎公正的事业中尤显特色，难能可贵。

司法者的抓落实能力就是通过事实、实证、依法据实析理，解决争讼，抚慰、恢复社会生活秩序的实际能力。实践检验真理、实干鉴别能力，每起争讼都是一个鲜活实际的问题，权衡纠纷各方实际利害，总结实质争议焦点，确立、判定公正边界底线的司法活动是务实、实干、干成的能力，是实现法律价值、社会公正的切实保障，这在司法与营商环境、与“六稳”“六保”关系上，在摆事实讲法理的庭审实况中，在裁判文书得以实际履行、执行时都是最热切的刚需和最具体的愿望，“百川异流同汇于海，万区分义总成乎实”。

获得推动经济、社会、文化、政治发展的能力，人们需要孜孜以求、不断学习实践。中国共产党历来重视通过学习培养提升革命和建设的能力，延安时期，党把马克思的生日确定为自己的“五五学习节”，在面积不大、人口不多的陕甘宁边区就创建有抗日军政大学、鲁迅艺术学院等十多所高校……学习提升了实事求是的思想能力，提升了“进京赶考”的能力，提升了执政能力，提升了面向世界、面向现代化、面向未来的能力。2019 年，最高人民法院发布实施《2019—2023 年全国法院教育培训规划》，强调要提升法律政策运用能力、防控风险能力、群众工作能力、科技应用能力等司法能力。司法者的能力是提高社会文明程度、提升国家治理效能的保障，是确保司法公正、高效、权威，担当社会公正的中坚。